2026年度版

徳島県の

英語科

参 考 書

協同教育研究会 編

協同出版

はじめに～「参考書」シリーズ利用に際して～

　教育を取り巻く環境は変化しつつあり，日本の公教育そのものも，教員免許更新制の廃止やGIGAスクール構想の実現などの改革が進められています。また，現行の学習指導要領では「主体的・対話的で深い学び」を実現するため，指導方法や指導体制の工夫改善により，「個に応じた指導」の充実を図るとともに，コンピュータや情報通信ネットワーク等の情報手段を活用するために必要な環境を整えることが示されています。

　一方で，いじめや体罰，不登校，暴力行為など，教育現場の問題もあいかわらず取り沙汰されており，教員に求められるスキルは，今後さらに高いものになっていくことが予想されます。

　本書は，教員採用試験を受験する人が，より効率よく学習できるように構成されています。本書の基本構成としては，各自治体の過去問を徹底分析した上で，巻頭に，各自治体の出題傾向と学習法，出題例，類題等を作成・掲載しております。第1章以降では，各自治体の出題傾向に基づいて，頻出の項目を精選して掲載しております。ページ数やその他編集上の都合により，掲載しきれず，割愛している内容もありますので，あらかじめご了承ください。なお本書は，2024年度（2023年夏実施）の試験を基に編集しています。最新の情報につきましては，各自治体が公表している募集要項やWebサイト等をよくご確認ください。

　最後に，この「参考書」シリーズは，「過去問」シリーズとの併用を前提に編集されております。参考書で要点整理を行い，過去問で実力試しを行う，セットでの活用をおすすめいたします。

　みなさまが，この書籍を徹底的に活用し，難関試験である教員採用試験の合格を勝ち取って，教壇に立っていただければ，それはわたくしたちにとって最上の喜びです。

協同教育研究会

教員採用試験「参考書」シリーズ

徳島県の英語科 参考書

CONTENTS

徳島県の英語科
出題傾向と学習法

効率よく試験対策を進めるために

1 ポイントを確実に理解して例題を解く

　教員採用試験の専門教養の筆記試験対策として最重要なのは，受験する自治体の出題形式や傾向に合った学習法を知ることである。本書は過去問を分析し頻出分野を中心に構成されている。各節の冒頭で学習のポイントを示し，例題を解きながら知識を身につけるようになっている。したがって，まず，各節のポイントを確実に理解するようにしよう。

　専門教養とはいえ，学習指導要領の内容から大きく離れた「難問」が出題されることはほとんどない。志望する学校種の問題レベルを把握し，十分に対応できるまでの知識を身につけることが求められる。試験対策としては，苦手な分野や触れたことのない内容を残さないようにすることも大切だが，まずは本書の例題や過去問等に積極的に取り組んで，頻出分野の知識を身につけてほしい。

2 出題傾向から効率よい学習法を導き出す

　過去問を見ると，頻出分野だけでなく解答形式にも特徴がうかがえる。

　徳島県では，学習指導要領以外は中高共通問題であり，記述式問題が多い。過去5年間の傾向を見ると，毎年頻出なのは「会話文」，「文章読解」，「英作文」と「学習指導要領」である。過去頻出であった「リスニング」と「文法・語法」は，ここ数年出題されていないが，今後復活する可能性も否定できない。一方，「発音・アクセント」については過去5年間全く出題がない。いわば，これらの分野・内容が，徳島県の特徴といえる。頻出分野を中心に本書で学習し，過去問等から類題を解き，確実に得点できるようにしよう。

　ここでは，実際に出題された問題をいくつか示す(出題例参照)。上述のように，ここ数年，単独での「文法・語法」問題は出題されていないが，言うまでもなく文法や語彙の知識は「文章読解」や「英作文」

において不可欠である。中でも動詞は文の中心となるので，時制，特に完了形は確実にマスターしておきたい。完了形は，仮定法過去完了や現在完了を理解する基本である。また，第5文型(SVOC)も頻出であるので，使役動詞や知覚動詞と不定詞・分詞の形を整理しておこう。さらに，句動詞も併せて覚えておくことが必要である。

「会話文」は2人の会話文の空所に適する発言を補充するもので，会話の長さは3〜5往復程度である。話の流れは比較的シンプルであり，日常生活でよく使われる慣用句を押さえておけば正答できるだろう。

「文章読解」では，年度によって様々な問題形式がみられる。空所補充，内容一致文や内容一致語句，英文和訳のほか，同義語選択問題，要約問題や文挿入問題，段落整序問題等が出題されることがある。要約問題では，まずは大きなポイントをつかむことが大切である。短めの英文なので，繰り返されている情報や具体例など過剰な情報を削除することで解答を作り上げる。対策としては，英字新聞の社説を150〜200語程度の日本語に要約する等の練習をこなすことが挙げられる。また，文挿入問題や段落整序問題対策としては，短めの論説文などを多読し，英文の論理構成に慣れておくとよいだろう。

「英作文」では，「内容構成」，「文法・語彙の正確さ」，「語数」が採点の対象となると思われる。これらの項目がクリアできるよう，時事問題や教育関係等，様々なテーマで書いてみよう。指定語数は年度によって若干増減し，2024年度はAIの長所と短所について，2023年度は子どもに家の手伝いをさせることの是非について90〜110語で，2022年度は英語の授業とグローバル人材の育成について100〜120語で，2021年度は「2020年東京オリンピック・パラリンピック競技大会」について80〜100語で自分の意見を述べる問題が出題されている。

「学習指導要領」に関しては，目標や内容の空所補充形式で出題される。選択肢がなく記述形式による出題なので，ややハードルが高い。時間をかけて正確に記憶しておかなければならない。高等学校では，過去に学習指導要領の英訳版から出題されたこともある。文部科学省のウェブサイトには，現行の学習指導要領の英訳版が公開されているので，目を通しておくとよい。

3　過去問題集との併用等で実践力をつける

　以上のように，本書の使い方としては，効率的に試験対策を進めるために頻出分野のポイントを押さえ，例題を通して解法を理解していくことになるが，本試験でその学習成果が発揮できるかどうかは，実践的な問題をどれだけ解いているかにかかっている。その対策として，一通り基礎の確認ができたら時間を計って各年度の過去問を解くこと，模試を活用するといったことが考えられる。そこで不正解だった問題については，本書の該当箇所を参照して，繰り返し学んでほしい。そうすることで，出題傾向に合わせた実践的な力が必ずつくはずである。

まずは出題例を見ていこう！

本自治体の出題例：始めにチャレンジ！① (2024年度実施問題)

　次の対話文を読んで，　(1)　～　(5)　にあてはまる最も適切な英文を，ア～キから選び，記号で答えなさい。ただし，同じ選択肢を2度使わないこと。

A : Is everything OK? You look nervous.

B : 　(1)　

A : Take it easy. Students are really excited for your first lesson.

B : Me too. I want them to feel relaxed and have fun in my class.

A : You practiced your introduction many times. 　(2)　

B : Thanks, but can we go to the classroom during the recess? I want to check that my presentation works correctly.

A : Of course. 　(3)　

(After the class)

A : Did you enjoy your first class?

B : Yes, very much, but I spoke too fast. Could you give me some feedback?

A : Sure. I think your smile and eye contact created a warm atmosphere.

     (4)

B : Thank you. I was very happy that they were interested in me and asked many questions.

A :   **(5)**   But as you said, your English was too fast. Try to speak in simple English and talk slowly with big gestures.

B : Thank you for your advice. I can't wait for the next lesson.

ア   That made our students relaxed.

イ   You had a good interaction with them.

ウ   Better luck next time.

エ   I have butterflies in my stomach.

オ   You can never be too prepared.

カ   You just made my day.

キ   You only have to enjoy yourself.

       解答：(1)　エ　　(2)　キ　　(3)　オ　　(4)　ア　　(5)　イ

本自治体の出題例：始めにチャレンジ！②（2024年度実施問題）

　AIが私たちの生活で使われている例を示し，その長所と短所を述べたうえで，あなた自身の考えを90語〜110語の英語で書きなさい。ただし，符号は語数に含めず，(　　)内に使用語数を書き入れること。

解答例：AI is useful for us in many situations in our lives. For example, AI robots can do things that humans cannot do, such as working in dangerous places or carrying heavy loads. If we don't have enough workers, we can substitute AI for them. However, we must also keep in mind that it may change us for the worse. If we rely too much on AI and stop learning new things, AI will take away our human jobs. This is serious because we may not be able to think and live on our own. To avoid this, we should coexist with AI while valuing thinking and learning by ourselves. (109 words)

中学校学習指導要領「第2章　各教科」「第9節　外国語」について，次の(1)，(2)の問いに答えなさい。

(1)　次の文は「第2　各言語の目標及び内容等」「英語」「1　目標」「(2) 読むこと」である。（　①　）～（　③　）にあてはまる語句を書きなさい。

> ア　日常的な話題について，簡単な語句や文で書かれたものから（　①　）を読み取ることができるようにする。
> イ　日常的な話題について，簡単な語句や文で書かれた短い文章の（　②　）を捉えることができるようにする。
> ウ　社会的な話題について，簡単な語句や文で書かれた短い文章の（　③　）を捉えることができるようにする。

(2)　次の文は「第2 各言語の目標及び内容等」「英語」「2　内容」の「(3) 言語活動及び言語の働きに関する事項」の一部である。（　①　）～（　③　）にあてはまる語句を書きなさい。

> カ　書くこと
> 　(ア)　趣味や好き嫌いなど，自分に関する基本的な情報を語句や文で書く活動。
> 　(イ)　簡単な手紙や（　①　）の形で自分の近況などを伝える活動。
> 　(ウ)　日常的な話題について，簡単な語句や文を用いて，出来事などを説明する（　②　）のある文章を書く活動。
> 　(エ)　社会的な話題に関して聞いたり読んだりしたことから把握した内容に基づき，（　③　）や気持ち，その理由などを書く活動。

解答：(1)　①　必要な情報　　②　概要　　③　要点
　　　(2)　①　電子メール　　②　まとまり　　③　自分の考え

次の英文を読み，(a)〜(e)にあてはまる最も適切な英文を，ア〜オから選び，記号で答えなさい。ただし，同じ選択肢を2度使わないこと。

Love of play is the most obvious distinguishing mark of young animals, whether human or otherwise. (a) Play and pretence are a vital need of childhood, for which opportunity must be provided if the child is to be happy and healthy quite independently of any further utility in these activities. There are two questions which concern education in this connection: first, what should parents and schools do in the way of providing opportunity? and secondly, should they do anything more, with a view to increasing the educational usefulness of games?

Let us begin with a few words about the psychology of games. There are two separate questions in this matter: the first is as to the impulses which produce play, the second is as to its biological utility. The second is the easier question. There seems no reason to doubt the most widely accepted theory, that in play the young of any species rehearse and practise the activities which they will have to perform in earnest later on. The play of puppies is exactly like a dog-fight, except that they do not actually bite each other. The play of kittens resembles the behaviour of cats with mice. (b) And they enjoy anything that gives them new muscular facilities, such as jumping, climbing, or walking up a narrow plank — always provided the task is not too difficult. But although this accounts, in a general way, for the usefulness of the playimpulse, it does not by any means cover all its manifestations, and must not for a moment be regarded as giving a psychological analysis.

Some psycho-analysts have tried to see a sexual symbolism in children's play. This, I am convinced, is utter 'moonshine. The main instinctive urge of childhood is not sex, but the desire to become adult, or, perhaps more correctly, the will to power. The child is impressed by his own weakness in comparison with older people, and he wishes to become their equal. I remember my boy's profound delight when he realized that he would one day be a man and that I had once been a child; one could see effort being stimulated by the realization that success was possible. From a very earl yage, the child wishes to do what older people do, as is shown by the practice of imitation. ☐ (c) ☐ The feeling of inferiority is very strong in children; when they are normal and rightly educated, it is a stimulus to effort, but if they are repressed it may become a source of unhappiness.

In play, we have two forms of the will to power: the form which consists in learning to do things, and the form which consists in fantasy. Just as the balked adult may indulge in day-dreams that have a sexual significance, so the normal child indulges in pretences that have a power-significance. ☐ (d) ☐ When I told my boy the story of Jack the Giant-Killer, I tried to make him identify himself with Jack, but he firmly chose the giant. When his mother told him the story of Bluebeard, he insisted on being Bluebeard, and regarded the wife as justly punished for insubordination. In his play, there was a sanguinary outbreak of cutting off ladies' heads. Sadism, Freudians would say; but he enjoyed just as much being a giant who ate little boys, or an engine that could pull a heavy load. Power, not sex, was the common element in these pretences. One day, when we were returning from a walk, I told him, as an obvious joke, that perhaps we should find a certain Mr. Tiddliewinks in possession of our house, and he might refuse to let us in. After that, for a long time, he would stand on the porch being Mr. Tiddliewinks, and telling me to go to another house. ☐ (e) ☐

(Bertrand Russell, 'Play and Fancy' from *On Education* 設問の都合上，表記を改めた箇所がある。)

ア　Children love to imitate any work they have been watching, such as building or digging; the more important the work seems to them, the more they like to play at it.

イ　He likes to be a giant, or a lion, or a train; in his make-believe, he inspires terror.

ウ　His delight in this game was unbounded, and obviously the pretence of power was what he enjoyed.

エ　In human children, this is accompanied by an inexhaustible pleasure in pretence.

オ　Older brothers and sisters are useful, because their purposes can be understood and their capacities are not so far out of reach as those of grown-up people.

解答：(a)　エ　　(b)　ア　　(c)　オ　　(d)　イ　　(e)　ウ

過去３カ年の出題傾向分析

　ここでは，過去3カ年で出題された分類と設問形式を表にまとめている。学習する前に，大まかな傾向をつかんでおこう。

年度	分類	設問形式
2024年度	リスニング	
	発音・アクセント	
	文法・語法	
	会話文	長文会話
	文章理解	空所補充，内容一致語句，英文和訳，その他
	英作文	自由英作
	学習指導要領	学習指導要領
2023年度	リスニング	

年度	分類	設問形式
	発音・アクセント	
	文法・語法	
	会話文	長文会話
	文章理解	空所補充, 内容一致文, その他
	英作文	自由英作
	学習指導要領	学習指導要領
2022年度	リスニング	
	発音・アクセント	
	文法・語法	
	会話文	長文会話
	文章理解	空所補充, 内容一致文, その他
	英作文	自由英作
	学習指導要領	学習指導要領

※「分類」「設問形式」は, 過去問シリーズに掲載されている出題傾向分析に該当する。

　次に, ここで紹介した分類の類題を掲載しておくので, 学習の第一歩としてほしい。

類 題 を 解 い て み よ う ！

類題で問題演習の幅を広げよう！①

　本文中の会話が成り立つように, (①) ～ (⑤)に当てはまる最も適切なものを, a ～ e の中からそれぞれ1つ選びなさい。なお, 同じものを2回以上使用してはいけません。

A : Jake, you've been in advertising for what—thirty-five years? How have things changed over that time?

B : Well, there have been huge changes in where and how we advertise, but many of the basic principles of marketing are the same, for example, how consumers choose brands.

A : (①)

B : Yes, let's imagine a coffee shop in a town centre somewhere, anywhere, and it sells a thousand cups of coffee a day. Now, if another coffee shop opened next door…

A : … the first owner would be furious.

B : (②) How many cups of coffee would each shop sell?

A : I don't know. Five hundred?

B : Logical, but no. They'd sell at least a thousand cups each.

A : Incredible. Why's that?

B : Choice makes people want things more. With one coffee shop, the question is, "Shall I get a coffee or not?" but with two, the question becomes "Which coffee shall I get?"

A : Fascinating. (③)

B : Pricing is still important. People still like a bargain. But they also like to treat themselves.

A : What do you mean?

B : Well, supposing you wanted to sell a new brand of chocolate and your competitor's price was €2, what price would you set?

A : Mmm, I'd reduce the price. Maybe 1.80?

B : Why?

15

A : Because consumers want to save money.

B : True, to a certain extent. But experience shows that if the price is higher people think your product is better.

A : (④)

B : Indeed.

A : How about advertising a product? It's all video now, isn't it?

B : (⑤) One thing hasn't changed though, which is the way we respond to colour.

A : Oh, you mean like red means danger?

B : Yes, that kind of thing. We have built-in associations for every colour. Red is associated with energy, so it's good for energy drinks, cars, sports equipment and things like that. Green suggests safety, so it's often used for medical products. Apparently, yellow and orange stimulate the appetite, so they're used for food ads; blue on the other hand suppresses the appetite. It's linked more to intellect and precision, so it's used to promote high-tech products.

a　So what else hasn't changed?

b　Well, not completely, but much more.

c　Don't be so sure.

d　Can you give me an example?

e　So 2.50 would be better?

解答：① d　　② c　　③ a　　④ e　　⑤ b

類題で問題演習の幅を広げよう！②

次の問いに答えなさい。

In today's world, we face many global problems. What do you think is the most serious problem the world is facing now, and how should the Japanese government deal with the problem? Write your opinion in 80 − 100 words of English. You need to indicate the number of words you used in (　　).

解答例：I think marine plastic pollution is the most serious global problem. Since plastic does not degrade in nature, we see huge amounts of floating trash in the ocean. It is well known that sea animals eat these plastics, resulting in starvation and death. In addition, small fish eat tiny pieces of plastic which is called microplastic, and humans eat the larger fish that eat the smaller fish. Chemical additives contained in plastic could cause humans serious health problems. The Japanese government should ensure that people sort plastic waste and prohibit illegal dumping. (92 words)

類題で問題演習の幅を広げよう！③

　「中学校学習指導要領」(平成29年3月)に即して答えなさい。次は，第2章　第9節　外国語　第2　各言語の目標及び内容等　英語　2内容　〔思考力，判断力，表現力等〕(3)の一部である。(　①　)～(　④　)に当てはまる語句を書きなさい。

> (3)　言語活動及び言語の働きに関する事項
> 　①　言語活動に関する事項　ア～ウ　略
> 　　エ　話すこと[やり取り]
> 　　(ア)　関心のある事柄について，相手からの質問に対し，その場で(　①　)に応答したり，関連する質問をしたりして，互いに会話を(　②　)する活動。
> 　　(イ)　日常的な話題について，伝えようとする内容を整理し，自分で作成したメモなどを活用しながら相手と(　③　)で伝え合う活動。
> 　　(ウ)　(　④　)な話題に関して聞いたり読んだりしたことから把握した内容に基づき，読み取ったことや感じたこと，考えたことなどを伝えた上で，相手からの質問に対して(　①　)に応答したり自ら質問し返したりする活動。
>
> 　　　　解答：①　適切　　②　継続　　③　口頭　　④　社会的

類題で問題演習の幅を広げよう！④

次の空所[　(1)　]～[　(5)　]に入る最も適切な文を，ア～キより一つずつ選び，その記号を書きなさい。ただし，同じ記号を複数回用いてはならない。

As artificial intelligence systems play a bigger role in everyday life, they're changing the world of education, too. OpenAI's ChatGPT, Microsoft's Bing and Google's Bard all come with both risks and opportunities. I am a literacy educator and researcher, and here are four ways I believe these kinds of systems can be used to help students learn.

Teachers are taught to identify the learning goals of all students in a class and adapt instruction for the specific needs of individual students. But with 20 or more students in a classroom, fully customized lessons aren't always realistic. Everyone learns differently. An AI system can observe how a student proceeds through an assigned task, how much time they take and whether they are successful. [　(1)　] This type of real-time feedback is often difficult for an educator or school to do for a single student, let alone an entire class or campus. AI adaptive learning tools have been shown to quickly and dynamically make changes to the learning environment, content, and tasks to help individuals learn more and quickly improve. For instance, researchers at the Human-Computer Interaction Institute at Carnegie Mellon University taught a system how to solve a math problem. The system can follow instructions from a human supervisor to understand mathematical rules and adapt its approach to problems it has never seen before. The system can also identify areas where it had to make multiple attempts before arriving at the correct answer, flag those for teachers as places human students may get confused, and highlight methods the system used to more efficiently arrive at the right answer.

Researchers at Stanford have been developing and testing a prototype of what's called an "intelligent textbook," titled "Inquire." [　(2)　] The interactive text includes definitions of key words accessible by touch or click and allows students to highlight and annotate while reading. The textbook can also suggest questions about the content and areas for future inquiry that are customized for each individual. It can change the reading level of the text and also include supplemental photos, videos and materials to help students understand what they're studying.

Educational assessment focuses on how an educator knows whether a student is learning what is being taught. Traditional assessments — essays, multiple-choice tests, short-answer questions — are little changed from a century ago. Artificial intelligence has the potential to change that by identifying patterns in learning that may not be apparent to individual teachers or administrators. [(3)   ] The tests start with a series of standard questions, but based on how the student does with those, the system will select harder or easier questions to more quickly identify a student's exact abilities and weaknesses. Another assessment project, Reach Every Reader, staffed by the Harvard Graduate School of Education, MIT and Florida State University, creates educational games for parents to play with their children while teaching them to read. Some of the games have adults and children role-play as characters based on real-life scenarios. [(4)   ]

Personalized learning occurs when the students' interests and goals guide learning. The teacher is more of a facilitator, while the what, why and how of learning are mostly dictated by the student. Artificial intelligence systems can provide individualized instruction tailored to each student's individual interests. AI adaptive learning systems can quickly identify when a student is struggling and then provide more or different support to help them succeed. As the student shows that they have mastered the content or skill, the AI tool provides more difficult tasks and materials to further challenge the learner. Chatbots have been used to respond to typed or spoken input. Many individuals interact with a chatbot when they ask Alexa or Siri a question. In education, chatbots with artificial intelligence systems can guide students with personalized, just-in-time feedback or assistance. These chatbots can answer questions about course content or structure. [(5)   ]

19

Much like an automated playlist of musical or video recommendations, an AI-powered recommender system can generate tailored assessment questions, detect misunderstandings and suggest new areas for a learner to explore. These AI technologies have the potential to help learners today and in the future.

＜選択肢＞

ア　This software would create more opportunities for both teachers and students to cooperate and interact with each other.

イ　For instance, the language-learning company Duolingo uses AI and machine learning to create and score tests of English proficiency for universities, companies and government agencies.

ウ　If students use these books, they will read at a level, which is appropriate for their grade.

エ　If the student is struggling, the system can offer help; if the student is succeeding, the system can present more difficult tasks to keep the activity challenging.

オ　It is an iPad app that monitors students' focus and attention while they read by paying attention to how students interact with the app.

カ　These games can help parents and teachers efficiently determine whether children are reading at their appropriate grade level and get them on track if they are not.

キ　This helps students keep track of their own learning while keeping them motivated and engaged.

解答：(1)　エ　　(2)　オ　　(3)　イ　　(4)　カ　　(5)　キ

第 1 章

文法・語法

文法・語法 名詞

ポイント

1 不可算名詞

●基本形●

　名詞には，数えられるもの(可算名詞)と数えられないもの(不可算名詞)がある。

　不可算名詞は数えられない名詞なので，「1つ」を意味する不定冠詞のa[an]はつかず，また複数形(-s)もない。日本語の感覚だと数えられそうな不可算名詞に注意しよう。

advice「忠告」／baggage, luggage「手荷物」／damage「被害」／fun「楽しみ」／furniture「家具」／homework「宿題」／information「情報」／money「お金」／news「知らせ」／poetry「詩」／progress「進歩」／scenery「風景」／weather「天気」など。

例題1

次の文中で誤りを含むものを1つ選び，番号で答えよ。

When I ①had personal problems in 2010, I ②went to see my old teacher and he ③gave me ④a good advice.

CHECK! advice「忠告」は不可算名詞だから不定冠詞はつかない。

解説 adviceが不可算名詞であると知っていれば簡単な問題。a good adviceの不定冠詞aが余計で，good adviceが正しい。日本語で「1つ忠告を〜」などと言うのに惑わされないこと。

解答 ④　「2010年に個人的な問題が起こって，私は昔の先生に会いに行き，先生は私に良いアドバイスをしてくれました」

例題2

次の文の空所に入る最も適当なものを1つ選び，番号で答えよ。

Could you give me (　　) about your hotel?

①　an information　　　　②　many information

③　many informations　　④　some information

CHECK! 　information「情報」は不可算名詞だから不定冠詞はつかない。「多数」を意味する many は可算名詞にのみ使い，「情報量が多い」という場合は「多量」を意味する much を使う。some は「いくつかの」，「いくらかの」の両方を意味し，可算名詞，不可算名詞，どちらにも使える。

解説　information は数えられないから，不定冠詞の an がついている①，複数形の s がついている③は間違い。また，many は数えられる名詞につくから②も不可。some は不加算名詞について「いくらか」という漠然とした量を表すことができるので，正解は④。

解答　④　「あなたのホテルについて情報をいただけませんか」

例題 3

次の文の空所に入る最も適当なものを1つ選び，番号で答えよ。

Mary had three (　　　) .

①　baggages　　②　pieces of baggages　　③　pieces of baggage

④　baggage

CHECK! 　baggage「手荷物」は不可算名詞なので複数形はない。

解説　baggage も重要な不可算名詞で，①のような複数形はない。数を示したい場合は，a piece of〜を用いて a piece of baggage, two pieces of baggage などとする。

解答　③　「メアリーは手荷物を3つ持っています」

2　注意すべき複数形

●基本形●

以下のような複数形の表し方に注意しよう。

1　one of ＋複数名詞…「〜の中の1つ」の意味を表す。

2　ハイフンでつながれた複合名詞の複数形…最初の主要な名詞を複数形にする。ex. passer-by→passers-by

3　-s で終わる複数名詞の所有格…-s' で表す。

4 分数の表し方…序数詞には「〜分の1」という分数の意味がある。分子が2以上の場合には分母に複数の -s をつける。

5 単数形と複数形で意味の異なる名詞
arm「腕」：arms「武器」／ air「空気」：airs「気取り」／ custom「習慣」：customs「関税」／ letter「手紙」：letters「文学」／ manner「方法」：manners「行儀，風習」など。

例題 1

次の文で誤りがあれば訂正せよ。

He is one of the greatest scientist in the world.

CHECK! 「〜の中の1つ」は〈one of ＋複数名詞〉の形で表す。

解説 「〜の中の1つ」というからには，前提として複数の存在がなければ成立しない。したがって，one of の後には複数形の名詞がくる。ここでは scientist が単数形なのが間違いで，複数形にしなければならない。

解答 scientist → scientists 「彼は世界で最も偉大な科学者の1人です」

例題 2

次の文で誤りがあれば訂正せよ。

The gentleman had two son-in-law.

CHECK! 合成名詞の複数形は，最初の主要な名詞を複数形にする。

解説 son-in-law は「義理の息子」という意味。最初の son が主要な名詞なので，複数形にするにはこの son を複数形にする。

解答 son-in-law → sons-in-law 「その紳士には2人の義理の息子がいました」

例題 3

次の文の空所に入る最も適当なものを1つ選び，番号で答えよ。

It is fifteen (　　) walk from here to the campus.

① minutes ② minute ③ minute's ④ minutes'

CHECK! -s の複数名詞の所有格は -s' となる。

解説 無生物を表す名詞は所有格にしないのが普通だが，時間・距離を

表す語や慣用的な表現では所有格になる場合がある。ここでも「15分の歩行」を所有格を用いて表すことになる。fifteen minutesの所有格は規則通りsの後にアポストロフィーをつければよい。なお，単数形のminuteを使うのなら，fifteen-minuteという合成語にする。

解答　④　「ここからキャンパスまで歩いて15分です」

文法・語法 代名詞

ポイント

1 所有代名詞

●基本形●

(1) 所有格＋前後にある名詞＝所有代名詞

(2) 冠詞・指示代名詞など＋名詞＋of＋所有代名詞

◆所有代名詞の基本用法

　　mine, yours, his, hers, ours, theirsなどを所有代名詞といい，「～のもの」という意味になる。まず注意すべき用法は，本来なら"所有格＋名詞"の形になるものを，前出の名詞との反復を避けるために所有代名詞にする，という用法である。

　　Who lives in the house opposite yours?

　　(あなたの家の向かいには誰が住んでいますか)

　　また，文語的な表現では，後出の名詞を受ける場合もある。

　　Mine is newer than the watch he has.

　　(私の時計は彼が持っている時計よりも新しい)

◆冠詞や指示代名詞と所有格を並べてはいけない

　　例えば「あなたのその本」をyour the bookやthe your bookとすると間違いである。"冠詞・所有格・指示代名詞・some, any, noなどは2つ並べて使ってはいけない"というルールがあるからである。そこで，〈冠詞・指示代名詞など＋名詞＋of＋所有代名詞〉という形を用い，the book of yoursとすることになる。

　　He is an old student of mine.

　　(彼は私の古い教え子です)

　　That story of his sounds very unlikely.

　　(彼のあの話はまゆつばものだ)

例題 1

次の文の空所に入る最も適当なものを1つ選び，番号で答えよ。

I don't believe that my opinion is much different from ( ).

   ① them   ② their   ③ theirs   ④ their's

CHECK! 所有格＋前後にある名詞＝所有代名詞

解 説 「私の意見と異なる」のは「彼らの意見」であるから，their opinionとしたいところだが，反復を避けるために所有代名詞のtheirsを用いる。

解 答 ③ 「私の意見が彼らの意見と大きく違うとは思いません」

例題 2

次の文の空所に入る最も適当なものを1つ選び，番号で答えよ。

I like that red car of ( ).

   ① you   ② your   ③ yours   ④ your's

CHECK! 〈冠詞・指示代名詞など＋名詞＋of＋所有代名詞〉

解 説 that red car ofの部分と選択肢から，〈冠詞・指示代名詞など＋名詞＋of＋所有代名詞〉の形が思いつくはず。所有代名詞のyoursを入れて「あなたのあの赤い車」とする。

解 答 ③ 「私はあなたのあの赤い車が好きです」

2　oneとthat/thoseの用法

●基本形●

(1)　a＋前に出てきた名詞＝one

   ただし，名詞に形容詞がつくと，a 形容詞 oneの形になる。

(2)　the＋前に出てきた名詞(単数)＋修飾語＝that＋修飾語

   the＋前に出てきた名詞(複数)＋修飾語＝those＋修飾語

◆oneとit

あとの2つの例文を比べてみよう。

(1)　I lost my watch yesterday, so I must buy <u>one</u>.

(昨日時計をなくしたから[どんな時計にせよひとつ]買わなければならない)

(2) I lost my watch yesterday, so I'm looking for it.

(昨日時計をなくしたから，[その自分の時計を]探しているのです)

(1)のone はa watch，つまり「時計(のうちどれにせよ)ひとつ」を表し，(2)のit はmy watch「私の時計」を指している。どちらもすでに出てきたwatch という名詞を受けているのだが，その表す内容は全く違うことがわかるだろう。

one はすでに出てきた名詞の繰り返しを避けるための代用として使われており，「ひとつのそれ(例の場合，ひとつの時計)」という不特定な内容を表すのに対し，it はすでに出てきた名詞が特定のどれか(机の上にあるその時計，私の時計，昨日買った時計，など)である場合，「ある特定のそれ(例の場合，私の時計)」を表すために使われる，と理解しておこう。なお，one には形容詞や冠詞がつくこともあり，複数形のones もある。

I bought a white hat and she bought a black one.

(私は白い帽子を買い，彼女は黒いのを買った)

※このようにone に形容詞がつくと，不定冠詞が必要となるので注意。

Every up train was full and most down ones were empty.

(上り電車はどれも満員で，下り電車はたいていがらがらだった)

◆ that/those には後に修飾語がつく

(1) The temperature here is higher than that of Tokyo.

(ここの気温は東京の気温より高い)

(2) This year's fashions are quite different from those of last year.

(今年のファッションは昨年のファッションとはかなり違う)

(1)のthat はthe temperature の代わりに，(2)のthose はthe fashions の代わりに用いられている。このthat/those をit/them にすることはできない。it/them では，それぞれ「ここの気温」「今年のファッション」そのものを受けてしまうこと，また人称代名詞に修飾語はつけられないことがその理由である。

逆にthat/those には通例，後に修飾語がつくことを押さえておこう。

例題 1

次の文の空所に入る最も適当なものを1つ選び，番号で答えよ。

I need a pen. Will you please lend me (   )?

  ① it   ② one   ③ that   ④ mine

CHECK! a + 名詞 = one

itはそのものズバリを指す。

解 説 「貸してほしいペン」は「そのペン」と特定できるものではなく，「(どれでもいいから)あるペン」を意味している。したがって，itではなくoneを用いる。

解 答 ② 「ペンが要るのですが，一本貸してくれませんか」

例題 2

次の文の空所に入る最も適当なものを1つ選び，番号で答えよ。

The population of Osaka is larger than (   ) Kobe.

  ① one of   ② the one of   ③ population   ④ that of

CHECK! the + 前出の名詞(単数) + 修飾語 = that + 修飾語

解 説 「大阪の人口」と比べられているのは「神戸の人口」なので，the population of Kobeとしたいところだが，populationはすでに前に出ているので，反復を避けてthe population → thatとする。

解 答 ④ 「大阪の人口は神戸の人口より多い」

例題 3

次の文の空所に入る最も適当なものを1つ選び，番号で答えよ。

The houses in the city are sometimes cheaper than (   ) in the suburbs.

  ① that   ② they   ③ those   ④ them

CHECK! the + 前出の名詞(複数) + 修飾語 = those + 修飾語

解 説 「大都市の家」と「郊外の家」が比較されている。「郊外の家」はたくさんあるはずだから，単数のthatでは変で，複数のthoseが正解。

解 答 ③ 「都市部の家が郊外の家より安いことがときにはある」

29

3 other, another

●基本形●

another, another + 名詞 「複数ある残りのうちの1つ」

the other, the other + 単数名詞 「残り1つしかないその1つ」

the others, the other + 複数名詞 「複数ある残りのすべて」

others, other + 複数名詞 「複数ある残りのうちのいくつか」

◆単数か複数か，特定できるかできないか

another, the other, the others, others の区別は非常によく問われる。それぞれの表す内容は上に示した通りだが，もう少し補足しておこう。

まず，another は "an + other" と考えればよい。不定冠詞は "いくつかある中の不特定の1つ" を表すから，another は "他にもいくつかあって，その中のどれか1つ" を意味することになる。

I don't like this dress. Show me <u>another</u>.

(この服は気に入りません。別のを見せてください)

the others は，考え方としては the other と同じで，other が複数の others になっただけ。"特定の複数の残り" で，他にはもうないのだから，「残り全部」となる。

Of the three books, one is on philosophy and <u>the others</u> are on psychology.

(その3冊のうち，1冊は哲学の本で残りは心理学の本です)

others は複数形で the がついていないから "不特定の複数の残り" で，まだ他にもあることになる。

Some people like pop music and <u>others</u> jazz.

(ポップスが好きな人もいれば，ジャズが好きな人もいる)

例題 1

次の文の空所に入る最も適当なものを1つ選び，番号で答えよ。

Since you enjoyed that first piece of pie so much, why not have (　　　)?

① another　　② either　　③ other　　④ some

CHECK! another：「複数ある残りの1つ」

解説 either では意味をなさない。other は単数では代名詞にはならないので,have の目的語にならない。some はすでに1つ食べた状況では無理。よって another が正解。これは "1つ食べた後,まだいくつか残っていて,そのうちの1つ" を表す。

解答 ① 「一切れのパイをそんなにおいしそうに食べたのだから,もう1つどうですか」

例題2

次の文の空所に入る最も適当なものを1つ選び,番号で答えよ。

There are two reasons for our decision, and you know one of them. Now I'll tell you (　　).

① another　② other　③ the other　④ the others

CHECK! the other :「残り1つしかないその1つ」

解説 「2つの理由」があって,「その1つを知っている」のだから,"残りの1つ" しかない。よって the other が正解。

解答 ③ 「我々の決定には2つ理由があり,そのうちの1つをあなたは知っています。そこで,もう1つを教えましょう」

例題3

次の文の空所に入る最も適当なものを1つ選び,番号で答えよ。

Here are three pencils. One is mine and (　　) are yours.

① another　② other　③ others　④ the others

CHECK! the others :「複数ある残りすべて」

解説 全部で3本あって,そのうち1本をとりあげたから,残りは2本。したがって the others が正解。

解答 ④ 「ここに3本鉛筆があります。1本は私ので,残りのはあなたのです」

例題 4

次の文の空所に入る最も適当なものを1つ選び，番号で答えよ。

In (　) two hours we'll arrive in New York.

　① another　② other　③ extra　④ the other

CHECK!　another + 数詞：「あともう〜」

解説　other や the other では意味をなさない。extra「余分の」も変である。〈another + 数詞〉の形にすれば，「あともう2時間で」となる。

解答　①　「あともう2時間でニューヨークに着きます」

例題 5

次の文で誤りがあれば訂正せよ。

Junko and I wrote letters each other once a week.

CHECK!　each other = one another「お互い」

解説　each other を「お互いに」と覚えている人は間違いに気付かないかもしれない。each other は代名詞であり，他の目的格代名詞および固有名詞と同様に扱う。「〜に手紙を書く」は write (letters) to 〜なので，wrote letters to each other としなければならない。

解答　each other → to each other　「ジュンコと私は週に一度手紙のやりとりをしました」

4　注意すべき代名詞の用法

●基本形●

(1)　some と any

　①　some は肯定文で，any は否定文・疑問文で用いる。

　②　肯定の答えを期待するとき，人にものを勧めるとき，人にものを頼むときには疑問文でも some を用いる。

　③　肯定文の any は「どの〜でも」の意味。

(2)　「ほとんど」の most

　①　most + 名詞

　②　most of the[所有格・指示代名詞] + 名詞

③ most + 人称代名詞

(3) none「(3つ以上のうちの)どれも〜ない」

(4) neither = not〜either「(2つのうちの)どちらも〜ない」

例題 1

次の文の空所に入る最も適当なものを1つ選び，番号で答えよ。

He left the office without saying a word to (　　).

① someone　　② anyone　　③ one　　④ no one

CHECK! 否定文には any を用いる。

解説 without が「〜なしで」という意味で否定を含んでいることに気づくかどうかがポイント。否定文と同様に考えて，someone でなく anyone を用いる。no one では否定の意味が重複するので不可。

解答 ②「彼はだれにも一言も言わずに会社を出ました」

例題 2

空所に入る最も適当なものを選べ。

(　　) agreed with his attitude.

① Most people　　② The most people

③ Most of people　　④ The most of people

CHECK! most + 名詞，most of the[所有格・指示代名詞] + 名詞

解説「ほとんど」の most の基本形に合致しているものを探す。ポイントとして most に the をつけないこと，of の後ろには特定のものがくることを押さえておこう。

解答 ①「ほとんどの人々は彼の態度に同意しました」

例題 3

次の文の空所に入る最も適当なものを1つ選び，番号で答えよ。

He has a lot of clothes, but (　　) look good on him.

① many　　② some　　③ a lot　　④ none

CHECK! none「(3つ以上のなかで)どれも〜ない」

解説 肯定文では逆接の but を生かせない。否定文になるように none を

33

入れる。

解答 ④ 「彼はたくさん服を持っているが，1つも彼に似合うものがない」

例題 4

次の文の空所に入る最も適当なものを1つ選び，番号で答えよ。

I guess (　　) of them went home.

① almost ② most ③ mostly ④ the most

CHECK! 〈most of + 人称代名詞〉「～のほとんど」

解説 almostとmostlyはともに副詞なので，ここには入れられない。また，「ほとんど」のmostにはtheはつけないから④も不可。〈most of + 人称代名詞〉にすれば「～のほとんど」という意味になり，正しい英文ができあがる。

解答 ② 「彼らのほとんどは帰宅したと思う」

例題 5

次の文の空所に入る最も適当なものを1つ選び，番号で答えよ。

"How about (　　) more coffee?" "No, thank you."

① any ② few ③ much ④ some

CHECK! 人にものを勧めるときは疑問文でもsomeを使う。

解説 疑問文だからといって機械的にanyを選んではいけない。「もっとコーヒーはいかがですか」と人にものを勧めている表現だから，someが正しい。

解答 ④ 「もっとコーヒーはいかがですか」「結構です」

例題 6

次の文の空所に入る最も適当なものを1つ選び，番号で答えよ。

"Have you got some brown eggs?" "No, but I've got (　　)."

① any white ones

② some white ones

③ some white one

④　any white one

CHECK!　肯定文にはsomeを用いる。

解説　肯定文だからanyを含む①と④は消える。次に②と③で使われている someは，前の質問から考えて，「いくつかの」という意味になるはずだから，oneが単数形の③はおかしい。したがって②の some white ones が正解。

解答　②　「茶色の卵ある？」「いや，でも白いのがいくつかあるよ」

文法・語法 形容詞

ポイント

1　人を主語にする形容詞，しない形容詞

●基本形●

(1) 〈S (人) + be + 形容詞〉型をとる形容詞

重要な形容詞：able, unable, capable, incapable, glad, happy, sorry

(2) 一般に〈S (人以外) + be + 形容詞〉型をとる形容詞

重要な形容詞：convenient, dangerous, difficult, hard, easy, necessary, pleasant, possible, impossible

(3) 〈S + be + 形容詞 + to〜〉型で，Sが意味の上でto〜または後続する前置詞の目的語となる場合，Sが人でもかまわない形容詞

重要な形容詞：convenient, dangerous, difficult, hard, easy, possible, impossible

◆〈S + be + 形容詞 + to〜〉型が狙われる

　ある形容詞が人を主語にできるかどうかは，特に「Sが〜するのは…だ」という内容を〈S + be + 形容詞 + to〜〉型で表せるか，という形で問題にされることが多い。そこで，この形にしてはいけない形容詞を押さえておくことが重要である。

　× He is difficult to win the race.

　○ It is difficult for him to win the race.

(彼がそのレースに勝つことは難しい)

　これは，difficultのような(2)に属する形容詞は，事柄について述べるものであり，かつ〈S + be + 形容詞 + to〜〉型で，Sがto〜の意味上の主語となるような使い方をしてはならないからである。

◆Sとto〜の関係が重要

　ところが(2)に属する形容詞でも，〈S + be + 形容詞 + to〜〉型でSに人をもってきてもよい場合がある。ただし条件があって，Sが意味の上で，to〜またはその後にある前置詞の目的語になっていなければならな

い。例えば,

He is <u>difficult</u> to please. (彼は気難しい人だ)

という文では,意味の上でHeがpleaseの目的語になる関係が成立している。また,

She is <u>pleasant</u> to talk to. (彼女は話をすると楽しい)

では,Sheが意味の上で前置詞toの目的語になっている。つまり,〈S + be + 形容詞 + to〜〉型では,形容詞が何かということと,Sとto〜の関係を見極めることが大切なのである。

例題1

次の文の下線部のうち誤っているものを1つ選び,番号で答えよ。

We ①<u>will be</u> ②<u>sure</u> to visit you again ③<u>when</u> ④<u>you are convenient</u>.

CHECK! 〈S (人以外) + be + 形容詞〉型をとる形容詞:convenient「都合がよい・便利な」

解説 「あなたの都合のよいときに」と日本語で考えると,you are convenientとしたくなるが,これは間違いである。convenientは物・場所・時間などについて述べる形容詞で,人を主語にしてはならない。it is convenient for youとするのが正しい。

解答 ④ 「あなたの都合のよいときにまた必ず来ます」

例題2

次の文の空所に入る最も適当なものを1つ選び,番号で答えよ。

In England, if anywhere, (   ) to abolish poverty without destroying liberty.

① you would make possible   ② you would be possible

③ it would be possible   ④ it would be you possible

CHECK! 〈S (人以外) + be + 形容詞〉型をとる形容詞:possible「可能な」

解説 possibleは人を主語にしない。④は文型的に成立しない。

解答 ③ 「イギリスでは,どこであっても,自由を損なわずに貧困をなくすことが可能であろう」

例題 3

次の文の空所に入る最も適当なものを1つ選び，番号で答えよ。

I was (　) complete the task.

① impossible to　　② impossible of　　③ incapable of

④ possible to　　⑤ unable to

CHECK! 〈S（人）＋ be ＋形容詞〉型をとる形容詞：unable → be unable to ～「～できない」

解説 主語がIなので，人を主語にしないimpossibleとpossibleは使えない。また，③のincapableは人を主語にするが，ofの後が原形のcompleteではなく，completingなら正解。

解答 ⑤ 「私はその仕事を完成させることができなかった」

例題 4

文法上，正しくない英文をあるだけ選べ。

① John is easy to catch cold.

② For Bill, Susan is hard to help.

③ The problem is difficult to solve.

CHECK! 〈S ＋ be ＋形容詞＋ to ～〉型：easy, hard, difficultは，Sが to ～の意味上の目的語であれば使える。

解説 ①のeasyは，Johnがto catch coldの意味上の主語なので使えない。②のhelpと③のsolveはともに他動詞でありながら目的語がない点に注目。②ではSusanがhelpの目的語となる関係であり，③ではThe problemがsolveの目的語となる関係なので，いずれも正しい英文である。

解答 ① 「②ビルにとってスーザンは助けるのが難しい／③その問題は解きにくい」

2 分詞型形容詞

●基本形●

現在分詞型→「他人を～させるような」

過去分詞型→「自分が～している」

◆元の他動詞から出発しよう

例えば，surprisingとsurprisedという形容詞について考えてみよう。これらは「～を驚かす」という意味の他動詞surpriseが元になっている。

このsurpriseが現在分詞のsurprisingになった場合，「～を驚かす」という意味合いはそのまま残り，これが「他人を驚かすような」という意味の形容詞として使われるようになる。

一方，過去分詞のsurprisedは「驚かされる」となるが，次第に受け身の意味合いが薄れて，単に「(自分が)驚いている・驚く」という形容詞になってしまう。他の形容詞についても同様の考え方で理解できるはずである。

例題 1

次の文の空所に入る最も適当なものを1つ選び，番号で答えよ。

He is (　　) with the sales of the new car.

① much pleased ② pleasing ③ so pleasing

④ very pleasing

CHECK! pleasingは「人を喜ばせるような」。pleasedは「自分が喜んでいる」。

解説 「彼が車の売り上げでどうなのか」を考えると，「人を喜ばせる」より「自分が喜んでいる」のほうが自然である。なお，過去分詞型の形容詞はmuch で修飾されることがよくあることを覚えておこう。

解答 ① 「彼は新車の売り上げに満足している」

例題 2

次の文の空所に入る最も適当なものを1つ選び，番号で答えよ。

I had never expected to be offered the job. I was really (　　).

① amaze ② amazing ③ amazed ④ amazement

CHECK! amazing は「他人を驚嘆させるような」。amazed は「自分が驚嘆している」。

解 説 予期していないことが起こったのだから，素直に「自分が驚いた」とすればよい。

解 答 ③ 「仕事がもらえるとは思ってもいなかったので，私は本当にびっくりした」

例題 3

次の文の空所に入る最も適当なものを1つ選び，番号で答えよ。

The news of the destruction of the Soviet Union was (　　) me.

① much surprising at 　　② much surprised to

③ very surprising to 　　④ very surprised at

CHECK! surprising は「他人を驚かすような」。surprised は「自分が驚いている」。

解 説 「ニュース自身が驚いている」はずはないので，surprised を含む②と④は消える。①と③では，現在分詞型の形容詞を修飾するのは原則として very であること，前置詞 at は surprised と組み合わせて「～に驚く」となることから③を選ぶ。

解 答 ③ 「ソ連崩壊のニュースは私には驚きだった」

3　つづり・意味の紛らわしい形容詞

●基本形●

(1) alive「生きている」(叙述用法)／ live「生きている」(限定用法),「(放送などが)生の」／ lively「生き生きとした・活発な」／ living「生きている・現存している」

(2) considerate「思いやりのある」／ considerable「かなりの」

(3) economic「経済上の・経済学の」／ economical「経済的な・節約家の」

(4) imaginary「架空の」／ imaginable「想像しうる」／ imaginative「想像力豊かな」

(5) literate「読み書きのできる」／ literal「文字通りの」／ literary「文学の」

(6) respectful「敬意を抱く」／ respectable「ちゃんとした・まともな」／ respective「それぞれの」

(7) sensitive「敏感な」／ sensible「思慮分別のある」

例題1

次の文の空所に入る最も適当なものを1つ選び，番号で答えよ。

Harrison was last seen (　　) around 9:30 p.m., so we think he was killed sometime after that.

① alive　　② live　　③ lively　　④ to live

CHECK! 「生きている」のaliveは叙述用法，liveは限定用法で用いる。

解説 「生きているのを最後に見られたのは午後9時半ごろだった」としたいので，aliveとliveの区別が重要となる。aliveは叙述用法，つまり補語として用いるのに対し，liveは限定用法，つまり名詞の前において名詞を修飾する働きをする。ここでは補語の位置なのでaliveが正解。

解答 ①「ハリソンが最後に生きているところを見られたのは午後9時半ごろだったので，我々は彼が殺されたのはその後だと考える」

例題2

次の文の空所に入る最も適当なものを1つ選び，番号で答えよ。

He is very (　　) writer; he is always writing about journeys to the moon and such things.

① imaginary　　② imaginative　　③ imagined
④ imaginable

CHECK! imaginative「想像力豊かな」

解説 「いつも月旅行などを書いている」というのだから，imaginativeが最も自然である。

解答 ②「彼はとても想像力に富んだ作家だ。いつも月旅行やそのたぐいのことを書いている」

例題 3

次の文の空所に入る最も適当なものを1つ選び，番号で答えよ。

It is not (　　) to be drunk in a public place.

① respective　　② respectable　　③ respectful

④ respecting

CHECK! respectable「ちゃんとした・まともな」

解 答　② 「公共の場で酔っぱらうのはまともではない」

文法・語法　副詞

ポイント

1　意味・用法の紛らわしい副詞

●基本形●

(1)　very と much
　　①　very ＋ 原級／much ＋ 比較級
　　②　the very ＋ 最上級／much the ＋ 最上級
　　③　「あまりにも～」の too を強調するのは much

(2)　hard と hardly
　　①　hard「懸命に・熱心に・激しく」
　　②　hardly「ほとんど～ない」

(3)　late と lately
　　①　late「遅く・遅れて」
　　②　lately「最近」

(4)　ago と before：「～前に」
　　①　ago は現在を基準とする。
　　②　before は過去を基準とする。

(5)　too と either：「～もまた」
　　①　too は肯定文で使用する。
　　②　either は否定文で使用する。

(6)　already と still と yet
　　①　already は肯定文で「すでに」，疑問文で「驚き」を表すことがある。
　　②　yet は疑問文で文末に置いて「もう」，否定文で not の後か文末に置いて「まだ」。
　　③　still は「依然として」で"継続"を表す。否定文で「まだ～ない」というときは not の前に置く。

◆very と much の使用法

「とても・非常に」と訳すことの多いvery と muchだが，その働き場所はほぼ完全に二分されていて，2つは交換可能ではないと考えておいてよいだろう。特に，(1)の①〜③の用法は重要である。

The water is very shallow here.

(ここは水がとても浅い)

You've done much better than last time.

(君はこの前よりずっとよくやった)

This is the *very best wine.

＊注：このveryは名詞を強調する形容詞だとする説もある。

(これがまさしく最良のワインです)

He is much the tallest in our class.

(彼は私たちのクラスで飛び抜けていちばん背が高い)

This is much too difficult for me.

(これは私には難しすぎる)

これ以外では，much は動詞を修飾できるが，veryはできないということも押さえておこう。ただし，muchが単独で動詞を修飾することはまれで，muchの前に別の副詞を置くのが普通である。

また，veryは現在分詞，muchは過去分詞を修飾する，というのもあるが，これはあいまいな点も多く，実際の英文で個々に見ていくしかない。

◆-ly の有無

同じ副詞でも -lyがつくのとつかないのでは全く意味の異なるものがある。(2)と(3)で例を挙げたもの以外では，most と mostly，right とrightly，just と justly などの区別が重要である。

He never comes late for the school. (彼は決して学校に遅刻しない)

Have you ever seen her lately? (最近彼女に会いましたか)

I tried hard to get good mark. (私はいい点を取ろうと懸命に努力した)

Jack hardly takes any exercise. (ジャックはほとんど運動をしない)

What you need most is courage. (君に一番必要なのは勇気だ)

I mostly enjoy whiskey when I drink.

(私は酒を飲むときは，たいていウイスキーをたしなむ)

◆日本語訳だけでは区別できない

(4)〜(6)で取り上げた副詞は，日本語訳では混同しやすいものばかりである。それぞれの用法の違いをしっかり覚えておこう。

I saw you somewhere three years <u>ago</u>.
(3年前にどこかであなたと会ったことがある)

I told him that I had seen her a week <u>before</u>.
(彼女には1週間前に会ったと彼に言った)

John is ready, and I am, <u>too</u>.
(ジョンは準備ができているし，私もできている)

I didn't read the book, <u>either</u>. (私もその本は読まなかった)

He has <u>already</u> finished the job. (彼はもうその仕事を終えた)

He has not finished the job <u>yet</u>. (彼はまだその仕事を終えていない)

Has he finished the job <u>yet</u>? (彼はもうその仕事を終えましたか)

He is <u>still</u> doing the job. (彼はまだその仕事をしている)

例題 1

次の文の空所に入る最も適当なものを1つ選び，番号で答えよ。

I am (　　) fond of apples.

① very　　② much　　③ very much

CHECK! very + 原級／much + 比較級

解 説 空所の直前が形容詞の原級fondなので，muchではなくveryが正しい。③もmuchがfondにかかってしまうので不可。

解 答 ①　「私はリンゴが大好きだ」

例題 2

次の文で誤りがあれば訂正せよ。

They tied him to a tree and whipped him hardly.

CHECK! hard「懸命に・熱心に・激しく」
hardly「ほとんど〜ない」

解 説 hardlyを使うなら位置が悪く，〜and hardly whipped himとすべきだし，仮にこうしても「ほとんどムチで打たなかった」では前とのつ

45

ながりが悪い。そこで「激しくムチで打った」となるように，hardを用いるのが正解。

| 解答 | hardly→hard 「彼らは彼を木に縛りつけて，激しくムチで打った」

例題3

次の文で誤りがあれば訂正せよ。

He will arrive very lately tonight.

CHECK! late「遅く・遅れて」

lately「最近」

| 解説 | latelyでは全く意味をなさない。またlatelyは現在完了形や過去形の英文で用いるので，ここでは使えない。ここではlateを用いて「遅くに到着する」という文にする。

| 解答 | lately→late 「彼は今夜，非常に遅い時間に到着するだろう」

例題4

次の文で誤りがあれば訂正せよ。

I first went to India twenty five years before.

CHECK! agoは基準を現在とする。

beforeは基準を過去とする。

| 解説 | 動詞が過去形のwentなので，「今から25年前」ということで，beforeでなくagoを用いる。

| 解答 | before→ago 「私は25年前初めてインドに行った」

例題5

次の文で誤りがあれば訂正せよ。

If you do not go, I will not go, too.

CHECK! tooは肯定文で使用する。

eitherは否定文で使用する。

| 解説 | 「私も行かない」という意味だが，否定文なのでtooではなく，eitherを用いる。

| 解答 | too→either 「あなたが行かないのなら，私も行きません」

例題 6

次の文の空所に入る最も適当なものを1つ選び，番号で答えよ。

"Has the bell rung?" "No, it hasn't rung (　　)."

 ① already ② still ③ until ④ yet

CHECK! already は肯定文で「すでに」

 yet は否定文で「まだ」

 still は"継続"の意を表す。

解説 まず until には副詞の用法がない。already は否定文で使えない。そして still を使うなら it still hasn't rung. となるはずなので，yet が正解。

解答 ④ 「ベルは鳴った？」「いや，まだ鳴ってない」

例題 7

次の文の空所に入る最も適当なものを1つ選び，番号で答えよ。

Have you (　　) finished your homework in mathematics?

 ① still ② until ③ yet ④ already

CHECK! already は疑問文で使うこともある。

 疑問文の yet は文末に置く。

 still は"継続"の意を表す。

解説 疑問文なので yet を使いたいところだが，yet なら文末にくるはず。また，still は"継続"だからこの文脈では不可。already は疑問文で用いて「もう～したのか」という驚きを表すことができる。

解答 ④ 「もう数学の宿題を済ませたのですか」

2　否定の副詞

●基本形●

(1)　準否定

 ①　rarely, seldom「めったに～ない」(頻度)

 ②　hardly, scarcely「ほとんど～ない」(程度)

 ＊ともに not と一緒には使えない。

(2)　全部否定(完全否定)

① not～any「1つも(少しも)～ない」

② not～either「(2つの)どちらも～ない」

＊any～not, either～notの語順は不可。

(3) 重要表現

① no more = not～any more「もはや～ない」／no longer = not ～any longer「もはや～ない」

＊前者は量や程度，後者は時間的な意味合いで使われるのが原則だが，実際には置き換え可能なことが多い。

② by no means = not～by any means「決して～ない」

③ anything but～, far from～「～どころではない，決して～でない」

＊～には名詞だけでなく形容詞もくる。

④ next to＋否定語「ほとんど～ない」

◆外見は肯定文で中身は否定文

rarely, seldom, hardly, scarcelyは準否定の副詞と呼ばれる。"準"とついてはいるが，要は否定語だととらえておいてよい。また，rarely, seldomは"頻度"について，hardly, scarcelyは"程度"に用いることに注意しよう。

She is seldom at home in the afternoon.

(彼女は午後家にいることはめったにない)

There's scarcely any sugar in this cake.

(このケーキには砂糖はほとんど入っていない)

◆全部否定と部分否定

通常の否定文では特に意識することはないが，場合によっては，その内容を完全に否定しているのか部分的に否定しているのかをはっきり区別しなければならないことがある。

(1) not～any「1つも(少しも)～ない」：全部否定／not～all, not～every「すべてが～というわけではない」：部分否定

not～either「(2つの)どちらも～ない」：全部否定／not～both「両方とも～というわけではない」：部分否定

There isn't any tea in the pot. (ポットには紅茶が少しもない)

I don't know either of the two boys.

(私はその2人の少年はどちらも知らない)

(2) not〜at all, not〜in the least「全く〜ない」：全部否定／not〜always[necessarily, altogether]「必ずしも〜とは限らない」：部分否定

He doesn't watch television at all. (彼は全然テレビを見ない)

I'm not in the least afraid of dogs. (私は犬はちっとも怖くない)

◆否定に関する重要表現

基本形に取り上げたものは、すべて正確に記憶しておこう。

(1) not〜any more, no longer〜「もはや〜ない」

We can't walk any more. (これ以上は歩けません)

He can no longer wait. (彼はもう待てない)

(2) by no means「決して〜ない」 means「手段」という意味から覚えやすいだろう。文字通りには「どんな手段によっても〜ない」となる。ついでにby all means「あらゆる手段によって→ぜひとも」も覚えておこう。

She is by no means stupid. (彼女は決してばかではない)

(3) anything but〜は「〜以外なら何でも」、far from〜は「〜からほど遠い」という文字通りの意味からきている。

This is anything but easy. (これが容易だなんてとんでもない)

The result is far from satisfactory.

(その結果は決して満足のいくものではなかった)

(4) next to〜「(否定の意味を持つ語の前に置かれて)ほとんど〜」。「〜の次」が拡張されたもの。

Finishing it by 10 o'clock is next to impossible.

(それを10時までに終わらせるのはほとんど不可能だ)

例題 1

次の文の空所に入る最も適当なものを1つ選び、番号で答えよ。

The old lady (　　) goes out at night, because she's afraid someone will rob her.

① not　　② ever　　③ seldom　　④ hardly

CHECK! seldomは"頻度"、hardlyは"程度"を表す。

49

解説 notを使うならdoes not goとなるはず。seldomかhardlyだが，「外出する」のに"程度"は変なので「めったに外出しない」とすればよい。

解答 ③ 「そのお婆さんは夜に外出することはめったにない。強盗に襲われるのではないかと思っているからだ」

例題 2

次の文の空所に入る最も適当なものを1つ選び，番号で答えよ。

A visit to the moon is (　　) longer impossible.

① nothing　② no　③ not　④ none

CHECK! no longer = not ～ any longer「もはや～ない」

解説 no longer を知っているかどうかだけの基本的な問題。

解答 ② 「月への旅行はもはや不可能ではない」

例題 3

次の文で誤りがあれば訂正せよ。

Any student did not go to the party.

CHECK! not ～ any「1つも～ない」だが，any ～ notの語順は不可。

解説 「一人も行かなかった」と言いたいのだが，any ～ notの語順は不可。このような場合には〈no + 名詞〉の形にする。

解答 Any student did not go to the party.→ No student went to the party. 「パーティーに行った学生は一人もいなかった」

3　注意すべき副詞

●基本形●

(1) almost
  ① ほとんど　＊〈almost + 名詞〉は不可。
  ② (動詞を修飾して) もう少しで～するところ(≒ nearly)
(2) badly
  ① まずく・下手に・不当に
  ② とても・ひどく　＊動詞の前に置くことが多い。

(3)　barely「かろうじて・やっとのことで」

(4)　〈形容詞・副詞＋enough〉「十分に〜」

(5)　fast「(時計が)進んでいる」,「ぐっすり(眠っている)」の意味がある。

(6)　How often〜?　「どのくらいの頻度で〜か」

(7)　How soon〜?　「あとどのくらいの時間がたてば〜か」

(8)　otherwise
　　①　さもなければ　　②　それとは違った方法で
　　③　その他の点では

(9)　〈pretty[fairly]＋形容詞〉「かなり〜・非常に〜」

(10)　quite
　　①　全く　　②　非常に・かなり　＊〈a＋名詞〉の前に置ける。

(11)　rather
　　①　むしろ　　②　かなり

(12)　right
　　①　ちょうど・まともに
　　②　すぐに　ex. right now「ちょうど今」, right away「すぐに」

(13)　〈this＋形容詞〉「これほど〜」,〈that＋形容詞〉「それほど〜」

(14)　名詞と間違えやすい副詞
　　①　abroad「外国へ・外国で」
　　②　動作を表す動詞の後のhome
　　③　upstairs「上の階へ・2階へ」, downstairs「下の階へ・1階へ」

(15)　接続副詞(前文または前の部分との接続関係を表す副詞)
　　①　accordingly, therefore「したがって・それゆえに」
　　②　besides, moreover, in addition「さらに・その上」
　　③　however「しかしながら」
　　④　instead「その代わりに」
　　⑤　nevertheless, nonetheless「それにもかかわらず」

(16)　文修飾副詞(特定の語句を修飾するのではなく，文全体を修飾する副詞)
　　①　文頭に置くか，助動詞の直後，助動詞がなければ一般動詞の直前かbe動詞の直後に置く。

② 代表的なもの…certainly「確かに」, clearly「明らかに」, evidently「明らかに」, fortunately「幸運にも」, unfortunately「不運にも」, probably「たぶん」など。

例題 1

次の文の下線部のうち誤っているものを1つ選び, 番号で答えよ。
①In the early days when the West ②was being settled, horses were the ③main mode of transportation, so ④almost pioneers rode well.
CHECK! 〈almost＋名詞〉は不可。

解説 「ほとんどの開拓者」と言いたいのだろうが, almostは副詞だから名詞を修飾できない。よってalmost pioneersが間違い。almostを使うなら, almost all (of) the pioneersとなる。

解答 ④ 「西部に人が移住しつつあった初期の時代には, 馬が主要な輸送手段だったので, ほとんどの開拓者は馬に乗るのが上手だった」

例題 2

次の文の下線部のうち誤っているものを1つ選び, 番号で答えよ。
I ①should have been gone back ②to home ③by then but was delayed ④by a phone call.
CHECK! 動作を表す動詞の後で, homeは副詞として用いる。

解説 homeは基本的には名詞なのだが, 動作を表す動詞の後では「家へ・故郷へ」という意味の副詞として用いる。したがって, to homeのtoが不要。

解答 ② 「私はそのときまでに家に帰っているはずだったが, 電話のせいで遅れてしまった」

例題 3

次の文の空所に入る最も適当なものを1つ選び, 番号で答えよ。
The building did not pass a fire inspection. (　　) it will be closed for the rest of the year.
① Nevertheless ② However ③ Moreover

52

④　Therefore

CHECK!　therefore「したがって・それゆえに」

解説　第1文の「検査に通らなかった」ことと，第2文の「閉鎖される」の関係を考えれば，因果関係を表すthereforeが最適。

解答　④　「その建物は火災検査に通らなかった。したがって，今年いっぱい閉鎖されることになるだろう」

例題 4

次の文の空所に入る最も適当なものを1つ選び，番号で答えよ。

(　) students wear uniforms.

①　Almost of　　　②　Almost the
③　Almost of the　④　Almost all of the

CHECK!　almostは副詞なので，almost ofや〈almost＋名詞〉は不可。

解説　almostは副詞だから①や③のAlmost ofはあり得ないし，②も〈almost＋名詞〉になってしまうので不適当。

解答　④　「学生の大部分は制服を着ている」

例題 5

次の文の空所に入る最も適当なものを1つ選び，番号で答えよ。

I thought it was a good book, but Jim thought (　).

①　moreover　　②　nevertheless
③　otherwise　　④　therefore

CHECK!　otherwise「さもなければ・それとは違ったやり方で・その他の点では」

解説　moreover, nevertheless, thereforeは逆接副詞なので文末にくることはないし，これらでは文意も通らない。「それとは違ったやり方で」の意味を持つotherwiseを入れると，「私はいい本だと思ったが，彼はそれとは違ったやり方で考えた(彼はそうではないと思った)」となる。

解答　③　「私はいい本だと思ったが，ジムはそうではないと思った」

例題 6

次の文で誤りがあれば訂正せよ。

What time did you come back to home last night?

CHECK! 名詞と間違えやすい副詞：往来を表す動詞の後のhome

解説 動詞がcome back「戻る，帰る」なので，homeは副詞として用いる。

解答 to home → home 「あなたは昨晩，何時に帰宅しましたか」

文法・語法 比較

ポイント

1 原級による比較

●基本形●

(1) 同等比較

as + 原級 + as「～と同じくらい…」

not as[so] + 原級 + as「～ほど…でない」

(2) 倍数表現

X times + as + 原級 + as ～「～のX倍…」

twice + as + 原級 + as ～「～の2倍…」

half + as + 原級 + as ～「～の半分…」

(3) 同等比較を用いた重要構文

① as + 原級 + as possible = as + 原級 + as + S can「できるだけ…」

② as + 原級 + as ever「相変わらず…」「古今まれなほど…／この上なく」

③ not so much A as B「AというよりむしろB」(= rather B than A, B rather than A, more B than A)

④ not so much as ～「～さえ…ない」, without so much as ～ ing「～さえせずに」

⑤ as good as ～「も同様だ」

例題 1

次の文の空所に入る最も適当なものを1つ選び，番号で答えよ。

Bill ( ) you think.

① is not as silly as ② is not as silly than

③ is not silly than ④ is not so silly than

CHECK! not as[so] + 原級 + as ～「～ほど…ない」

解 説 基本形どおりの①で全く問題はない。他の選択肢に含まれている

thanは比較級と組みあわせて用いる。

解答 ① 「ビルはあなたが思っているほどばかではない」

次の文の空所に入る最も適当なものを1つ選び，番号で答えよ。

This stone is (　) that one.

① twice as heavy as　　② twice as heavy than
③ as twice heavy as　　④ as heavy as twice

CHECK! twice as＋原級＋as〜「〜の2倍…」

解説 いろいろな語順の選択肢が並んでいるが，基本形通りなのは①のみ。

解答 ① 「この石はあの石の2倍の重さがある」

例題3

次の文の空所に入る最も適当なものを1つ選び，番号で答えよ。

A man's worth is to be estimated not so much by his social position
(　) by his character.

① than　　② as　　③ as well　　④ rather

CHECK! not so much A as B「AというよりもむしろB」

解説 やや複雑な形になっているが，by his social positionとby his
characterがともに〈by＋名詞〉という同じ形であることに注目。それぞ
れをひとかたまりと見れば，not so much A as Bという構文に気づくは
ずだ。

解答 ② 「人の価値はその社会的地位よりもむしろ人格によって判断
されるべきだ」

例題4

次の文の空所に入る最も適当なものを1つ選び，番号で答えよ。

The ten-year-old boy cannot so (　) as sign his name.

① far　　② good　　③ long　　④ much

CHECK! not so much as〜「〜さえ…ない」

解説 far, good, longを入れたのでは，asの直後に動詞の原形signがき

56

ていることの説明がつかない。not so much as〜は動詞と組みあわせて
用いることが多く，ここに入れるのに何の支障もない。

| 解答 | ④ 「その10歳の男の子は自分の名前を書くことすらできない」

2 比較級を用いた表現

●基本形●

(1) 優劣比較：比較級 + than〜「〜よりも…」
    劣等比較：less … than〜「〜よりも…でない」

(2) the + 比較級：「2つのうちでより〜な方」

(3) 比較級を含む重要構文

① more A than B「BというよりもむしろA」(= rather A than B,
A rather than B, not so much B as A)

② all the + 比較級「その分だけいっそう…」
none the + 比較級「〜にもかかわらず少しも…でない」

③ The + 比較級〜，the + 比較級…「〜すればするほどいっそう…」

④ 肯定文，much[still] more〜「まして〜・なおさら〜」
否定文，much[still] less〜「まして〜ない・なおさら〜ない」

⑤ know better than to〜「〜するほど愚かではない・〜しないくら
いの分別はある」

⑥ no sooner〜than …「〜するとすぐに…」

例題 1

次の文の空所に入る最も適当なものを1つ選び，番号で答えよ。

It is better to know something about everything (   ) all about one
thing.

① but   ② than   ③ that   ④ for

CHECK!   優劣比較：比較級 + than〜「〜よりも…」

| 解説 | 前に比較級のbetterがあるので，素直に〈比較級 + than〉の形に
すればいい。

| 解答 | ② 「1つのことについてすべてを知るより，すべてのことについ

てある程度知る方がよい」

例題 2

次の文の空所に入る最も適当なものを1つ選び，番号で答えよ。

Which is the (   ) of the two overcoats?

① best   ② better   ③ smallest

CHECK! 🖐 the + 比較級：「2つのうちでより～な方」

解 説 直後のof the twoに注目。「その2つのコートのうちでよい方」というのだから，〈the + 比較級〉の形にする必要がある。

解 答 ② 「その2つのコートのうち，どちらの方がいいですか」

例題 3

次の文の空所に入る最も適当なものを1つ選び，番号で答えよ。

She is (   ) than beautiful.

① pretty   ② more pretty   ③ prettier

④ more prettier

CHECK! 🖐 more A than B「BというよりもむしろA」

解 説 thanがあるからprettyの比較級であるprettierと早とちりしてはいけない。thanの後が形容詞のbeautifulであることに注意。素性の優劣比較ならば，「彼女」と他の何かが比較されるはずで，「彼女」とbeautifulを比べることは不可能。つまり，ここではprettyかbeautifulかの比較をしているのである。よって，more A than Bの形にすればいい。

解 答 ② 「彼女は美人というよりもかわいい」

例題 4

次の文の空所に入る最も適当なものを1つ選び，番号で答えよ。

I love him all (   ) for her faults.

① the more   ② more   ③ most   ④ better

CHECK! 🖐 all the + 比較級「その分だけいっそう…」

解 説 直前のallに注目。All more, all most, all betterでは意味をな

さない。〈all the ＋ 比較級〉の形になるよう the more を選ぶ。なお，直後の for her faults は理由を示す表現で，これが〈all the ＋ 比較級〉を使うことをわからせてくれる。

解答 ① 「欠点があるからそれだけよけいに彼女を愛している。」

例題 5

日本文とほぼ同じ意味になるように，空所に適当な語を入れよ。
知人が増えれば，それだけ会う時間がなくなる。

The more people you know, (　) (　) time you have to see them.

CHECK! The ＋ 比較級〜, the ＋ 比較級…「〜すればするほどいっそう…」

解説 この文が The more で始まっていることに注意。more はもちろん many の比較級で，know の目的語である people が The more に引っ張られて前に出ている。このような語順が成立するためには，〈The ＋ 比較級〜, the ＋ 比較級…〉の構文にするしかない。入れるべき比較級は，「時間が少なくなる」とあるから little の比較級 less。

解答 the, less

例題 6

次の文の空所に入る最も適当なものを1つ選び，番号で答えよ。

I didn't even speak to her, (　) discuss your personal problems with her.

① much less 　② still more 　③ much more
④ less than

CHECK! 否定文, much[still] less 〜「まして〜ない」

解説 まず less than では前後がつながらない。残る3つの比較では，空所の前が否定文であることが決め手になる。still more と much more は前が肯定文のときに使う。基本形通りになる much less が正解。

解答 ① 「私は彼女と話しもしなかった。まして，あなたの個人的な問題について彼女と話し合うことなどしていない」

例題7

次の文で誤りがあれば訂正せよ。

No sooner had she said it when she realized her mistake.

CHECK! no sooner 〜 than … 「〜するとすぐに…」

解説 これは基本形と照らし合わせれば，whenが間違いであることがすぐにわかる。当然thanにしなければならない。

解答 when→than「彼女はそれを言ったとたんに自分の間違いがすぐにわかった」

例題8

(1)と(2)がほぼ同じ意味になるように，次の文の空所に入る最も適当なものを1つ選び，番号で答えよ。

(1) Well, it was really foolish of her to do such a thing.

(2) Well, (   ) known better than to do such a thing.

① she has   ② she had been   ③ she had

④ she should have

CHECK! know better than to〜「〜しないぐらいの分別がある」

解説 時制から考えて①の現在完了はおかしいし，②③の過去完了も基準となる過去の一時点を表す語句がないから不可。残る④だが，これはshould have＋過去分詞「〜すべきだったのに」の形。know better than to〜を合わせると，「〜しないくらいの分別はあるべきだったのに(実際はなかった)」となって，(1)の「ばかだった」とほぼ同じ意味になる。

解答 ④ 「(1)そう，彼女がそんなことをしたのは本当にばかだった。／(2)そう，彼女はそんなことをしないくらいの分別はあってしかるべきだったのに」

3 no more … than〜など

●基本形●

(1) ① no more … than〜 = not … any more than〜「〜と同様に…でない」

② no less … than ～「～と同様に…だ」

(2)　① no more than + 数詞「たった～だけ」(= only)

　　② not more than + 数詞「せいぜい～」(= at most)

　　③ no less than + 数詞「～も」(= as much as)

　　④ not less than + 数詞「少なくとも～」(= at least)

◆いわゆる "クジラの公式"

次の例は，no more … than ～の説明に頻繁に用いられるものである。

A whale is <u>no more</u> a fish <u>than</u> a horse is.

(クジラが魚でないのは馬が魚でないのと同様である)

まず，than の後を見ると horse is と肯定形になっている。これは「馬が魚である」という内容を表すのだが，これは明らかに事実ではない。ここが重要で，"than の後には，形は肯定形でも事実でない事柄がくる" というのが第1のポイントである。

次に，more という比較級が使われているのは，than 以下の事実でない事柄に比べれば普通ならこちらの方が程度が上になることを示すが，その前に no がついている。この no の働きを考える際に前提として押さえておきたいことは，比較級の前に数値を置くことで比較されている両者の "差" を表すことができる，という点である。

I am <u>two years</u> younger than my brother.　(私は兄より2歳年下です)

そこで，no が0という数値を表すことから，"no は両者の差が0であること，すなわち両者は同程度であることを示す" という第2のポイントが導き出される。

以上のことを例文に当てはめると，「『馬が魚である』という事実でないことに比べれば，『クジラが魚である』の方が程度は上のはずだが，その差を実際に調べてみたら何と0で，両者は同程度でしかない」となり，これを簡潔に表現すると，「クジラが魚でないのは馬が魚でないのと同様である」となるのである。

例題 1

空所に入る最も適当なものを選べ。

I am no (　　) able to operate this machine than he is.

① far　　② much　　③ very　　④ more

CHECK! no more … than〜「〜と同様に…でない」

解説 空所の前のno，文の終わりの方のthanに注目して，no more … than〜の形にするしかない。

解答 ④ 「私は彼と同様，この機械を操作することはできない」

例題2

日本文とほぼ同じ意味になるように，文の空所に入る最も適当なものを1つ選び，番号で答えよ。

私は10,000円しか持っていない。

I have (　　) more than 10,000 yen.

① not　　② much　　③ far　　④ no

CHECK! no more than + 数値「たった〜だけ」

解説 「〜しか」という日本文と空所の後のmore thanから，〈no more than + 数値〉にすればよい。

解答 ④

例題3

次の文の空所に入る最も適当なものを1つ選び，番号で答えよ。

It is true that love is important. Still, money is (　　) important.

① much　　② little　　③ no more　　④ no less

CHECK! no less … than〜「〜と同様に…だ」

解説 muchは原級を修飾できないし，〈little + 形容詞〉という形もない（〈a little + 形容詞〉ならある）ので，①②は不可。前文の内容からthan love isが省略されていると考えて，no moreかno lessになる。no moreだと「金も同様に重要でない」となって，前の「愛情は重要だ」に合わない。no lessなら「金も同様に重要だ」となってうまくつながる。

解答 ④ 「なるほど愛情は重要だ。だが，お金もそれと同様に重要だ」

例題 4

次の日本文とほぼ同じ意味になるように，空所に適当な語を入れよ。

彼女は30分そこそこで帰ってくるでしょう。

She will come back in (　　) (　　) than half an hour.

CHECK! 〈not more than ＋数詞〉「せいぜい〜」(= at most)

解説 「30分そこそこ」とは「いくらかかってもせいぜい30分」と考えればよい。すると，〈not more than ＋数詞〉が使える。

解答 not, more

例題 5

(1)と(2)がほぼ同じ意味になるように，空所に適当な語を入れよ。

(1) She has at least five children.

(2) She has (　　) (　　) than five children.

CHECK! 〈not less than ＋数詞〉「少なくとも〜」(= at least)

解説 空所の後にthanがあり，(1)の文が「彼女には子供が少なくとも5人はいる」という意味であることから，〈not less than ＋数詞〉「少なくとも〜」とすればほぼ同じ意味になる。

解答 not, less 「彼女には子供が少なくとも5人はいる」

例題 6

(1)と(2)がほぼ同じ意味になるように，空所に適当な語を入れよ。

(1) You cannot shake my resolution just as you cannot make the sun turn back.

(2) You can (　　) (　　) shake my resolution (　　) you can make the sun turn back.

CHECK! 〈no more … than 〜〉「〜と同様に…でない」

解説 (1)は接続詞asを用いて「あなたが〜できないように，あなたは…できない」という意味になっている。これは「〜できないのと同様に…できない」とうことだから，〈no more … than 〜〉とほぼ同じ意味。

解答 no, more, than 「あなたは太陽を引き返させることができないのとちょうど同じように，私の決意をぐらつかせることはできない」

63

例題 7

(1)と(2)がほぼ同じ意味になるように，空所に適当な語を入れよ。

(1)　He saved as much as ten thousand dollars.

(2)　He saved no (　　) than ten thousand dollars.

CHECK! 〈no less than＋数詞〉「～も」(= as much as)

解 説　as much as は数の多さを強調するときに使い，no less than とほぼ同じ意味になる。

解 答　less　「彼は1万ドルも貯めた」

例題 8

(1)と(2)がほぼ同じ意味になるように，空所に適当な語を入れよ。

(1)　She is quite as kind as her sister.

(2)　She is (　　) (　　) kind than her sister.

CHECK! no less … than～「～と同様に…だ」

解 説　空所の後に than があり，(1)の文が「同じくらい親切だ」という肯定であることから，no less … than～に当てはめればよい。

解 答　no, less　「彼女は姉とまったく同じくらい親切だ」

文法・語法 動詞

ポイント

1 　自動詞と他動詞

●基本形●

(1)　他動詞＋名詞

(2)　自動詞＋前置詞＋名詞

◆動詞は大別して2種類ある

　　動詞には目的語をとる他動詞と，目的語をとらない自動詞がある。

(1)　We reached Boston three days ago.

(2)　We arrived at Boston three days ago.

　　(私たちは3日前ボストンに着いた)

　　意味は同じなのに構造が異なることに注目しよう。(1)の動詞reachは他動詞なので，目的語の名詞Bostonが直後に続いているが，(2)の動詞arriveは自動詞なので，名詞をそのまま直後に置くことはできず，〈前置詞＋名詞〉という修飾要素の形にして続けているのである。

例題1

不要な箇所が1つある。その番号を答えよ。

①I ②liked ③in ④the way ⑤she ⑥organized ⑦the meeting.

CHECK!　他動詞＋名詞

解説　likeは他動詞なので，直後がin the wayでは基本形に沿っていない。前置詞inを消せばlike the wayとなり，〈他動詞＋名詞〉となる。

解答　③　「彼女がその会合を主催したやり方に私は好感を持った」

例題2

次の文の空所に入る最も適当なものを1つ選び，番号で答えよ。

Jim was so tired that he (　　) down and slept.

　　①　lay　　②　lied　　③　lain　　④　laid

CHECK!　lieは自動詞で，layは他動詞である。

解説 自動詞lie(横になる・ある)と他動詞lay「〜を置く・〜を横にする」の区別は頻出。また，それぞれの活用がlie-lay-lain-lying, lay-laid-laid-layingで非常に紛らわしいので正確に覚えておこう。空所の直後のdownが副詞であることから，目的語となる名詞が存在しないことがわかる。したがって，自動詞lieの過去形layが正解。

解答 ① 「ジムはとても疲れていたので横になって眠った」

例題 3

次の文の空所に入る最も適当なものを1つ選び，番号で答えよ。

Bill (　　) the room.

　　① entered 　　② entered to 　　③ entered into

　　④ entered onto

CHECK! enter「〜に入る」は他動詞。

解説 enterが他動詞であると知っていれば，基本形通りになる①enteredが選べるはず。

解答 ① 「ビルはその部屋に入った」

2 第2文型S＋V＋C

●**基本形**●

S＋V＋形容詞または名詞　V＝「〜になる」型，「〜のまま」型，五感型

◆**第2文型をとる動詞**

(1) 「〜になる」型…become, get, grow, come, go, turn, run, fall, prove, turn out

(2) 「〜のまま」型…be, keep, remain, stay, lie

(3) 五感型…look「〜に見える」, seem「〜に見える・思われる」, appear「〜に見える・思われる」, sound「〜に聞こえる」, taste「〜の味がする」, smell「〜のにおいがする」, feel「〜に感じる」

◆**補語になれる語，句，節**

(1) 主格補語になれるのは，名詞(句・節)，形容詞(句)，分詞など

(2) すべてS(主語)＝C(主格補語)の関係が保たれている。Mr. Harrison is my English teacher.(ハリソン氏＝私の英語の先生), John kept quiet during the class. (John = quiet), Mary looked happy to see you. (Mary = happy)。

例題1

次の文の空所に入る最も適当なものを1つ選び，番号で答えよ。

The parents seem (　) about the grades on their child's report card.
① angry　② angrily　③ to anger　④ to be anger

CHECK! S＋V＋形容詞

解説 「怒っているように思われる」という日本語から副詞のangrily を選んではいけない。seemは第2文型の動詞だから，基本形通りに形容詞 angryを選ぶ。④がto be angryであれば形容詞句として補語になり得る がto be angerでは不可。

解答 ① 「その両親は子どもの通信簿の成績について怒っている様子 だ」

例題2

次の文の空所に入る最も適当なものを1つ選び，番号で答えよ。

Luckily the weather (　) fine.
① turned up　② came to　③ turned out
④ changed into

CHECK! turn out (to be) ＋ C ＝ prove (to be) ＋ C 「結局Cになる・C だと判明する」

解説 空所の後が形容詞fineであることから，第2文型をとる動詞を選ぶ。 選択肢の中ではturned out しかない。

解答 ③ 「幸運なことに，天気はよくなった」

67

例題 3

次の文の空所に入る最も適当なものを1つ選び，番号で答えよ。

Natsuko (　　) elegant in her new black suit.

　① sounds　　② grows　　③ looks　　④ sees

CHECK! 　sound＋C「Cに聞こえる」，grow＋C「(次第に)Cになる」，look＋C「Cに見える」

解説 　空所の後が形容詞であることを確認。④see(s)は他動詞で第2文型をとらないから消去。服を着たときにどうなのかを考えれば，look「〜に見える」を選べるだろう。

解答 　③　「新しい黒のスーツを着て，ナツコは優雅に見える」

3　第4文型S＋V＋IO＋DO

●基本形●

　S＋V＋名詞A＋名詞B

◆第4文型とは

　後に目的語となる名詞が2つくる動詞を第4文型の動詞という。名詞Aを間接目的語(IO)，名詞Bを直接目的語(DO)という。

　第4文型をとる動詞の代表例は，buy，give，lend，send，show，tell，teachなどである。

例題 1

次の文の空所に入る最も適当なものを1つ選び，番号で答えよ。

The music (　　) me a headache. It's so old-fashioned.

　① catches　　② feels　　③ gives　　④ shows

CHECK! 　give＋A＋B「AにBを与える」

　show＋A＋B「AにBを見せる・示す」

解説 　空所の後の構造を見ると，meとa headacheという2つの名詞が並んでいるので，第4文型の基本形である。「その音楽は私に頭痛を与える」→「その音楽を聞くと私は頭痛がする」と考え，③givesを選ぶ。

解答 　③　「その音楽を聞くと頭痛がする。あまりに流行遅れだ」

例題2

次の文の空所に入る最も適当なものを1つ選び，番号で答えよ。

Carelessness may (　　) you your life.

 ① cause ② cost ③ put ④ take

CHECK! cost＋A＋B「AにBを費やさせる・犠牲にさせる」

cause＋A＋B「AにBを引き起こす・もたらす」

take＋A＋B「AにとってB(時間・労力など)を必要とする」

解説 空所の後に2つの名詞が並んでいるので，第4文型の動詞を選ぶ。③putは第4文型をとらないので不可。②costを選ぶと「不注意があなたに命を失わせるかもしれない」となって文意が通る。

解答 ② 「不注意はあなたの命取りになるかもしれない」

例題3

次の文の空所に入る最も適当なものを1つ選び，番号で答えよ。

Could you (　　) me a few minute?　I've something to ask of you.

 ① save ② spare ③ make ④ help

CHECK! spare＋A＋B「AにB(時間・金など)を割く・分けてやる」

save＋A＋B「AからBを省く」

make＋A＋B「AのためにBを作る」

解説 helpは第4文型を取らないから消去。「私に時間を少し割いてくれませんか」と考えて，②spareを入れる。

解答 ② 「少しお時間をいただけませんか。お尋ねしたいことがあるのです」

4　第5文型S＋V＋O＋C（その1）

●基本形●

(1) S＋V＋O＋形容詞・名詞

(2) S＋V＋O＋現在分詞

(3) S＋V＋O＋過去分詞

◆第5文型の特徴

・〈O＋C〉の間に意味の上で〈主語＋述語〉の関係が成立する。

・Cの位置に分詞がくる場合，「Oが～する(している)」という能動関係ならば，Cは現在分詞，「Oが～される」という受動関係ならば，Cは過去分詞になる。

例題 1

次の文の空所に入る最も適当なものを1つ選び，番号で答えよ。

Don't you think it (　　) that he is not here?

①　strange　　②　strangely　　③　stranger

CHECK! S＋V＋O＋形容詞

解 説 think＋O＋C「OがCであると思う」という意味。「それが奇妙である」という〈主語＋述語〉の関係を押さえ，基本形に合わせて形容詞strangeを選ぶ。なお，itはthat以下を受ける形式目的語である。

解 答 ①　「彼がここにいないのは奇妙だと思いませんか」

例題 2

次の文の空所に入る最も適当なものを1つ選び，番号で答えよ。

I'm sorry to have kept you (　　) so long.

①　waited　　②　to wait　　③　waiting　　④　wait

CHECK! S＋V＋O＋現在分詞

解 説 keepが第5文型をとる動詞であることを確認し，〈O＋C〉及び〈主語＋述語〉の関係を考える。すると，「あなたが待っている(待つ)」という能動関係なので，現在分詞waitingを選べばよい。

解 答 ③　「こんなに長くお待たせして申し訳ありません」

例題 3

次の文の空所に入る最も適当なものを1つ選び，番号で答えよ。

Yukiko left no letter (　　).

①　unanswered　　②　unanswering　　③　to answer

④　answering

CHECK!🖐　S＋V＋O＋過去分詞

解説　要するに「ユキコはすべての手紙に返事を出した」とすればよい。
動詞leftに注目すると，〈leave＋O＋C〉「OがCである状態を放置する」
の第5文型が見えてくるはず。手紙とanswer「〜に返事する」の関係は，
A letter was answered.という受動関係になるので，過去分詞unanswered
が正解。

解答　①　「ユキコはどの手紙も返事を出さずに放っておくことはなかっ
た」

5　第5文型S＋V＋O＋C（その2）・使役動詞

●基本形●

make[let, have]＋O＋原形・過去分詞

◆使役動詞という名称

　　使役動詞という名称は，make, let, haveを〈S＋V＋O＋原形〉の
形で使ったときに，「Oに〜させる」という"使役"の意味を表すからで
ある。

◆Cに過去分詞がくるとき

　　Cが原形となるのは〈O＋C〉の間に「OがCする」という能動関係が
成立するときで，「OがCされる」という受動関係のときは，Cが過去分
詞(letの場合はbe＋過去分詞)となる。

　　I <u>had</u> my hat <u>blown</u> off.　(私は帽子を吹き飛ばされた)

例題1

日本文とほぼ同じ意味になるように，空所に適当な語を入れよ。
私は子供たちに好きなようにさせておきます。

　　I (　　) my children have their own way.

CHECK!🖐　let＋O＋原形「Oに〜させてやる」

解説　空所の後の動詞の原形haveに注目すれば，〈S＋V＋O＋原形〉
の形になることがわかる。あとは文意から"許可・容認"の意味合いを
持つ使役動詞letを入れればよい。

解答 let

例題2

次の文の空所に入る最も適当なものを1つ選び，番号で答えよ。

His glasses (　　) him look older by ten years.

　① give　　② make　　③ keep　　④ get

CHECK! make + O + 原形「Oに〜させる」

解説 目的語himの後に動詞の原形lookがきているので，使役動詞makeを選ぶ。他の選択肢は〈S + V + O + 原形〉の形をとらない。

解答 ②　「彼はメガネをかけると10歳は老けて見える」

例題3

次の文の空所に入る最も適当なものを1つ選び，番号で答えよ。

When I visited Paris last summer, I could hardly make myself (　　) in French.

　① to understand　　② understand

　③ understanding　　④ understood

CHECK! make + O + 過去分詞「Oが〜される状況にする」

解説 動詞がmakeだからといって，機械的に原形understandを選ばないこと。〈O + C〉の関係を考えると，「私自身が理解する」では何を理解するのか不明。ここでは「私自身が理解される」と受動関係でとらえるのが正しい。したがって過去分詞understoodが正解。make oneself understoodは「自分の言うことを相手に理解させる」という意味の慣用的な表現。

解答 ④　「昨年の夏にパリを訪れたとき，私はほとんどフランス語で話が通じなかった」

例題4

次の文の空所に入る最も適当なものを1つ選び，番号で答えよ。

I'm having my house (　　) at the moment, so could you come over next Friday instead?

① be painted　　② paint　　③ painted　　④ to paint

CHECK! have＋O＋過去分詞「Oを〜してもらう・させる・される」

解説　paintは「〜にペンキを塗る」という意味の他動詞だから，〈O＋C〉の関係は「家がペンキを塗られる」という受動関係になる。よって，過去分詞paintedを選べばよい。

解答　③　「今，家にペンキを塗ってもらっているので，代わりに今度の金曜日に来てくれませんか」

例題 5

次の文の空所に入る最も適当なものを1つ選び，番号で答えよ。

I will (　　) the flowers.

① have her to water　　② have her water

③ have her watered　　④ have her watering

CHECK! have＋O＋原形「Oに〜してもらう・させる」

解説　waterに「〜に水をやる」という意味の他動詞の用法があることを知らないと難しい。ここは「彼女が花に水をやる」という能動関係から，〈have＋O＋原形〉の形になっている②を選ぶ。

解答　②　「花に水をやるのを私は彼女にさせるつもりだ」

6　第5文型S＋V＋O＋C(その3)・知覚動詞

●**基本形**●

知覚動詞＋O＋原形・現在分詞・過去分詞

◆**考え方は同じ**

see, hearなどの知覚動詞も，Cの位置に原形をもってくることができる。原形・現在分詞・過去分詞の区別は，やはり〈O＋C〉の関係で決まる。

例題 1

次の文の空所に入る最も適当なものを1つ選び，番号で答えよ。

My mother was happy to see her guest (　　) her cakes gladly.

① eaten　② eats　③ to eat　④ eating

CHECK! 知覚V＋O＋現在分詞「Oが～しているのをVする」

解説　知覚動詞seeが用いられているから，目的語の後に置く動詞の形は原形不定詞(動詞の原形)，現在分詞(動詞のing形)，過去分詞のいずれかとなり，④eatingが現在分詞であてはまる。②で迷うかもしれないが，eatsで三人称単数現在のsがついており，現在形ではあるが原形不定詞ではないので基本形にあてはまらない。

解答　④　「私の母は自分のケーキをお客さんが嬉しそうに食べているのを見て喜んだ」

例題2

次の文の空所に入る最も適当なものを1つ選び，番号で答えよ。

I felt the floor (　　) beneath my feet.

① to move　② move　③ have shaken　④ shaked

CHECK! 知覚V＋O＋原形「Oが～するのをVする」

解説　知覚動詞feelが使われているので，基本形と照らし合わせると②moveしかない。あとは〈O＋C〉の「床が動く」という能動関係を確認すればよい。

解答　②　「私は足の下で床が動くのを感じた」

例題3

次の文の空所に入る最も適当なものを1つ選び，番号で答えよ。

Have you ever heard that song (　　) in French?

① sang　② sing　③ singing　④ sung

CHECK! 知覚V＋O＋過去分詞「Oが～されるのをVする」

解説　知覚動詞hearが用いられており，形の上では②③④いずれもあてはまるので，〈O＋C〉の関係から判断する。「歌が歌われる」という受動関係から，過去分詞の④sungが正解。

解答　④　「あの歌がフランス語で歌われるのを聞いたことがありますか」

文法・語法　時制

1　未来を表す現在形

●基本形●

　時・条件の副詞節を導く接続詞＋S＋現在形のV〜

◆ 現在形で未来のことを表す用法

　I'll return the money when I <u>see</u> you next Sunday.

　(今度の日曜に君に会ったときにそのお金を返すよ)

　　時・条件を表す副詞節の中では，未来のことを現在形で表す。この規則は，「主節が未来を表しているから，副詞節まで単純未来のwillを使わなくてもいい」という考え方が根底にある。つまり，単純未来のwillを使わないということに重点があるので，現在完了を使うこともある。

This work will become easy when you <u>have had</u> more experience.

(もっと経験を積んだら，この仕事は簡単になるだろう)

例題 1

次の文で誤りがあれば訂正せよ。

I'm going to do my homework when I will get home this afternoon.

　CHECK!　時・条件の副詞節を導く接続詞＋S＋現在形のV〜

　解 説　「今日の午後家に帰る」のは未来のことだが，これは接続詞whenに導かれた，do my homework にかかる副詞節。したがって，基本形に合わせてwillは使わず現在形のgetにする。

　解 答　will get → get　「今日の午後家に帰ったら宿題をするつもりです」

例題 2

次の文で誤りがあれば訂正せよ。

If anyone happens to call me up while I will be out shopping, please ask the person to call me again in the evening.

　CHECK!　時・条件の副詞節を導く接続詞＋S＋現在形のV〜

解 説 while「〜する間」は，時の副詞節を導く接続詞。そこでwill be
ではなく，現在形のam にする。

解 答 will be→am 「私が買物に出ている間に誰かがたまたま電話をし
てきたら，夕方までにまた電話してもらえるようにその人に頼んでくだ
さい」

2 進行形

●基本形●
be ＋〜ing（動作動詞）

◆ 動作動詞と状態動詞
　動詞には動作を表すものと状態を表すものがあるが，進行形は動作が
進行中であることを表すのが基本だから，状態動詞は進行形にしないの
が普通である。

例題 1
次の文の空所に入る最も適当なものを1つ選び，番号で答えよ。
"Where is Peggy?" "She (　　) a bath."
　① is taking　② take　③ takes　④ took
CHECK! 「〜している最中」

解 説 前のセリフの動詞が現在形なので，is takingかtakesにしぼられ
るが，現在形takesでは「習慣的に風呂に入る」ということになってしま
う。「風呂に入っているところ」としたいので，進行形のis takingが正し
い。

解 答 ① 「ペギーはどこにいるの？」「お風呂に入っているよ」

例題 2
文法上，正しくない英文を選べ。
　① We were having a good time then.
　② We were having a nice car last year.
　③ We were having a party about this time last year.

④　We were having some tea when he came.

CHECK!　be + 〜ing (動作動詞)　状態動詞は進行形にしない

解説　すべてhaveが使われているが，それぞれ意味が異なる。①は「(楽しいときを)過ごす」，②は「持っている」，③は「(パーティーを)開く」，④は「(お茶を)飲む」。「持っている」のhaveは状態動詞なので進行形にできない。過去形のhadを用いるべき。

解答　②

3　完了形

●基本形●

(1)　現在完了形…have + 過去分詞
　　①　現在に至るまでの完了・経験・継続などを表す。
　　②　動作の継続を表すには現在完了進行形〈have been 〜ing〉にする。
(2)　過去完了形…had + 過去分詞
　　①　過去の一時点に至るまでの完了・経験・継続などを表す。
　　②　過去の一時点よりも前に起こったことを表す。
　　③　動作の継続を表すには過去完了進行形〈had been 〜ing〉にする。
(3)　未来完了形…will have + 過去分詞
　　①　未来の一時点に至るまでの完了・経験・継続などを表す。
　　②　動作の継続を表すには未来完了進行形〈will have been 〜ing〉にする。

例題1

(1)と(2)がほぼ同じ意味になるように，空所に適当な語を入れよ。

(1)　Mary got sick two weeks ago.　She is still in bed.

(2)　Mary (　　) (　　) sick in bed for two weeks.

CHECK!　have + been + 形容詞：現在に至るまでの継続

解説　「2週間前に病気になって，今でも寝込んでいる」ということは，「現在に至るまでの2週間，病気の状態が続いている」ということ。よって，現在完了形を用いて表現できる。has gotとしてしまうと，「病気に

なった」という"完了"になるので注意。

解答 has, been 「メアリーは2週間病気で寝込んでいる」

例題2

次の文で誤りがあれば訂正せよ。

Ten years passed since I met you last.

CHECK! 期間 + have passed since + S + 過去形～「Sが～して以来…が過ぎた」= it is + 期間 + since + S + 過去形～「Sが～して以来…になる」

解説 since～は「～以来(今まで)」という"現在に至るまで"の時間枠を教えてくれる語句なので, 過去形のpassedは不自然。現在完了にする。

解答 passed → have passed 「私が最後にあなたに会ってから10年がたった」

例題3

次の文の空所に入る最も適当なものを1つ選び, 番号で答えよ。

"Tom is late. We ( ) an hour now." "Yes, I wonder if anything has happened to him."

① are waiting ② were waiting ③ have been waiting

④ had been waiting

CHECK! have been + ～ing：現在に至るまでの動作の継続

解説 nowに惑わされてare waitingを選ばないこと。Nowは現在が基準であることを明らかにしてくれるだけ。その前にan hourがあるので, 「現在に至るまで1時間待っている」ということで, 現在完了進行形にするのが正しい。

解答 ③ 「トムは遅いなあ。もう1時間も待ってるぞ」「そうだな, あいつに何かあったんじゃないか」

例題4

あとの文の下線部のうち誤っているものを1つ選び, 番号で答えよ。

My brother ①has finished ②writing ③the report last night, and now he will begin ④to read some books on management.

CHECK! 明らかに過去の一時点を示す語句があるときは過去形

解説 last night は明らかに過去の一時点を示すので，has finished という現在完了形は使えない。過去形の finished が正しい。

解答 ① 「私の兄は昨夜レポートを書き終えた。そして今度は経営の本を読み始めるつもりだ」

例題 5

次の文の空所に入る最も適当なものを1つ選び，番号で答えよ。

They (　　) many large buildings in Osaka when I first arrived in 1959.

① aren't building ② hadn't built
③ haven't built ④ don't build

CHECK! had + 過去分詞：過去の一時点に至るまでの事柄

解説 when I … arrived〜で示される過去の一時点が基準となる。これだけで②以外の選択肢は選べなくなる。ここでの過去完了は，「それまで建っていなかった」と読み取ればいい。

解答 ② 「私が1959年に初めて大阪に着いたときには大きなビルはあまり建っていなかった」

例題 6

次の文の下線部のうち誤っているものを1つ選び，番号で答えよ。

①After ②this next trip, I ③have been to Paris three times, and I want to ④make more trips.

CHECK! will have + 過去分詞：未来の一時点に至るまでの経験

解説 After this next trip「今度の旅行が終わったら」とあるので未来が基準になる。したがって現在完了形は間違い。will have been とするのが正しい。

解答 ③ 「今度の旅行がすんだら，私はパリに3回行ったことになる。そして私はもっと旅がしたい」

文法・語法 助動詞

ポイント

1 基本助動詞の注意点

●基本形●

(1) cannot「〜のはずがない」　must「〜に違いない」
　　may「〜かもしれない」

(2) would「(どうしても)〜しようとした」

(3) used to〜「昔は〜した」：現在との対比

(4) ought to〜 = should　　否定形はought not to〜

(5) had better + 原形「〜した方がよい」
　　否定形はhad better not + 原形

例題 1

次の文の空所に入る最も適当なものを1つ選び，番号で答えよ。

You (　) walk around in such a place at night.

　① had better not　　② had not better

　③ had better not to　　④ didn't have better

CHECK! had better not + 原形「〜しない方がいい」

解説 助動詞 had betterの否定形〈had better not + 原形〉を知っていれば苦もなく①が選べる。

解答 ①　「夜にそんなところをうろうろしない方がいい」

例題 2

次の文の空所に入る最も適当なものを1つ選び，番号で答えよ。

She (　) be over thirty. She must still be in her twenties.

　① can　② can't　③ oughtn't　④ must

CHECK! can't「〜のはずがない」，must「〜に違いない」

解説 2つ目の文の「彼女はまだ20代に違いない」から考えて，「30を超えているはずがない」とすればよい。

解答 ②　「彼女は30過ぎのはずはない。まだ20代に違いない」

例題 3

次の文の空所に入る最も適当なものを1つ選び，番号で答えよ。

Linda doesn't dance much now, but I know she (　　) a lot.

　①　was used to　　②　used to　　③　would　　④　would have

CHECK! 現在との対比を示す used to ～「昔は～した」

解説 前半に「今はあまりダンスをしない」とあるのがポイント。「今は～だが昔は～だった」という文脈では would ではなく used to ～を用いる。①の was used to は「～に慣れていた」という意味で，to は前置詞なので注意が必要。

解答 ②　「リンダは今ではあまりダンスをしないが，昔はよくしたものだ」

2　助動詞＋have＋過去分詞

●基本形●

(1)　cannot have ＋過去分詞「～したはずがない」

(2)　must have ＋過去分詞「～したに違いない」

(3)　may have ＋過去分詞「～したかもしれない」

(4)　should[ought to] have ＋過去分詞「～するべきだったのに」
　　should not[ought not to] have ＋過去分詞「～するべきではなかったのに」

(5)　need not have ＋過去分詞「～する必要はなかったのに」

例題 1

次の文の空所に入る最も適当なものを1つ選び，番号で答えよ。

Look, the whole garden's white. It (　　) during the night.

　①　must snow　　　　　　②　must be snowing

　③　must have snowed　　④　must have been snowed

CHECK! must have ＋過去分詞「～したに違いない」

81

解 説　①や②では現在のことになるから文意が不自然。〈must have + 過去分詞〉の③を入れれば，「夜の間に雪が降ったに違いない」となって，自然な英文となる。なお，snow は自動詞で受動態にはならないから④は不可。

解 答　③　「ほら，庭じゅう真っ白だよ。夜の間に雪が降ったに違いない」

例題2

次の文の空所に入る最も適当なものを1つ選び，番号で答えよ。

I (　　) that picture, but I hardly remember I have.

① can draw 　　　　② may have drawn
③ may had drawn 　　④ may draw

CHECK!　may have + 過去分詞「～したかもしれない」

解 説　後で「覚えがない」と言っているので，can draw や may draw では現在の意味になって矛盾する。したがって〈may have + 過去分詞〉の形になっている②を選び，「描いたかもしれないが覚えがない」とする。

解 答　②　「私がその絵を描いたかもしれないが，ほとんど覚えがない」

3　助動詞を含む慣用表現

●基本形●

(1)　cannot help ～ing = cannot but + 原形「～せずにいられない」

(2)　cannot ～ too + 形容詞・副詞「どんなに～してもしすぎることはない」

(3)　may well + 原形「～するのももっともだ」

(4)　may[might] as well + 原形～(as …)「(…するより)～した方がよい・(…するくらいなら)～した方がましだ」

(5)　would rather + 原形～(than …)「(…するよりも)～したい」

例題 1

次の文の空所に入る最も適当なものを1つ選び，番号で答えよ。

I would (　　) die than live in a miserable condition.

① better　　② happier　　③ more　　④ rather

CHECK! would rather + 原形〜 than … 「…するよりも〜したい」

解説 空所の後のwouldと直後の原形die，さらにthanに目をつけて，〈would rather + 原形〜 than …〉に当てはめればよい。

解答 ④ 「惨めな状態で生きるくらいなら私は死んだ方がましだ」

例題 2

次の文の空所に入る最も適当なものを1つ選び，番号で答えよ。

If you say that you cannot (　　) doing something, you mean you cannot prevent or avoid it.

① but　　② have　　③ help　　④ restrain

CHECK! cannot help 〜ing 「〜せずにいられない」

解説 後半の「それを防げない，または避けられない」と同様の意味になるようにする。空所の前のcannot，直後の〜ing形から〈cannot help 〜ing〉の形にすればよい。

解答 ③ 「人が何かをせざるを得ないと言うときには，それを防げない，あるいは避けられないという意味である」

例題 3

(1)と(2)がほぼ同じ意味になるように，空所に適当な語を入れよ。

(1) He may (　　) be against the plan.

(2) He has good reason to be against the plan.

CHECK! may well + 原形「〜するのももっともだ」

解説 may well + 原形＝have good[every] reason to〜の書き換えはしっかり記憶しておくこと。後者は文字通りに「〜するだけの十分な根拠を持っている」という意味。

解答 well 「彼がその計画に反対するのももっともだ」

例題 4

次の文の空所に入る最も適当なものを1つ選び，番号で答えよ。

You (   ) as well throw away the money as lend it to him.

① can   ② should   ③ must   ④ might

CHECK! 〈might as well + 原形 + as〉…「…するくらいなら〜した方がましだ」

解 説 〈might as well + 原形 + as …〉の形に当てはめる。

解 答 ④ 「彼にお金を貸すぐらいなら捨てた方がましだ」

例題 5

次の文の空所に入る最も適当なものを1つ選び，番号で答えよ。

We cannot (   ) against injustice.

① but protest   ② help but protesting

③ help protest   ④ but protesting

CHECK! 〈cannot but + 原形〉「〜せずにいられない」

解 説 紛らわしい選択肢が並んでいるが，〈cannot help 〜ing〉および〈cannot but + 原形〉と照らし合わせて，①が正解。

解 答 ① 「私たちは不正には抗議しないわけにはいかない」

例題 6

次の文の空所に入る最も適当なものを1つ選び，番号で答えよ。

We (   ) be too careful in the choice of our books.

① ought not to   ② may not   ③ should   ④ cannot

CHECK! cannot〜too + 形容詞・副詞「どんなに〜してもしすぎることはない」

解 説 形だけならどれも可能だが，too careful があることから，〈cannot 〜 too + 形容詞・副詞〉に当てはめてみると，「本を選ぶ際には，どんなに注意してもしすぎることはない」という意味の自然な英文ができる。

解 答 ④ 「本を選ぶ際には，どんなに注意してもしすぎることはない」

文法・語法 仮定法

1　仮定法過去と仮定法過去完了の基本形

●基本形●

(1)　仮定法過去

　　　If＋S＋V(過去形)…, S＋助動詞の過去形＋原形〜

　　　「(今)…なら〜だろうに」

(2)　仮定法過去完了

　　　If＋S＋had＋過去分詞…, S＋助動詞の過去形＋have＋過去分詞〜

　　　「(あのとき)…だったら〜だっただろうに」

(3)　未来を表す仮定法

　　①　If＋S＋should＋原形…, (主節は仮定法でも直接法でもよい)

　　　　「万一…したら〜だろう」

　　②　If＋S＋were to …, S＋助動詞の過去形＋原形〜

　　　　「仮に…とすれば〜だろう」

例題 1

次の文の空所に入る最も適当なものを1つ選び，番号で答えよ。

If I had had much money, I would (　　) you.

　①　have been paid　　②　have pay　　③　been paid

　④　have paid

CHECK!　If＋S＋had＋過去分詞…, S＋助動詞の過去形＋have＋過去分詞〜

解説　if節の中の動詞を見ると，had hadと過去完了になっている。したがって，仮定法過去完了の基本形に合わせて，主節の動詞の形を決めればよい。仮定法過去完了の主節の動詞は〈助動詞の過去形＋have＋過去分詞〉だから，これに合うのは①か④。ただし，ここは受身ではおかしいので①は間違い。

解 答　④　「私がお金をたくさん持っていたらあなたに払ったのだが」

例題 2

次の文の空所に入る最も適当なものを1つ選び，番号で答えよ。

If I (　　) wings now, I would fly away.

　①　am having　　②　had　　③　had had　　④　will have

CHECK!　If＋S＋V（過去形）…，S＋助動詞の過去形＋原形〜

解 説　主節の動詞がwould flyで〈助動詞の過去形＋原形〉だから，仮定法過去の基本形に当てはめればよい。すなわち，if節の中の動詞は過去形となるので，②hadが正解。

解 答　②　「今私に翼があれば飛んでいくのになあ」

例題 3

次の文の空所に入る最も適当なものを1つ選び，番号で答えよ。

If I were (　　) go abroad, I would go to France.

　①　on　　②　to　　③　about　　④　for

CHECK!　If＋S＋were to …，S＋助動詞の過去形＋原形〜

解 説　前がwereで後が動詞の原形goなので，〈If＋S＋were to …〉にする以外にない。他はただの前置詞だから，後に動詞の原形がくることは絶対にない。

解 答　②　「仮に外国へ行くとしたら，私はフランスへ行くだろう」

例題 4

次の文の空所に入る最も適当なものを1つ選び，番号で答えよ。

If it had not been for the medicine, I (　　) alive now.

　①　should not have been　　②　should not be

　③　should not　　④　should not have

CHECK!　仮定法過去完了と仮定法過去のミックス：If＋S＋had＋過去分詞…，S＋助動詞の過去形＋原形〜

解 説　aliveは形容詞なので③④が不可なのはわかるだろう。問題はif節の動詞がhad〜beenと過去完了になっていることから，仮定法過去完

了の基本形だということで①を選ぶのは間違いだということ。なぜなら，主節にはnowがあって，"現在"の事柄を述べているからだ。現在のことを表すなら，仮定法過去にすべきなので，〈助動詞の過去形＋原形〉の形になっている②が正解。

解答 ②　「その薬がなかったら，私は今ごろ生きてはいないだろう」

2　倒置による if の省略

●基本形●

(1)　If + S + were ～⇒Were + S ～

(2)　If + S + had + 過去分詞～⇒Had + S + 過去分詞～

(3)　If + S + should + 原形～⇒Should + S + 原形～

◆if がなくても仮定法

　　仮定法過去，仮定法過去完了のどちらにおいても，条件節のifが省略されることがある。このとき，条件節の主語と動詞(助動詞)の語順に倒置が生じる。

　　If <u>I were</u> there, I would help him.

　　<u>Were I</u> there, I would help him.

　　(もし私がそこにいれば，彼を助けてあげるのだが)

　　＊仮定法過去の倒置は，if節にbe動詞や助動詞があるときにしか生じないので注意すること。

　　If <u>I had</u> had money yesterday, I would have bought the book.

　　<u>Had I</u> had money yesterday, I would have bought the book.

　　(昨日お金を持っていたらその本を買ったのに)

例題 1

次の文の空所に入る最も適当なものを1つ選び，番号で答えよ。

(　　) in your position, I would have hung up the phone in anger.

①　While I was　　　　②　If I were

③　Thought I had been　　④　Had I been

CHECK! If + S + had + 過去分詞～⇒Had + S + 過去分詞～

解説 主節の動詞が〈助動詞の過去形＋have＋過去分詞〉で仮定法過去完了であることを押さえる。すると①③は論外だし，②も動詞がwereでは仮定法過去なので不可。残る④は，If I had been ⇒ Had I been という基本形を思い浮かべればよい。

解答 ④ 「私があなたの立場だったら，私は怒って電話をたたきつけただろう」

例題 2

次の文の空所に入る最も適当なものを 1 つ選び，番号で答えよ。

(　　) I to tell you all the story of my life, one week would not be enough.

①　Am　　②　Are　　③　Have　　④　Were

CHECK! If + S + were 〜 ⇒ Were + S 〜

解説 Iの後に to tell がきているが，通常ではなりえない形。そこで主節の動詞が〈助動詞の過去形＋原形〉であることから，仮定法過去の文だと判断し，If I were to tell 〜 ⇒ Were I to tell 〜 と考えて Were を選ぶ。

解答 ④ 「仮に私が自分の人生の話をすべてあなたに話すとしたら，1 週間では不十分であろう」

3　仮定法を含む重要構文

●基本形●

(1)　I wish[If only] + S + 仮定法「〜だったらなあ」

(2)　as if[though] + S + 仮定法「まるで〜かのように」

(3)　It is time + S + 仮定法過去「もう〜してよいころだ」

(4)　if it were not for 〜「〜がなければ」= without 〜，but for 〜

(5)　if it had not been for 〜「〜がなかったら」= without 〜，but for 〜

例題 1

(1)と(2)がほぼ同じ意味になるように，空所に適当な語を入れよ。

(1) I'm sorry I cannot stay here longer.

(2) I ( ) I could stay here longer.

CHECK! I wish + S + 仮定法「～だったらなあ」

解説 「いられなくて残念だ」ということは，「ここにいられたらいいのに」ととらえることができる。よって，〈I wish + S + 仮定法〉にすればよい。

解答 wish 「(1)ここにもっといられなくて残念です。／(2)ここにもっといられたらなあ」

例題 2

次の文の空所に入る最も適当なものを1つ選び，番号で答えよ。

It's about time you ( ) a Shakespearean play.

① are seeing ② have seen ③ saw ④ will see

CHECK! It is time + S + 仮定法過去「もう～してよいころだ」

解説 〈It is time + S + 仮定法過去〉に当てはめるだけ。なお，about は「もうそろそろ～」という感じを出す。

解答 ③ 「君ももうそろそろシェイクスピアの劇を観てもいいころだ」

例題 3

(1)と(2)がほぼ同じ意味になるように，空所に適当な語を入れよ。

(1) Without water, nothing could live.

(2) If ( ) ( ) ( ) for water, nothing could live.

CHECK! if it were not for ～ = without ～「～がなければ」

解説 「～がなければ」の書き換えパターンを押さえていれば簡単。主節の動詞を見て仮定法過去だと判断できれば，〈if it were not for ～〉に当てはめればよい。

解答 it, were, not 「水がなければ何も生きられない」

例題 4

日本文とほぼ同じ意味になるように，空所に適当な語を入れよ。

もっと早く来たら，彼はぼくの妹に会えたのに。

( )( )( ) earlier, he could have seen my sister.

CHECK! 〈If + S + had + 過去分詞〉⇒〈Had + S + 過去分詞〉

解 説 まず，主節の動詞の形〈助動詞の過去形 + have + 過去分詞〉から，仮定法過去完了にすることを確認。すると，If he had come ～とするのがふつうだが空所が足りない。そこで倒置による if の省略を利用し，Had he come とすれば空所の数と一致する。

解 答 Had, he, come

例題 5

次の文の空所に入る最も適当なものを1つ選び，番号で答えよ。

( ) another chance, he would do his best.

① Be given he should ② Given he should be

③ He should be given ④ Should he be given

CHECK! 〈If + S + should + 原形〉⇒〈Should + S + 原形～〉

解 説 ①や②のような語順は英語にはない。③はふつうの文ならいいが，ここでは後ろとつながらない。④は If he should be given が元の形で，そこから倒置による if の省略をしたものだと見ることができる。

解 答 ④ 「もう一度チャンスが与えられたら，彼はベストを尽くすだろう」

例題 6

次の文の空所に入る最も適当なものを1つ選び，番号で答えよ。

A better bridge could have been built ( ).

① if they assisted us ② had it been for their help

③ having had them help us ④ had we had their assistance

CHECK! 〈If + S + had + 過去分詞〉⇒〈Had + S + 過去分詞〉

解 説 主節が仮定法過去であることから，空所には仮定法過去完了が入ることがわかる。②は had it not been for their help であれば，if it had not been for ～「～がなかったら」の倒置形による if の省略をしたものと考えられるが，not が抜けているので間違い(not があっても意味的に不適)。④は if we had had their assistance「もし彼らの援助があれば」が元の形で，そこから倒置による if の省略をしたもの。これを選べば文意も通るので④が正解。

| 解 答 | ④ 「彼らの援助があれば，もっとよい橋が造れたことだったろうに」 |

例題 7

(1)と(2)がほぼ同じ意味になるように，空所に適当な語を入れよ。

(1) I'm sorry you didn't let me know the news.

(2) I wish you (　　) (　　) me know the news.

CHECK! 〈I wish + S + 仮定法〉「～だったらなあ」

解 説 「私に知らせてくれなかったのは残念だ」＝「私に知らせてくれていたらなあ」と考える。そして，これは「過去」の話なので仮定法過去完了にする。

解 答 had, let 「(1) あなたが私にそのニュースを知らせてくれなかったのは残念だ。／(2) あなたが私にそのニュースを知らせてくれていたらなあ」

例題 8

次の文の空所に入る最も適当なものを1つ選び，番号で答えよ。

It is high time you (　　) a new enterprise.

① start ② started ③ will start

④ will have started

CHECK! 〈It is time + S + 仮定法過去〉「もう～してよいころだ」

解 説 〈It is time + S + 仮定法過去〉に当てはめると，過去形の②が正解とわかる。この high は「もうとっくに」という感じを出す。

解 答 ② 「君は新しい事業を始めてもよい時期だ」

例題 9

(1)と(2)がほぼ同じ意味になるように，空所に適当な語を入れよ。

(1)　But for your timely rescue, the child would have been drowned.

(2)　If (　　) had not been (　　) your timely rescue, the child would have been drowned.

CHECK！　if it were not for 〜 = but for 〜「〜がなければ」

解説　「〜がなければ」の書き換え問題である。

解答　it, for　「君がタイミングよく助けなかったら，その子は溺れていたことだろう」

文法・語法 不定詞

ポイント

1 It is＋形容詞＋of＿ to〜

●基本形●

It is＋形容詞＋of＿ to〜＝＿is＋形容詞＋to〜「〜するとは＿は…だ」

◆不定詞の意味上の主語は"for＿"が基本

It is necessary <u>for</u> me <u>to study</u> French everyday.

(私はフランス語を毎日勉強する必要がある)

上の例文では，for meがなければto studyの意味上の主語がなくなり，一般的なことを述べているにすぎない文になる。

◆ofかforか

〈It is＋形容詞＋for＿ to〜〉「＿が〜することは…だ」が行為に対する客観的評価を表すのに対し，〈It is＋形容詞＋of＿ to〜〉は行為を行った人に対する，話者の主観的評価・判断を表す。したがって，"of＿"の前には，人の性質・人柄などを表す形容詞がくるという点が重要である。一方，"for＿"の前には，行為の性質を表す形容詞がくる。

It is impossible <u>for</u> him <u>to solve</u> the problem.

(彼がこの問題を解くことは難しい)

It is kind of you <u>to give</u> me the book.

(本をくれるとはあなたは親切だ→本をくださってありがとう)

例題 1

次の文の空所に入る最も適当なものを1つ選び，番号で答えよ。

It was careless (　　) you to forget your homework.

　　① for　　② of　　③ with　　④ to

CHECK! It is＋形容詞＋of＿ to〜「〜するとは＿は…だ」

解 説 careless「不注意な」は人の性質を表す形容詞。よって〈It is＋形容詞＋of＿ to〜〉の構文に当てはめればよい。

解答 ②　「宿題を忘れるとは君は不注意だったね」

例題2
次の文の空所に入る最も適当なものを1つ選び，番号で答えよ。

It is necessary (　　) this advice.

① you following　　② your following

③ of you to follow　　④ for you to follow

CHECK! 〈It is ＋ 形容詞 ＋ for __ to～〉「__が～することは…だ」

解説 necessary「必要な」は行為の性質を表す形容詞。したがって〈It is ＋ 形容詞 ＋ for __ to～〉「__が～することは…だ」の構文の方を用いる。

解答 ④　「あなたはこの忠告に従う必要がある」

2　不定詞の形容詞的用法

●基本形●

名詞 ＋ (for __) to～ ＋ 前置詞「(__が)～する／すべき／するための名詞」

◆名詞がto～に後続する前置詞の意味上の目的語になる関係

不定詞の形容詞的用法において，不定詞が前置詞を伴うため，不定詞が前置詞をぶら下げた形に見えることがある。この場合は，被修飾語の名詞が意味上で前置詞の目的語の関係になっている。

I had no house to live in.

(私には住む家がなかった)

この前置詞は一見必然性がないように思えるが，落とすと間違いになるので気をつけよう。

例題1
次の文で誤りがあれば訂正せよ。

There weren't any passengers for us to talk to.

CHECK! 名詞 ＋ (for __) to～ ＋ 前置詞

解説 この文の最後に前置詞toがあって目的語がないことに注意。この形に慣れていないと，toを落としてしまったり，toの後に余計な目的語

94

を入れてしまったりするが，それは間違い。この to talk to は直前の名詞 passengers を修飾する形容詞的用法の不定詞で，この文には文法的に悪いところはない。

解答 誤りなし 「私たちが話をできる乗客は誰もいなかった」

例題 2

(1)と(2)がほぼ同じ意味になるように，空所に適当な語を入れよ。

(1) I have no pencil with which I can write.

(2) I have no pencil (　　) write (　　).

CHECK! 名詞＋ to ～＋前置詞

解説 I can write with a pencil という文からの変形を考える。write の前に空所が1つだけあることから，to write と不定詞にするしかない。2つ目の空所に何が入るかというと，元の文で pencil は前置詞 with の目的語だったのだから，〈名詞＋ to ～＋前置詞〉の形になるように with を入れればよい。

解答 to, with 「私は書くのに使う鉛筆を持っていない」

3 不定詞を含む重要構文

●基本形●

(1) 程度・結果を表す構文

① too ＋形容詞・副詞＋ to ～「～するにはあまりにも…」(程度)・「非常に…なので～することができない」(結果)(≒ so ＋形容詞・副詞＋ that S cannot ～)

② 形容詞・副詞 enough to ～ ≒ so ＋形容詞・副詞＋ as to ～「非常に…なので～する」(結果)・「～するほど…」(程度)

(2) 目的を表す構文

in order to ～ ＝ so as to ～「～するために」(≒ so that S may[can, will] ～)

in order not to ～ ＝ so as not to ～「～しないように」(≒ so that S may[can, will] not ～)

例題 1

次の文の空所に入る最も適当なものを1つ選び，番号で答えよ。

The wall wasn't (　　) dogs out.

① high enough to keep　　② so high as keep

③ higher than to keep　　④ so high that can keep

CHECK! 形容詞・副詞 + enough to〜「〜するほど…」(程度)

解説 〈形容詞・副詞 + enough to〜〉の基本形に当てはまる①が正解。②はasの後ろがto keep，④はthat節に主語があれば正解となりうる。

解答 ① 「その壁は犬を締め出しておくには高さが足りなかった」

例題 2

次の文の空所に入る最も適当なものを1つ選び，番号で答えよ。

I'm not so stupid as (　　) its great beauty.

① deny　　② to deny　　③ denying　　④ to denying

CHECK! so + 形容詞・副詞 + as to〜「〜するほど…」(程度)

解説 so stupid asの語順と選択肢を照らし合わせて，〈so + 形容詞・副詞 + as〜〉の形を選べばよい。

解答 ② 「私はその偉大な美を否定するほど愚かではない」

例題 3

次の文の空所に入る最も適当なものを1つ選び，番号で答えよ。

He found that the stone was too heavy (　　).

① for him to lift　　　　② for him to lift it

③ so that he couldn't lift it　　④ that he couldn't lift it

CHECK! too + 形容詞・副詞 + to〜「〜するにはあまりにも…」(程度)

解説 空所の直前がtoo heavyなので，〈too + 形容詞・副詞 + to〜〉に合わせて①か②。一見すると他動詞lift「〜を持ち上げる」の目的語itがある②がよさそうだが，itがthe stoneを受けるとすると「その石はそれを持ち上げるには重すぎる」となって，おかしい。このように，主語が意味上で不定詞の目的語になる場合はそれを置いてはならず，①が正解である。

解答 ① 「彼はその石は重すぎて自分には持ち上げられないとわかった」

例題4

次の英文の中から正しいものを1つ選べ。

① I bought a second car in order for my son to learn to drive.
② I bought a second car in order my son to learn to drive.
③ I bought a second car in order that my son to learn to drive.
④ I bought a second car so as for my son to learn to drive.

CHECK! in order to 〜 = so as to 〜「〜するために」(目的)

解説 まず，③の in order that は後ろに S + V がこなければならないので不可。他の3つは一応 in order to 〜または so as to 〜の形で，そこに不定詞の意味上の主語を置こうとしたもの。in order to 〜の場合は，原則通り for 〜を to 〜の直前に置いてもよいが，so as to 〜ではそれができない。よって①が正解。

解答 ① 「私は息子が車の運転を身につけられるよう2台目の車を買った」

例題5

(1)と(2)がほぼ同じ意味になるように，空所に適当な語を入れよ。

(1) His thoughts were so complicated that we couldn't understand him.

(2) His thoughts were ( ) complicated ( ) understand.

CHECK! 〈too + 形容詞・副詞 + to 〜〉「非常に…なので〜することができない」(結果) (≒〈so + 形容詞・副詞 + that S cannot 〜〉)

解説 〈too + 形容詞・副詞 + to 〜〉「非常に〜なので…することができない」と，〈so + 形容詞・副詞 + that S cannot 〜〉の書き換えはあまりにも有名。ただし，(2)の〈too + 形容詞・副詞 + to 〜〉の文の主語が，to 〜の目的語も兼ねていることに注意しよう。understand them とはならないことに注目。

解答 too, to 「彼の考えはあまりに複雑で理解できなかった」

例題 6

次の英文の中から正しいものを1つ選べ。

① I shut the door quietly to not wake the baby.
② I shut the door quietly not so to wake the baby.
③ I shut the door quietly so that not wake the baby.
④ I shut the door quietly so as not to wake the baby.

CHECK! so as not to～＝in order not to～「～しないように」(目的)
(≒so that S may[can, will] not～)

解説 so as to～の否定形は，so as not to～となる。これに当てはまるのは④のみ。

解答 ④ 「私は赤ん坊を起こさないようにドアを静かに閉めた」

4 "結果"の不定詞

●基本形●

(1) … only to～「…したがその結果～しただけだった」
(2) … never to～「…だが(その結果)二度と～しなかった」
(3) live to be～「～まで生きる」

例題 1

次の文の空所に入る最も適当なものを1つ選び，番号で答えよ。

He went out of his way to consult the well-known doctor, (　　) to fail to see him.

① but　② only　③ even　④ for

CHECK! … only to～「…したがその結果～しただけだった」

解説 前半の「わざわざ診てもらいに行った」とto fail以下の「会えない」の関係を考えると，「行った結果会えなかった」と考えるのが自然。よって，"結果"を表すonly to～にする。butやevenでは"目的"の意味になってしまうので不自然。

解答 ② 「彼はわざわざ有名な医者に診てもらいに行ったが，結局会えずじまいだった」

例題 2

(1)と(2)がほぼ同じ意味になるように，空所に適当な語を入れよ。

(1)　My grandmother lived until she was ninety-nine.

(2)　My grandmother lived (　　) (　　) ninety-nine.

CHECK! 🖐　live to be ～「～まで生きる」

解 説　「99歳まで生きた」という意味なので，live to be ～で表せる。

解 答　to, be　「私の祖母は99歳まで生きた」

5　完了不定詞　to have＋過去分詞

●**基本形**●

It seems that＋S＋V(現在形)⇒S seem to ～

It seems that＋S＋V(過去形)⇒S seem to have＋過去分詞

◆**時のずれを表す完了不定詞**

　不定詞は，単純不定詞・完了不定詞という形をとることにより，本動詞との時間的関係を表すことができる。完了不定詞(to have＋過去分詞)は，本動詞が表す「時」よりも「以前の時」を表す。

例題 1

(1)と(2)がほぼ同じ意味になるように，空所に適当な語を入れよ。

(1)　It seems that he read the letter.

(2)　He seems to (　　) (　　) the letter.

CHECK! 🖐　It seems that＋S＋V(過去形)⇒S seem to have＋過去分詞

解 説　readが現在形ならreadsとなるはずなので，このreadは過去形だとわかる。すると，seemsが現在形だから，明らかに"時のずれ"がある。よって基本形通りに変形し，〈S seem to have＋過去分詞〉の形にする。

解 答　have, read　「彼はその手紙を読んだようだ」

文法・語法 動名詞

ポイント

1 動名詞を目的語にとる動詞

●基本形●

(1) 動名詞を目的語にとるが，不定詞を目的語にとらない動詞

admit, avoid, consider, deny, enjoy, escape, finish, give up, imagine, mind, miss, postpone, practice, put off, resist, stop など

(2) 目的語が動名詞か不定詞かで意味が変わる動詞

① remember ～ing「～したのを覚えている」
remember to～「忘れずに～する・～するのを覚えている」

② forget ～ing「～したのを忘れる」
forget to～「～するのを忘れる」

③ try ～ing「試しに～してみる」
try to～「～しようと(努力)する」

④ regret ～ing「～したことを後悔する・～することを残念に思う」
regret to～「残念ながら～する」

⑤ want[need] ～ing「～される必要がある」
want to～「～したい」
need to～「～する必要がある」

例題 1

次の文の空所に入る最も適当なものを1つ選び，番号で答えよ。

Would you mind (   ) the door?

① to open ② about opening ③ on opening
④ opening

CHECK! mind ～ing「～するのを嫌がる・気にする」

解説 mindが動名詞のみを目的語にとる動詞であることを知っていれば，それだけで解決。なお，Would you mind ～ing?は「～していただ

けませんか」と丁寧に依頼をする表現。

解 答　④　「ドアを開けていただけませんか」

例題2

次の文の空所に入る最も適当なものを1つ選び，番号で答えよ。

We considered (　　) but finally decided against it.

　　①　go　　②　to go　　③　going　　④　about to go

CHECK!　consider ～ing「～しようかと考える」

解 説　considerは動名詞のみを目的語にとる動詞。

解 答　③　「私たちは行こうかと考えたが結局やめることに決めた」

例題3

次の文の空所に入る最も適当なものを1つ選び，番号で答えよ。

Please remember (　　) off the lights before you leave.

　　①　turning　　②　to turn　　③　turn　　④　turned

CHECK!　remember to～「忘れずに～する」

解 説　rememberは目的語が動名詞か不定詞かで意味が違うので文意を考えなければいけない。ここはbefore you leave「出る前に」とあることから，「明かりを消す」のはこれから先のことだとわかる。remember ～ingは「～したことを覚えている」なので不可。「忘れずに消してください」となるように，remember to～の形に当てはめる。

解 答　②　「出発前に明かりを忘れずに消してください」

例題4

次の文の空所に入る最も適当なものを1つ選び，番号で答えよ。

The boy is a bit unwell and wants (　　) after.

　　①　for looking　　②　in looking　　③　to look　　④　looking

CHECK!　want ～ing「～される必要がある」

解 説　動詞がwantだからto lookと短絡的にしてはいけない。look after「～の世話をする」では「その男の子が世話をしたい」となって意味自体もおかしいし，文法的にもafterの目的語がなくて不可。一方，

101

want 〜ingは，主語が動名詞または後続する前置詞の意味上の目的語を兼ねるので，ここにlookingを入れると「その男の子は世話をされる必要がある」となって文意が通る。

解答　④　「その男の子は少し身体が弱いので世話をしてあげる必要がある」

2　動名詞の一般的な問題

●基本形●

(1)　前置詞の目的語は動名詞　不定詞は不可

(2)　動名詞の意味上の主語…所有格／目的格＋〜ing「…が〜すること」

(3)　動名詞の否定形…not 〜ing

(4)　完了動名詞…having＋過去分詞⇒述語動詞が表す時よりも前の事柄を表す。

例題1

次の文の空所に入る最も適当なものを1つ選び，番号で答えよ。

We are all looking forward (　　) you and your family.

①　see　　②　seeing　　③　to see　　④　to seeing

CHECK!　前置詞＋動名詞：look forward to 〜ing

解説　look forward to〜「〜を楽しみに待つ」のtoは前置詞なので，〜には名詞か動名詞がくる。したがってto seeingが正解。

解答　④　「私たちはあなたとご家族に会うのを楽しみにしています」

例題2

次の文の空所に入る最も適当なものを1つ選び，番号で答えよ。

I don't mind leaving at six o'clock. (　　) up early.

①　I used to getting　　②　I was used to get

③　I'm used to get　　④　I'm used to getting

CHECK!　前置詞＋動名詞：be used to 〜ing

解説　be used to〜「〜に慣れている」のtoも前置詞。よって〜の位置に動名詞を使っている④が正解。

解答 ④ 「6時に出発でもかまいません。早起きには慣れていますから」

例題3

(1)と(2)がほぼ同じ意味になるように，空所に適当な語を入れよ。

(1) There was proof that he had cheated in the exam.

(2) There was proof of (   ) (   ) (   ) in the exam.

CHECK! 所有格／目的格＋〜ing

解説 「彼がカンニングをしたという証拠」と言うのに，(2)では前置詞of を使って表すという問題。前置詞の後ろに続くのは動名詞だから，having cheatedとし，主語のheは動名詞の意味上の主語になるので，所有格のhisあるいは目的格のhimにしてhavingの前に置けばよい。

解答 his[him], having, cheated 「彼が試験でカンニングをしたという証拠があった」

3 動名詞を含む慣用構文

●基本形●

(1) It is no use[good] 〜ing「〜しても無駄だ」

(2) There is no 〜ing「〜することはできない」

(3) on 〜ing「〜すると・〜するとすぐに」

(4) be worth 〜ing「〜する価値がある」 ＊主語が動名詞または後続する前置詞の意味上の目的語を兼ねる。

(5) be busy (in) 〜ing「〜するのに忙しい」

(6) have difficulty (in) 〜ing「〜するのに苦労する」

(7) spend＋時間・お金など＋(in) 〜ing「〜して時間・お金などを費やす」

(8) feel like 〜ing「〜したい気がする」

(9) never[cannot] … without 〜ing「…すれば必ず〜する」

(10) of one's own 〜ing「自分で〜した」

(11) go 〜ing「〜しに行く」

例題 1

次の文の空所に入る最も適当なものを1つ選び，番号で答えよ。

I don't feel (　) this morning.

　① like　　② like to eat　　③ like eating　　④ to eat

CHECK! feel like 〜ing「〜したい気がする」

解説 feel like 〜ing「〜したい気がする」を知っていれば問題ない。

解答 ③ 「今朝は食事をする気になれない」

例題 2

次の文の空所に入る最も適当なものを1つ選び，番号で答えよ。

This symphony is real masterpiece. I think it's worth (　) over and over again.

　① be listening to　　　② listening to

　③ to be listened to　　④ to listen to

CHECK! be worth 〜ing「〜する価値がある」

解説 be worth 〜ing「〜する価値がある」の知識だけで解決。

解答 ② 「この交響曲は真の傑作だ。何度も聞く価値があると思う」

例題 3

次の文の空所に入る最も適当なものを1つ選び，番号で答えよ。

There is no (　) spoilt children.

　① satisfied　　② satisfy　　③ satisfying　　④ satisfaction

CHECK! There is no〜ing「〜することはできない」

解説 There is no〜ingに当てはめるだけ。他の選択肢では後のspoilt childrenとつながらない。

解答 ③ 「甘やかされた子どもを満足させることはできない」

例題 4

(1)と(2)がほぼ同じ意味になるように，空所に適当な語を入れよ。

(1)　As soon as you become a member, you will receive a membership card.

(2)　(　　) (　　) (　　) (　　), you will receive a membership card.

CHECK! on ～ing「～すると，～するとすぐに」

解 説　〈as soon as＋S＋V〉は「～するとすぐに」という意味。したがって，〈on ～ing〉に書き換えられる。

解 答　On, becoming, a, member　「入会するとすぐに，会員証がもらえます」

例題 5

(1)と(2)がほぼ同じ意味になるように，空所に適当な語を入れよ。

(1)　He always makes a lot of mistakes when he speaks Spanish.

(2)　He can't speak Spanish (　　) making a lot of mistakes.

CHECK! cannot … without ～ing「…すれば必ず～する」

解 説　(1)が「彼はスペイン語を話すとき，いつも多くの間違いをする」という意味だから，〈cannot … without ～ing〉で表現できる。

解 答　without　「彼はスペイン語を話すとき，いつも多くの間違いをする」

例題 6

(1)と(2)がほぼ同じ意味になるように，空所に適当な語を入れよ。

(1)　Is this a picture that you have drawn by yourself?

(2)　Is this a picture of your (　　) (　　)?

CHECK! of one's own ～ing「自分で～した」

解 説　(1)は関係代名詞thatを用いて，「これはあなたが自分で描いた絵ですか」という意味を表している。「自分で～した」だから〈of one's own ～ing〉で書き換えられる。

解 答　own, drawing　「これはあなたが自分で描いた絵ですか」

文法・語法 分詞

ポイント

1 分詞の形容詞的用法

●基本形●

(1) 名詞＋現在分詞「～している／～する名詞」

(2) 名詞＋過去分詞「～された／～される名詞」

◆名詞との関係

　　分詞を名詞の直前または直後に置いて，その名詞に対する修飾語として用いることができる。まず，位置が問題になるが，分詞が単独なら前，他の語句を伴えば後ろというのが原則である。

　　次に，現在分詞にするか過去分詞にするかだが，これは名詞との関係で決まる。つまり，意味の上で，"名詞が～する／～している"という能動関係が成立すれば現在分詞，"名詞が～される"という受動関係が成立すれば過去分詞を用いるのである。

The man <u>standing</u> over there is Mr. Sato.

(あそこに立っている人が佐藤さんです)

On the moon there are some dark places <u>called</u> "seas".

(月には「海」と呼ばれる暗い場所がある)

例題 1

次の文の空所に入る最も適当なものを1つ選び，番号で答えよ。

This is a dog (　　) a horse.

① resemble　　② resembled　　③ resembling

④ to resemble

CHECK! 名詞＋現在分詞「～している／～する名詞」

解 説 resembleとa dogの関係を考えると，「犬が(馬に)似ている」という能動関係があるから，現在分詞のresemblingが正解。

解 答 ③ 「これは馬に似ている犬だ」

例題 2

次の文の空所に入る最も適当なものを1つ選び，番号で答えよ。

There is no milk (　　) in the bottles.

  ① leave   ② having left   ③ leaving   ④ left

CHECK! 　名詞＋過去分詞「～された／～される名詞」

解説　「ミルクが残っている」と日本語で言うことから，③leavingを選んでしまうのが典型的な間違い。leaveは「残る」ではなく，「～を残す」という意味の他動詞。よって「ミルクが残される」という受動関係でとらえるのが正しく，過去分詞の④leftを入れなければならない。

解答　④　「瓶にはミルクが少しも残っていない」

2　分詞構文

●基本形●

(1)　分詞構文の基本形

    ～ing (現在分詞) …, S＋V～「(Sは)…して，SはVする」

    ～ed (過去分詞) …, S＋V～「(Sは)…されて，SはVする」

    ⇒分詞の意味上の主語はSと一致。

(2)　独立分詞構文

    S'＋～ing (現在分詞) …, S＋V～「S'が…して，SはVする」

    S'＋～ed (過去分詞) …, S＋V～「S'が…されて，SはVする」

    ⇒分詞の意味上の主語はSと異なる。

(3)　完了形の分詞構文

    (S'＋) Having＋過去分詞…, S＋V～

    ⇒Vが表す時よりも前の事柄を表す。

(4)　分詞構文を用いた慣用句

    (S'＋) Not＋分詞…, S＋V～

    ⇒分詞を否定するnotは分詞の直前に置く。

(5)　generally speaking「概して言うと」，talking of～「～と言えば」，judging from～「～から判断すると」など⇒意味上の主語は特定されない。

◆あいまいな分詞構文

　分詞を用いてその場の状況を漠然と表し，主文につなぐ形を分詞構文という。主文との意味関係は文脈によって決まるが，接続詞を用いた副詞節と比べるとあいまいな表現で，解釈する場合に，はっきり"時"や"理由"を表すとわかるときは問題ないが，そうでない場合はあっさりつなげてしまうのがよい。

　また，現在分詞か過去分詞かは，意味上の主語との関係が能動関係か受動関係かで決まる。

Looking down from the plane, I could see the east coast of the island.
(飛行機から見下ろすと，島の東岸が見えた)

Surrounded by the sea, Japan has a mild climate.
(海に囲まれていて，日本は温和な気候である)

例題1

次の文の空所に入る最も適当なものを1つ選び，番号で答えよ。

(　　) nothing better to do, I read the paper over again.

①　Has　　②　Had　　③　Have　　④　Having

CHECK! 　〜ing (現在分詞)…，S＋V〜「(Sは)…して，SはVする」

解説　Has, Had, Have では，後ろの I read 〜とつながらない。Having を入れれば分詞構文の基本形となる。

解答　④　「他にもっとよい，することがなかったので，私は新聞を何度も読んだ」

例題2

次の文の空所に入る最も適当なものを1つ選び，番号で答えよ。

(　　) from a distance, the building looks like an elephant.

①　Seeing　　②　To see　　③　Seen　　④　Having

CHECK! 　〜ed (過去分詞) …，S＋V〜「(Sは)…されて，SはVする」

解説　「遠くから見ると」という日本語から，Seeing を入れてはいけない。この場合，意味上の主語は文の主語に一致するから the building である。すると，Seeing や Having seeing では「建物が見る〔見た〕」ことになっ

段落段段落

ておかしい。ここでは「建物が見られる」という受動関係なので，過去分詞の Seen が正解。

解答 ③ 「遠くから見ると，その建物はゾウのように見える」

例題3

次の文の空所に入る最も適当なものを1つ選び，番号で答えよ。

The car (　　), Mary went on to trim the shrubs.
① washing　② washes　③ wash　④ washed

CHECK! S'＋〜ed (過去分詞) …, S＋V〜「S'が…されて，SはVする」

解説 ①か④で分詞構文にするのだが，この場合，意味上の主語は直前に置かれている The car である。そこで，「車が洗われる」の受動関係となり，過去分詞の④washed が正解。

解答 ④ 「車を洗って，メアリーは生け垣の手入れにとりかかった」

例題4

次の文の空所に入る最も適当なものを1つ選び，番号で答えよ。

(　　) my homework, I finally could watch television.
① Being done　② Doing　③ Had done
④ Having done

CHECK! (S'＋) Having＋過去分詞…, S＋V〜

解説 まず③は論外。①の受身もあり得ない。②Doing では「宿題をやりながら」というような意味にとられかねない。よって，④Having done を選ぶ。これなら，時の前後関係がはっきりする。

解答 ④ 「宿題をやって，私はやっとテレビを見ることができた」

例題 5

次の文の空所に入る最も適当なものを1つ選び，番号で答えよ。

Alice, (　　) where to find the book, asked her mother where it was.

① not to know　　　② never to know

③ with no knowledge　　④ not knowing

CHECK!　Not＋分詞…，S＋V〜

解説　①や②の不定詞では"目的"の意味にしかとれないので，文意が通らない。③では意味不明。④not knowingは，位置が文中ではあるが，分詞構文の否定形通りで，全く問題ない。

解答　④「アリスは，どこにその本があるのかわからなくて，母親に場所を尋ねた」

例題 6

次の文の空所に入る最も適当なものを1つ選び，番号で答えよ。

(　　) in haste, the pamphlet has many misprints.

① Printing　　② Printed　　③ Be printed

CHECK!　〈〜ed（過去分詞）…，S＋V〉「（Sは）…されて，SはVする」

解説　意味上の主語はthe pamphlet。そこで「パンフレットが印刷される」という受動関係を押さえて，過去分詞のPrintedを選べばよい。

解答　②「急いで印刷したので，そのパンフレットにはたくさんの誤植がある」

例題 7

次の文の空所に入る最も適当なものを1つ選び，番号で答えよ。

(　　) in an easy style, the new book is well adapted for beginners.

① Having written　　② Writing　　③ Written

④ To write

CHECK!　〈〜ed（過去分詞）…，S＋V〜〉「（Sは）…されて，SはVする」

解説　意味上の主語はthe new bookだから，「本が書かれる」という受動関係でないとおかしい。正解は過去分詞のWritten。

解答　③「やさしい文体で書かれているので，その新しい本は初心者

向きだ」

例題 8

次の文の空所に入る最も適当なものを1つ選び，番号で答えよ。

All things (　　), he did well.

① consideration　② considered　③ considering

④ to consider

CHECK! 分詞構文を用いた慣用句：all things considered「あらゆることを考慮すると」

解説 独立分詞構文の形。前のAll thingsが意味上の主語になるから，「すべてのことが考慮される」という受動関係が成立。したがって過去分詞のconsideredを入れる。

解答 ② 「あらゆることを考慮すると，彼はよくやった」

文法・語法 接続詞

ポイント

1 時に関する重要表現

●基本形●

(1) ～するとすぐに

① as soon as＋S＋V～＝the moment＋S＋V～「SがVすると すぐに」

② S＋had hardly[scarcely]＋過去分詞～when[before] S'＋過去形…
＝S＋had no sooner＋過去分詞～than S'＋過去形…
「Sが～するとすぐにS'は…した」

(2) It will not be long before＋S＋V～「まもなくSはVするだろう」
It was not long before＋S＋V～「まもなくSはVした」

(3) by the time＋S＋V～「SがVするまでに(は)」

(4) since＋S＋V～「SがVして以来」

(5) once＋S＋V～「いったんSがVすると」

例題 1

次の文の空所に入る最も適当なものを1つ選び，番号で答えよ。

We had hardly started (　　) it began to rain.

① after　　② since　　③ as　　④ before

CHECK! S＋had hardly＋過去分詞～before S'＋過去形…「Sが～ するとすぐにS'は…した」

解説 hardlyと動詞の過去完了形に注目して，「～するとすぐに」の基本 形に合わせてbeforeを入れればいい。

解答 ④ 「私たちが出発するとすぐに雨が降りだした」

例題 2

次の文の空所に入る最も適当なものを1つ選び，番号で答えよ。

It won't be long (　　).

① before spring comes　② that spring will come

③ till spring will come　④ when spring comes

CHECK! It will not be long before + S + V ～「まもなくSはVするだろう」

解説 〈It will not be long before + S + V ～〉に当てはめるだけの問題。他の選択肢では意味がとれない。

解答 ① 「まもなく春がくるだろう」

例題3

次の文の空所に入る最も適当なものを1つ選び，番号で答えよ。

Luckily, I have never been ill (　　) poverty came in at my door.

① before　② since　③ when　④ till

CHECK! since + S + V ～「SがVして以来」

解説 主節の動詞が現在完了，空所の後の動詞が過去形であることに注意。beforeやwhenやtillではこの時制の関係に矛盾してしまう。sinceなら"過去のある時以来現在まで"という関係でうまくつながる。

解答 ② 「幸いにも，家が貧乏になってから私は病気一つしていません」

2　理由に関する重要表現

●基本形●

(1) becauseのほかに，since, as も理由を表すことがある。

(2) not … because + S + V「～だからといって…ではない」

(3) now that + S + V「今や(もう)～なので」

例題1

次の文の空所に入る最も適当なものを1つ選び，番号で答えよ。

Don't give up (　　) it is difficult.

① at　② because　③ that　④ so

CHECK! not … because + S + V「～だからといって…ではない」

解説 atは前置詞だから論外。また，thatやsoでは前後がつながらない。そこでbecauseを使うのだが，ここでは前のnotと呼応して，「～だからといって…ではない」という意味になる。

解答 ②「難しいからといってあきらめてはいけない」

例題 2

次の文の空所に入る最も適当なものを1つ選び，番号で答えよ。

(　　) he was late, he could not take the test.

① Though ② Regardless ③ Due to ④ Since

CHECK! 理由を表す since

解説 regardless と due to は接続詞ではないからまず消去。また though「～だけれども」では「遅れたけれどもテストを受けられなかった」となりおかしい。一方，since は「～以来」だけでなく「～なので」と理由を表すこともあるので，これが正解となる。

解答 ④「彼は遅刻したのでテストを受けられなかった」

3　目的を表す重要表現

●基本形●

(1) so that + S + may[can, will] + V～「～するように」

(2) for fear (that) + S + V「～しないように・～するといけないから」

(3) lest + S + (should) 原形「～しないように・～するといけないから」

(4) in case + S + V「～の場合に備えて・～するといけないから」

例題 1

次の文の空所に入る最も適当なものを1つ選び，番号で答えよ。

Albert hid the letter under the carpet (　　) they wouldn't find it.

① that ② in order ③ so that ④ unless

CHECK! so that + S + will not + V～「～しないように」

解説 「手紙を隠した」のは「彼らが見つけないようにするため」だと考えるのが自然。そこで基本形通りにすればよい。so that の構文では中で

使われる助動詞も一つの目安になる。なお，②はin order thatとなっていれば正解。

| 解答 | ③ 「アルバートはその手紙を，彼らに見つからないようにじゅうたんの下に隠した」

例題 2

日本文とほぼ同じ意味になるように，空所に適当な語を入れよ。

彼らは立ち聞きされるといけないから低い声で話した。

They talked in low tones for (　　) they should be overheard.

CHECK! for fear (that) + S + V「～するといけないから」

| 解説 | 「～といけないから」という日本文から基本形を思い浮かべ，直前のforに注目して，〈for fear (that) + S + V〉の形にする。

| 解答 | fear

4 結果を表す重要表現

●基本形●

(1) so + 形容詞・副詞 + that S + V
①「とても…なので～する」(結果)
②「～するほど…」(程度)

(2) such + 名詞 + that S + V
①「大変な…なので～する」(結果)
②「～するほどの…」(程度)

例題 1

次の文の下線部のうち誤っているものを1つ選び，番号で答えよ。

The boy looked ①very funny that ②I couldn't ③help laughing ④at him.

CHECK! so + 形容詞・副詞 + that S + V「とても…なので～する」(結果)

| 解説 | このままでは接続詞thatの働きが不明。①のveryをsoにして，〈so

＋形容詞・副詞＋that S＋V〉の基本形にすれば文意も通って解決。

| 解 答 | ①　「その少年はとてもこっけいに見えたので，私は彼を笑わずにはいられなかった」

例題 2

次の文の空所に入る最も適当なものを1つ選び，番号で答えよ。

It was (　　) a hard test that we did not have time to finish.

　　①　so　　②　great　　③　such　　④　much

CHECK! 　such ＋ 名詞 ＋ that S ＋ V「大変な…なので〜する」(結果)

| 解 説 | 後ろに接続詞thatがあるので，greatやmuchでは前後がつながらない。そこでsoかsuchだが，空所の直後がa hard testとなっていることに注意。soなら直後に形容詞・副詞がこないといけないので，ここでは不可。そこで〈such ＋ 名詞 ＋ that S ＋ V〉の基本形にする。

| 解 答 | ③　「非常に難しいテストだったので，私たちは最後までやる時間がなかった」

5　譲歩を表す重要表現

●**基本形**●

(1)　though[although] ＋ S ＋ V「〜だけれども」

(2)　形容詞・副詞 ＋ as ＋ S ＋ V「〜だけれども」　＊asの代わりにthoughを置くこともある。

(3)　even if[though] ＋ S ＋ V「たとえ〜しても」　＊ifだけでもこの意味になることがある。

(4)　whether ＋ S ＋ V　＊or notとともに使われることがある。
　　①　「〜しようとしまいと」(譲歩)
　　②　「〜するかどうか」(名詞節)

(5)　while ＋ S ＋ V
　　①　「〜する間」　②　「〜するけれども」　③　「一方〜」

例題 1

(1)と(2)がほぼ同じ意味になるように，空所に適当な語を入れよ。

(1)　In spite of his hard work, he remained poor.

(2)　(　　) he worked hard, he remained poor.

CHECK!　though[although] + S + V「〜だけれども」

解説　in spite of〜は「〜にもかかわらず」という意味の群前置詞。「懸命に仕事をしたにもかかわらず」ということは，「懸命に働いたけれども」とできる。したがって譲歩の接続詞 though または although を入れればよい。

解答　Though[Although]　「彼は懸命に働いたけれども，貧しいままだった」

例題 2

(1)と(2)がほぼ同じ意味になるように，空所に適当な語を入れよ。

(1)　Her sorrow was very deep, but she became calm in the end.

(2)　Deep (　　) her sorrow was, she became calm in the end.

CHECK!　形容詞 + as + S + V「〜だけれども」

解説　形容詞 deep が文頭に出ていることがポイント。(1)が「彼女の悲しみは深かったが〜」となっていることも合わせて考えると，〈形容詞 + as + S + V〉の形に当てはめる以外にない。

解答　as　「彼女の悲しみは深かったけれども，結局は心が落ち着いた」

例題 3

空所に適当な語を入れよ。

You will have to do it, (　　) you like it (　　) not.

CHECK!　whether + S + V + or not「〜しようとしまいと」(譲歩)

解説　最後に not があることに注目。これは whether 〜 or not の形にするしか使いようがない。そうすると「好もうと好むまいと，それをしなければならない」という意味になって文意が通る。

解答　whether, or「好むと好まざるとにかかわらず，君はそれをしなければならない」

6 その他の注意すべき表現

●基本形●

(1) 命令文，and～「…しなさい。そうすれば～」

　　 命令文，or～「…しなさい。さもなければ～」

(2) thatの重要な用法

　① 名詞＋that S＋V「～するという名詞」

　② in that S＋V「～という点において」「～なので」

　③ except that S＋V「～という点を除いて」

(3) unless S＋V「～でない限り」

(4) as[so] far as S＋V「～する範囲内では」⇒「～する限り」

　　 as[so] long as S＋V「～する時間内では」⇒「～する限り」「～さえすれば」

(5) 接続詞asの注意すべき用法

　①「～しながら・するにつれて」

　②「～するように・～する通りに」

　③ as＋S＋be「Sのあるがままに」

例題 1

次の文の空所に入る最も適当なものを1つ選び，番号で答えよ。

(　　) I know, he is very intelligent.

　① As far as　　② Although　　③ If

CHECK! as far as S＋V「～する限り」

解 説 althoughやifでは意味が通らない。as far as S＋Vにすれば「私の知る限り」となる。

解 答 ① 「私の知る限り，彼はとても知的です」

例題 2

(1)と(2)がほぼ同じ意味になるように，空所に適当な語を入れよ。

(1) Hurry, or you will be late.

(2) (　　) you hurry, you will be late.

CHECK! 命令文，or～「…しなさい。さもなければ～」

unless S + V「〜でない限り」

解 説 (1)は〈命令文, or〜〉の形。「…しなさい。さもなければ〜」ということは「…しない限り〜」と読み換え可能。したがってunlessを用いる。

解 答 Unless「急がないと遅れるよ」

例題 3

空所に適当な語を入れよ。

The belief is commonly held (　　) cancer is incurable disease.

CHECK! 名詞 + that S + V「〜するという名詞」(同格のthat)

解 説 主文「その考えは一般に広く信じられている」だけだと，独立した一文としては意味を成さない。The beliefという抽象名詞の内容を具体的に示す必要があり，そういう場合に同格のthatを用いて，「that以下の考え」として説明することができる。that以下の情報に大きな重点が置かれている場合，しばしば問題文のように同格節(that以下)が後置され，説明対象の名詞から離れて置かれる点に注意。

解 答 that 「癌は治療不可能だという考えが一般に信じられている」

例題 4

次の文の空所に入る最も適当なものを1つ選び，番号で答えよ。

Human beings differ from animals (　　) they can speak and laugh.

① in that　② so that　③ by which　④ for fear

CHECK! in that + S + V「〜という点において」「〜なので」

解 説 so thatやfor fearの「目的」構文は明らかにおかしい。また，by whichは先行詞がないから不適。〈in that + S + V〉の形にすれば，「言葉を使い笑うという点で人間と動物は異なる」という意味になる。

解 答 ① 「言葉を使い笑うという点で人間と動物は異なる」

例題 5

次の文の空所に入る最も適当なものを1つ選び，番号で答えよ。

One of the basic concepts of architecture is the idea (　　) buildings should fit into their surroundings.

① by which ② that ③ of ④ and

CHECK! 〈名詞＋that ＋S＋V〉「〜するという名詞」(同格のthat)

解 説 同格のthatを使えば，「建物は周囲にとけ込むべきだという考え」となり，文意が通る。

解 答 ② 「建築の基本概念の1つは，建物は周囲にとけ込むべきだという考えである」

例題6

次の文で誤りがあれば訂正せよ。

I don't care if we have to stand here all afternoon, as far as we get to see Princess Diana when she comes out.

CHECK! 〈as[so] long as ＋S＋V〉「〜する時間内では」→「〜する限り」「〜しさえすれば」

解 説 as far as we get to see 〜 「〜が見える範囲内では」では不自然。「見えさえすれば，ずっと立っていなければならないとしてもかまわない」となるように，as long asを用いるのが正しい。

解 答 as far as→as long as 「ダイアナ妃が出てきたときに見えさえすれば，私たちは午後ずっとここに立っていなければならないとしてもかまわない」

例題7

次の文の空所に入る最も適当なものを1つ選び，番号で答えよ。

As far as (   ), the cost of the repair is not my responsibility.

① my concerning ② I concern

③ I concern myself ④ I am concerned

CHECK! 〈as[so] far as ＋S＋V〉「〜する範囲内では」→「〜する限り」

解 説 as far as S is concerned「Sに関する限り」という慣用表現である。

解 答 ④ 「私に関する限り，その修理代は払う必要はない」

例題 8

次の文の空所に入る最も適当なものを1つ選び，番号で答えよ。

He is as lazy as you are, (　　) he gets up a little earlier than you.

　① and that　　② except that　　③ in that　　④ on that

CHECK! 〈except that ＋ S ＋ V〉「～という点を除いて」

解説 except that を選べば，「彼が君より少し早く起きるという点を除いて」となり，文意が通る。

解答 ② 「君より少し早起きだという点以外は，彼は君と同じくらい怠惰だ」

例題 9

次の英文の空所に適当な語を入れよ。

We are rarely able to see those who are very close to us (　　) they really are.

CHECK! 〈as ＋ S ＋ be〉「Sのあるがままに」

解説 as they really areは「ありのままに」という副詞節で，文の動詞 see を修飾している。

解答 as 「私たちは，自分の非常に身近な人たちをありのままに見ることがめったにできない」

例題 10

次の日本文とほぼ同じ意味になるように，空所に入る最も適当な語を選べ。

彼が私たちの申し出を拒否したことは，私たちには非常な驚きでした。

(　　) he refused our proposal was a real surprise to us.

　① If　　② That　　③ What　　④ Which

CHECK! thatは名詞節を導いて，「～ということ」という意味を表す。

解説 文の構造を確認すると，he refusedというS＋Vがあり，さらに動詞wasがある。このままではwasに対する主語がないので，空所に入るのは，proposal までをwasの主語となる名詞節にまとめる働きをするものでなければならない。しがたって，名詞節を導く接続詞のthatが正解。

121

関係代名詞 what も名詞節を導くが，ここでは what (= the thing which, that which) 自体の働き場がないので不適切。

解答 ②

例題 11

次の文の空所に入る最も適当なものを1つ選び，番号で答えよ。

I never saw Brandon again, (　) was a pity.

① which　② what　③ whom　④ who

CHECK! S + V 〜，which + V 〜

解説 前に人名があるからといって who を選んではいけない。a pity は「残念なこと」だから，人間が主語ではおかしい。「二度と会わなかった」ことが残念だ，と考えて，主節の全部を先行詞にする which を選ぶ。

解答 ①「私はブランドンに二度と会わなかったが，それは残念なことだった」

例題 12

次の文の空所に入る最も適当なものを1つ選び，番号で答えよ。

(　) is often the case with geniuses, he often forgets the day of the month.

① Which　② Such　③ So　④ As

CHECK! as is often the case with 〜「〜にはよくあることだが」

解説 カンマをはさんで節が2つ並んでおり，前の文では is の主語になるものが必要な点で，関係詞節が前に出て前の文を導いている形と判断できるので，①か④の選択になる。問題文の場合は関係代名詞 as の非制限用法で，as は後ろの文 he often forgets…を受け，「それはよくあることなのだが，」と，主節に短いコメントをつける働きをしている。この働きは as 特有のもので which にはないものであると同時に，which は前の文しか受けることが出来ないので文頭に出ているこのようなケースでは使用できない。

解答 ④「天才にはよくあることだが，彼はしょっちゅう日付を忘れる」

例題 13

次の文で誤りがあれば訂正せよ。

We should read such books that will help us.

CHECK! such + 名詞 + as (+ S) + V ～ 「(Sが)Vするような名詞」

解説 先行詞にsuchがついているときの関係代名詞はas。なおsuch ～ that + S + Vの構文は，主として形容詞のついた名詞をsuchで強調し，従属接続詞that以下に結果を記して因果関係を表現するもので，問題文にはあてはまらない。

解答 that → as 「私たちは自分の助けになるような本を読むべきだ」

文法・語法 関係詞

ポイント

1 関係代名詞の基本

●基本形●

(1) 主格 who, which, that

① 先行詞 + who/which/that + V〜

＊who は先行詞が「人」，which は先行詞が「人以外」，that は両方OK。

② 先行詞 + who/which/that + $\boxed{S + V}$ + V〜

③ 先行詞(+ that) + S + be

(2) 所有格 whose

先行詞 + whose + 名詞(+ S) + be

(3) 目的格 whom, which, that

① 先行詞 + whom/which/that + S + V〜

＊whom は先行詞が「人」，which は先行詞が「人以外」，that は両方OK。

② 先行詞 + S + V〜　＊①の関係代名詞を省略した形。

③ 先行詞 + 前置詞 + whom/which + S + V〜

④ 先行詞 + 名詞 + 前置詞 + whom/which(+ S) + V〜

◆主格の注意点

主格の関係代名詞は，自分自身のまとめる節の中で主語(S)として働く。単純な形なら問題はないが，基本形(1)の②では関係代名詞が $\boxed{S + V}$ の後のVに対する主語になることに注意。この場合，$\boxed{S + V}$ のVには「思う・言う」の類の動詞が来ることが多い。また，③のように関係代名詞が主格補語として働くときは，that を用いる。

He came with a girl <u>who</u> $\boxed{\text{he said}}$ was his cousin.

(彼は自分のいとこだという女の子と一緒に来ました)

I got a totally false impression of the sort of man (<u>that</u>) he is.

(私は彼の人柄について全く誤った印象を持ってしまった)

◆**所有格の注意点**

　所有格whoseについては，"whose＋名詞"でセットになることが大切で，このセットが主語や目的語などの働きをすることになる。

This book is intended for the people whose *mother tongue* is not English.

(この本は英語を母国語としない人々向けである)

◆**目的格の注意点**

　目的格の関係代名詞は，他動詞の目的語として働く場合と，前置詞の目的語として働く場合の，大きく2つに分かれる。そして，前置詞の目的語になるときは，関係代名詞を節の先頭に出す場合，"前置詞＋関係代名詞"をセットにして先頭に出す場合，"名詞＋前置詞＋関係代名詞"をセットにして先頭に出す場合の3つのケースがある。

This is the office (which) he works *in*.

This is the office *in* which he works.

(ここは彼が勤めている会社です)

His room is lined with books, *none of* which he has read.

(彼の部屋には本が並んでいるが，彼はまだ一冊も読んでいない)

例題1

次の文の空所に入る最も適当なものを1つ選び，番号で答えよ。

The guide (　　) was only ten years old.

① who took there　　② who took us there

③ he took us there　　④ took us there

CHECK! 先行詞(人)＋who＋V～

解説 まず④を入れると，1つの英文に"つなぎの言葉"がなく，Vも2つ(tookとwas)あるという最悪の間違いになる。③はheとThe guideとがつながらず不可。①はtookの目的語がないのでダメ。②は基本形通りで「私たちをそこへ連れて行ったガイド」となる。

解答 ②　「私たちをそこへ連れて行ったガイドはたった10歳だった」

125

例題2

次の文の空所に入る最も適当なものを1つ選び，番号で答えよ。

The man (　　) wallet was stolen is a teacher.

① which　　② who　　③ whose　　④ whom

CHECK! 先行詞＋whose＋名詞＋V〜

解説 whichやwhoやwhomでは，これらの働き場がないし，直後の wallet が単数・無冠詞なのもおかしい。whose を入れればwhose wallet がセットでS，was stolenがVとなって問題ない。

解答 ③ 「財布を盗まれた男性は教師です」

例題3

次の文の空所に入る最も適当なものを1つ選び，番号で答えよ。

This is Mr. Tanaka, (　　) you met last year.

① that　　② what　　③ which　　④ whom

CHECK! 先行詞(人)＋whom＋S＋V〜

解説 空所の後を見ると他動詞metがあるがその目的語がない。ということは空所に目的格を入れれば基本形に当てはまる。先行詞は人だから，whomが正解。なお，直前にコンマがあるのでthatは不可。

解答 ④ 「こちらは田中さんです。あなたは去年会っていますよ」

例題4

次の文の空所に入る最も適当なものを1つ選び，番号で答えよ。

He is a famous novelist, about (　　) many books have been published.

① who　　② whom　　③ whose　　④ that

CHECK! 先行詞(人)＋前置詞＋whom＋S＋V〜

解説 空所の直前にある前置詞aboutの目的語が必要だから，whoと thatは消える。whose を入れると whose many booksがセットとなるが，これをaboutの目的語とするとSがなくなってしまう。結局，目的格の whom を入れれば基本形通りで完成する。

解答 ② 「彼は有名な小説家で，彼について数多くの本が出版されている」

例題 5

次の文の下線部のうち誤っているものを1つ選び，番号で答えよ。

There are many ①species of wild flowers in North America, ②most of ③such smell ④very sweet.

CHECK! 先行詞(人以外) + 名詞 + 前置詞 + which(+ S) + V〜

解説 このままでは2組のS + Vが"つなぎの言葉"もなく並んでいる。文意から考えて，such は wild flowers を指したいのだろうから，これを関係代名詞の which にしてやれば，前後がつながる。

解答 ③ 「北アメリカには多くの種の野生の花があり，その大部分はとても甘い香りがする」

例題 6

次の文の空所に入る最も適当なものを1つ選び，番号で答えよ。

He made a list of all the scientists (   ) he thought were important in the nineteenth century.

　① who　② whom　③ whose　④ what

CHECK! 先行詞(人) + who + S + V〜

解説 空所の後にS + Vが見えているので，うっかりすると目的格のwhomを選んでしまいがちなので注意。空所の後の構造を確認する。まずhe thoughtというS + Vがあり，さらに動詞のwereがある。このままではwereに対する主語がないので，主格の関係代名詞whoを入れ，基本形に合っていることを確かめればいい。whatでは意味をなさない。

解答 ① 「彼は19世紀において重要だと思われるすべての科学者の一覧表を作った」

例題 7

次の文の空所に入る最も適当なものを1つ選び，番号で答えよ。

The girl (   ) used to work for our company.

　① you were talking to　　② you were talking
　③ who were talking to　　④ whom you were talking

CHECK! 先行詞(人) + S + V〜　＊関係代名詞の省略

127

解 説　まず③はwhoが働き場を失っており，前置詞toの目的語もないから論外。残り３つの比較では，talkが自動詞であること，すなわち目的語をとらないことを出発点にして，そこから考えられるかがポイント。よって，②④は基本形に合わない。①は前置詞toの目的語がないように見えることが，目的格whomの省略を教えてくれる合図となる。

解 答　①　「あなたが話をしていた女性は，以前私たちの会社で働いていました」

2　関係副詞

●基本形●

(1)　時を表す名詞 + when + S + V～

(2)　場所を表す名詞 + where + S + V～

(3)　the reason why + S + V「SがVする理由」

(4)　how + S + V～ = the way (in which/that) + S + V
　　「SがVする方法」

◆関係副詞は副詞

　関係副詞によってまとめられる節が，先行詞に対する修飾語または補足説明になるという点は，関係代名詞と共通している。しかし，関係副詞は，その名が表すように副詞として働くことを忘れないこと。これは見方を変えれば，関係副詞の後に続くS + Vのところは文法的に欠けるところがない，ということになる。

　I remember the house <u>where</u> I was born.

　(私は自分の生まれた家を覚えている)

　The day <u>when</u> we arrived was a holiday.

　(我々が到着した日は休日だった)

例題 1

次の文の空所に入る最も適当なものを１つ選び，番号で答えよ。

I would like to be a school teacher in the village (　　) I was born.

　①　that　　②　what　　③　where　　④　which

CHECK! 　場所を表す名詞 + where + S + V〜

解説 　空所の後のI was bornには文法的に何も欠けるところがないから，関係代名詞を入れることはできない。そこで，直前の名詞villageは"場所を表す名詞"と考えられるので，関係副詞whereを選ぶ。I was born there.という文のthereが関係副詞のwhereに変わって前に出たものと見ればよい。

解答 　③　「私は自分が生まれた村の教師になりたい」

例題2

次の文の空所に入る最も適当なものを1つ選び，番号で答えよ。

Los Angels is one of the places (　　) I'd like to visit.

　①　where　　②　which　　③　on which　　④　to which

CHECK! 　関係副詞は"副詞"

　　関係代名詞は"代名詞"

解説 　直前のplacesを見てwhereを選び，「私が訪れたい場所」と訳して何の疑問も抱かないようではまだ理解不足。空所の後のvisitは他動詞だから，関係副詞を入れるとvisitの目的語がないままになってしまう。つまり，visitの目的語になるものを入れなければならないので，目的格の関係代名詞whichが正解。

解答 　②　「ロサンゼルスは私の行きたい場所の1つです」

例題3

日本文とほぼ同じ意味になるように，空所に適当な語を入れよ。

ここではそんなやり方はしません。

This is not (　　) (　　) we do things here.

CHECK! 　the way + S + V〜　「SがVする方法」

解説 　与えられた日本文と英文の形から，「これは私たちがここで物事をするやり方ではない」と考える。空所が1つならhowだが，ここでは2つなのでthe wayを入れれば基本形通り。

解答 　the, way

3　what

●**基本形**●

(1)　what ＋ V〜「Vするもの〔こと〕」　＊whatはSとして働く。

(2)　what ＋ S ＋ V〜「SがVするもの〔こと〕」

　＊whatはV〜のところに出てくる他動詞の目的語，前置詞の目的語，あるいは補語として働く。

(3)　関係形容詞

　what ＋ 名詞(＋ S) ＋ V〜「(Sが) Vするすべての名詞」　＊"what ＋ 名詞"がSやOなどになる。

◆**名詞節をまとめる what**

　whatは，これまでの関係詞とは少し毛色が違う。それは，whatによってまとめられるかたまりが全体で1個の名詞と同じ働きをする点である。そして関係代名詞の場合はwhat自身が，関係形容詞の場合は"what ＋ 名詞"が，その節の中で名詞として働くのである。

　<u>What</u> they told you is different from <u>what</u> they told me yesterday.

　(彼らが君に言ったことは，昨日私に言ったことと違う)

　He has made me <u>what</u> I am.　(今の私があるのは彼のおかげです)

　I use <u>what</u> little space there is.

　(私はわずかなスペースをすべて使っている)

例題 1

次の文の空所に入る最も適当なものを1つ選び，番号で答えよ。

(　　) seems easy at first often turns out to be difficult.

　①　It　　②　That　　③　What　　④　Which

CHECK!　　what ＋ V〜「Vするもの〔こと〕」

解 説　whatを「もの・こと」と読むだけで処理していると，特に接続詞のthatとの区別が曖昧になる。この問題では，まず空所直後の動詞seemsに対する主語が必要であり，次に，その後にあるturns (out) に対する主語もなければならない。この2つの条件を満たすのはwhatしかない。接続詞thatは名詞節をまとめるだけで，節の中では何もしない。

解答 ③ 「最初は簡単に見えることが後で難しいとわかることがよくある」

例題 2

次の文の空所に入る最も適当なものを1つ選び，番号で答えよ。

This conclusion is based on a misunderstanding (　　) makes people good.

① about what　② all that　③ that which　④ to whom

CHECK! 👍 what + V〜「Vするもの〔こと〕」

解説 空所の直後だけを見ていると all that, that which もあり得るが，これでは all や that がこの文の中で働かない。about what ならば，what 〜 good が名詞節で前置詞 about の目的語となり，what 自身は makes の主語になるので，すべての語が働きを持つことになり，①が正解。

解答 ① 「この結論は，人々をよくするものについての誤解に基づいている」

例題 3

次の文の空所に入る最も適当なものを1つ選び，番号で答えよ。

The facts of nature are (　　) they are, but we can only view them through spectacles of our mind.

① so　② which　③ what　④ that

CHECK! 👍 what + S + V〜「SがVするもの〔こと〕」

解説 文意をとって考えようとすると非常に難しい問題。こんなときこそ形にこだわることが大切。まず，前の are に続く補語が必要であること，次に，後の動詞が are だから，この補語もないといけないこと，この2つを同時に解決してくれるものは何かと考える。すると what 以外ではどちらか一方しかやってくれないのに対し，what を入れると，what they are 全体が名詞節で前の are に続く補語となり，what 自身は they are という S + V に対する補語として働いてくれる。

解答 ③ 「自然の事実はその通りの姿であるが，我々は自分の心の色眼鏡を通してしかそれを見られない」

4　注意すべき as, which の用法

●基本形●

(1)　as

　①　such + 名詞 + as(+ S) + V ～「(S が) V するような名詞」

　②　the same + 名詞 + as[that](+ S) + V ～「(S が) V するのと同じ名詞」

　③　as is often the case with ～「～にはよくあることだが」

　　＊ as は主節の全部または一部を先行詞にする関係代名詞。

(2)　which

　　主節の全部または一部を先行詞にする関係代名詞。

　　⇒ S + V ～, which (+ S) + V ～

◆ as の使いどころ

　先行詞に such, the same がつくと，関係代名詞 as が用いられる。The same の場合，as を使うと同種のものを表し，that を使うと同一のものを表すと言われるが，実際にはそれほど厳密な区別はない。

I have never heard such stories as he tells.

(彼が言うような話は聞いたことがない)

This is the same watch as I lost.

(これは私がなくしたのと同じ時計だ)

また，as には主節の全部または一部を先行詞にする用法がある。

As is usual with old people, my grandfather gets up very early.

(老人には珍しくないことだが，私の祖父はとても早起きだ)

As is often the case with students, they borrow each other's notebooks.

(学生には良くあることだが，彼らはノートの貸し借りをしている)

◆コンマの後の which には要注意

　関係代名詞の which がコンマの後に置かれて，主節の全部または一部を先行詞にする場合がある。as にも同様の用法があるが，as は位置が比較的自由で挿入的に用いられるのに対し，which は必ず主節の後という特徴がある。また，この which が関係形容詞として用いられることもあ

る。

I tried to get out of the business, <u>which</u> I found impossible.
(私は仕事をやめようとしたが，それは不可能だとわかった)
I was told to go there not by train but on foot, <u>which</u> advice I followed.
(私は列車でなく徒歩で行くように言われ，その忠告にしたがった)

例題 1

次の文の空所に入る最も適当なものを1つ選び，番号で答えよ。

There are few places downtown for parking, (　　) is really a problem.

① what ② where ③ which ④ who

CHECK! S＋V～，which＋V～

解説 空所の直後が動詞isなので主格の関係代名詞を入れることになるが，whatではこれを導く名詞節の働き場がなく，whoは前に人を表す名詞がないのでいずれも無理。結局whichが正解で，このwhichは主節全部を先行詞としている。

解答 ③ 「繁華街には駐車する場所が少なく，これは本当に問題だ」

例題 2

次の文の空所に入る最も適当なものを1つ選び，番号で答えよ。

(　　) is usual with young people nowadays, he can't do without comics.

① Such ② As ③ Like ④ So

CHECK! as is usual with～「～には普通のことだが」

解説 コンマをはさんで2組S＋Vがあるから"つなぎ言葉"が必要で，しかもisの主語になるものだから，関係代名詞のas以外にない。とはいえ，as is usual with～を知っていれば苦もなく正解が得られる。

解答 ② 「近ごろの若者には普通のことだが，彼はマンガなしではやっていけない」

文法・語法 前置詞

ポイント

1 基本前置詞の重要用法

●基本形●

(1) at

 ① at＋場所の一点 ② at＋時の一点 ③ at＋数値の一点

(2) by

 ① by＋差を表す数量

  by＋期限を表す日時

 ② (a) by＋無冠詞の名詞／by＋〜ing／「つかむ・引っ張る」の類

    のV＋O＋by the＋Oの一部分

  (b) by the＋単位

(3) for

 ① 方向・利益・賛成

 ② (a) 目的・追求・交換，代理・代用，対応

  (b) 「〜として(は)・〜の割には」⇒for all 〜

 ③ 理由 ④ 期間

(4) from

 ① 起点⇒出所・期限，原因，材料 ② 分離⇒区別・相違

(5) in

 ① (a) in＋広がりのある場 (b) in＋衣類 (c) in＋方角

 ② (a) in＋幅のある時間 (b) in＋所要時間・経過時間

(6) of

 ① (a) 位置の分離⇒within＋距離・時間＋of 〜

  (b) 除去・剥奪 (c) 出所・起源⇒構成要素

 ② (a) 主格 (b) 所有格⇒所属・部分

 ③ 目的格 ④ 同格

(7) on

① (a) 接触　(b) 支点・支え　(c) 依存
(d) 根拠・基礎　(e) 継続(状態)・進行(状態)
② (a) on + 日 ⇒ on + 特定の日の朝昼晩
(b) 「〜すると(すぐに)」

(8) to
① 到達(地点)　② 結果 ⇒ to one's + 感情を表す名詞
③ 程度・範囲　④ 付着　⑤ 一致・符合

(9) with
① (a) 所有・携帯　(b) 道具 ⇒ with all 〜　(c) 同伴
(d) 同時　　　(e) 付帯状況 ⇒ with + X + Y
(f) 原因・理由
② (a) 関係・関連　(b) 結合　(c) 調和　(d) 相手

例題 1

次の文の空所に入る最も適当なものを1つ選び，番号で答えよ。

There is a picture (　　) the wall.

　① above　② over　③ on　④ up

CHECK! "接触"の on

解説 「壁に絵がかかっている」と考えるしかない。これは「絵」と「壁」が "接触" していることになる。したがって "接触" の on を用いればよい。

解答 ③ 「壁に絵が掛かっている」

例題 2

次の文の空所に入る最も適当なものを1つ選び，番号で答えよ。

The soldiers threw down their arms and ran away (　　) all directions.

　① to　② in　③ for　④ through

CHECK! "方角"の in

解説 空所の後の directions という名詞に注目して，"方角" の in を入れる。

解答 ② 「兵士たちは武器を捨ててちりぢりばらばらに逃げた」

例題 3

次の文の空所に入る最も適当なものを１つ選び，番号で答えよ。

What were you doing (　) about 6 yesterday?

① at　　② for　　③ on　　④ to

CHECK! "時の一点"のat

解説　空所の後の6は「6時」以外には考えられない。そこで「6時(ごろ)に」という時刻を言うのだから，"時の一点"を表すatが正解。

解答　①　「昨日の6時頃は何をしていましたか」

例題 4

次の文の空所に入る最も適当なものを１つ選び，番号で答えよ。

What are you going to do (　) Saturday evening?

① at　　② into　　③ on　　④ in

CHECK! 特定の日の朝昼晩につくon

解説　「土曜の午後には」とすればいい。単なるeveningだったらin the eveningとなるが，Saturdayという修飾語がついているのでinは使えない。基本的だが非常によく問われるところ。

解答　③　「土曜の午後には何をするつもりですか」

例題 5

次の文の空所に入る最も適当なものを１つ選び，番号で答えよ。

That bus will get her to Osaka (　) five hours.

① at　　② for　　③ in　　④ with

CHECK! "経過時間・所要時間"のin

解説　空所の後がfive hoursなので，atやwithはあり得ない。forを入れると"期間"を表すことになるが，これでは文意が通らない。inを入れれば「5時間後に」となって文意が通る。

解答　③　「そのバスに乗れば彼女は5時間後には大阪に着くだろう」

例題 6

あとの文の空所に入る最も適当なものを１つ選び，番号で答えよ。

He bought a new camera (　　) twenty thousand yen.

① by　　② for　　③ in　　④ with

CHECK! "交換"のfor

解説 「2万円でカメラを買った」とは，「2万円」と「カメラ」を"交換"したということ。よって，"交換"のforが正解。

解答 ②　「彼は新しいカメラを2万円で買った」

例題7

次の文の空所に入る最も適当なものを1つ選び，番号で答えよ。

Mary is older than her sister (　　) five years.

① for　　② in　　③ by　　④ above

CHECK! "差"のby

解説 文意から考えて，空所の後のfive yearsはMaryとher sisterの年齢の"差"だと考えるのが自然。よって，"差"を表すbyが正解。

解答 ③　「メアリーは妹より5歳年上です」

例題8

次の文の空所に入る最も適当なものを1つ選び，番号で答えよ。

Isn't it cold (　　) this season right now?

① to　　② in　　③ for　　④ of

CHECK! 「～としては・～の割には」のfor

解説 空所の後がseasonだからといってinを入れてはダメ。これでは文意が通らない。for this seasonとすると「この季節にしては」となって正解。

解答 ③　「今この季節にしては寒くありませんか」

例題9

次の文の空所に入る最も適当なものを1つ選び，番号で答えよ。

(　　) my surprise, no one knew the result.

① To　　② With　　③ At　　④ For

CHECK! to one's + 感情を表す名詞「…が～したことには」

解説 空所の後のmy surpriseを見て〈to one's + 感情を表す名詞〉の形に当てはめ，「私が驚いたことに」とすればよい。

解答 ① 「驚いたことに，誰もその結果を知らなかった」

例題 10

次の文の空所に入る最も適当なものを1つ選び，番号で答えよ。

A lady (　) a white dress attended the party.

　① with　② in　③ at　④ on

CHECK! "着用"のin

解説 空所の後のdressに注目して"着用"のinを用いれば，「白いドレスを着た女性」という自然な意味になる。

解答 ② 「白いドレスを着た女性がパーティに出席した」

例題 11

次の文の空所に入る最も適当なものを1つ選び，番号で答えよ。

This color is not (　) my taste.

　① like　② with　③ to　④ on

CHECK! "一致・符合"のto

解説 tasteに「趣味・好み」という意味があることを知っていれば，正解を得るのは難しくない。「この色」と「私の趣味」がどういう関係にあると言いたいのか考えればよい。"一致・符合"のtoを入れて「私の趣味に合わない」とすれば解決。

解答 ③ 「この色は私の趣味に合わない」

例題 12

次の文の空所に入る最も適当なものを1つ選び，番号で答えよ。

Don't speak (　) your mouth full when you are at the table.

　① for　② in　③ to　④ with

CHECK! "付帯状況"のwith：with + X + Y「XがYの状態で」

解説 空所の後が〈名詞 + 形容詞〉という語順になっていることに注意。for, in, toではこの語順の説明がつかないし，文意も通らない。your mouth full のところに「口がいっぱいだ」という"主語＋述語"の関係があることを確認し，〈with＋X＋Y〉の形に当てはめると，「口が(食べ物で)いっぱいの状態で」と読める。

解答 ④ 「食事をしているとき，口にものを入れたまましゃべってはいけません」

例題 13

次の文の空所に入る最も適当なものを1つ選び，番号で答えよ。

They sell meat (　　) kilo at the shop.

　① by the　　② with a　　③ at a　　④ for the

CHECK! 🖋 by the ＋単位を表す語「～単位で」

解説 kilo が"単位を表す語"であることに注目して，〈by the＋単位を表す語〉の形に当てはめる。

解答 ① 「その店では1キロいくらで肉を売っている」

2　注意すべき前置詞の用法

●基本形●

(1)　above 〜ing「～するには高潔すぎる・～するのを恥とする」

(2)　against

　　① 「～に逆らって」　　② 「～に反対して」⇔for「～に賛成して」

　　③ 「～によりかかって」　④ 「～を背景として」

(3)　among

　　① 「3つ以上のものの間に」　＊between「2者間」

　　② 「～の中の1つ」

(4)　beside「～のそばに」と besides「～に加えて」の区別

(5)　beyond「～の能力・限界を超えて」

(6)　but ＝ except「～を除いて」

(7)　during ＋特定の期間　＊for ＋時の長さを表す語

(8)　into ＋"変化"を表す語

(9)　over ＋飲食物「～を食べながら・飲みながら」

(10)　through
　　①　媒介・手段　　②　原因・理由　　③　「～を終えて」
(11)　until, till「～までずっと」(継続)　＊by「～までに」(期限)

例題 1

次の文で誤りがあれば訂正せよ。

John will have finished his work until then.

CHECK!　"継続"のuntil, "期限"のby

解説　「終える」と言っておきながら，until then「その時までずっと」は
おかしい。「終える」という行為が"継続"するわけがないからだ。ここ
はuntilではなく"期限"のbyを用いて「その時までに(は)」としなけれ
ばならない。

解答　until→by　「ジョンはその時までには仕事を終えているだろう」

例題 2

次の文の空所に入る最も適当なものを1つ選び，番号で答えよ。

Strawberries are made (　　) jam.

　　① of　　② in　　③ from　　④ into

CHECK!　"変化"のinto

解説　まず，inは全く意味をなさない。また"構成要素"のofや"材料"
のfromも明らかにおかしい。ここではイチゴがジャムになる，すなわち
"変化"するのだから，intoが正しい。

解答　④　「イチゴは加工されてジャムになる」

例題 3

次の文の空所に入る最も適当なものを1つ選び，番号で答えよ。

The sight was beautiful (　　) description.

　　① across　　② behind　　③ beyond　　④ over

CHECK!　beyond「～の能力・限界を超えて」

解説　descriptionは「記述・描写・表現」という意味。across, behind,
overでは意味が取れないのに対し，beyondを入れれば，「描写の限界を

超えている」→「とても言い表せない，筆舌に尽くしがたい」となって文
意が通る。

解答 ③　「その光景は言葉にできないほど美しかった」

例題 4

次の文の空所に入る最も適当なものを1つ選び，番号で答えよ。

We were waiting for him (　　) a cup of coffee.

　　① to　　② on　　③ at　　④ over

CHECK! 　over＋飲食物「～を食べながら・飲みながら」

解説 　空所の後の「コーヒー」に着目して，〈over＋飲食物〉の形に当て
はめる。「コーヒーを飲みながら待っていた」と解釈できればOK。

解答 ④　「私たちはコーヒーを飲みながら彼を待っていた」

例題 5

次の文の空所に入る最も適当なものを1つ選び，番号で答えよ。

Such an honest man is (　　) telling lies.

　　① above　　② over　　③ past　　④ without

CHECK! 　above ～ing「～するには高潔すぎる・～するのを恥とする」

解説 　空所の後が～ingであることに注意。overやpastはこの形をとら
ない。残る2つだが，withoutでは「嘘をつくことなしに」で，それでど
うなのかわからないから不可。よってabove ～ingの形にするのが正解。
above ～ingは，人格がその行為をする程度を超越しているということ。

解答 ①　「ああいう正直な人は決して嘘をつかない」

例題 6

次の文の空所に入る最も適当なものを1つ選び，番号で答えよ。

I'm (　　) people driving big cars.

　　① sorry　　② about　　③ against　　④ afraid that

CHECK! 　"反対" のagainst

解説 　sorryやafraid thatは後がS＋V構造になっていなければならな
いので選べない。また，aboutでは何のことかさっぱりわからない。残

141

るはagainstだが，ここではdrivingを動名詞と見ることがポイント。すると peopleはdrivingの意味上の主語となり，全体で前置詞againstの目的語として働く。「人々が大きい車を運転することに反対である」という意味で，これが正解。

解答 ③ 「私は人々が大きい車を運転するのには反対だ」

例題7

次の文の空所に入る最も適当なものを1つ選び，番号で答えよ。

(　　) this time next year he will have returned from Kuwait.

　① By　　② Through　　③ To　　④ Until

CHECK! by「〜までに」(期限)

解説 ByかUntilのどちらかだが，「戻る」という行為を"継続"することはできないからUntilは使えない。"期限"のByを用いて「来年の今頃までには戻っているだろう」とする。

解答 ① 「来年の今頃までには，彼はクウェートから戻ってきているだろう」

例題8

次の文の空所に入る最も適当なものを1つ選び，番号で答えよ。

The accident was (　　) her control.

　① with　　② over　　③ behind　　④ beyond

CHECK! beyond「〜の能力・限界を超えて」

解説 beyondを入れて，「彼女が制御できる限界を超えていた」とする。

解答 ④ 「その事故は彼女には防ぎようがなかった」

例題9

(1)と(2)がほぼ同じ意味になるように，空所に適当な語を入れよ。

(1)　The supermarket is open all days except Sunday.

(2)　The supermarket is open Monday (　　) Saturday.

CHECK! except「〜を除いて」/ (from) A through B「AからBまで」

解説 (1)「そのスーパーは日曜以外は毎日開いている」から，(2)「その

スーパーは月曜から土曜まで開いている」とすればよい。「AからBまで」という言い方には，from A to B, from A till B, from A through B などがあるが，このうち，from を省略できるのは，from A through B の形のみ。

解答 through 「(1) そのスーパーは日曜以外は毎日開いている。」「(2) そのスーパーは月曜から土曜まで開いている」

例題 10

次の文の空所に入る最も適当なものを1つ選び，番号で答えよ。

Water turns (　) ice at 32° F.

　　① into　　② off　　③ out　　④ up

CHECK! into +"変化"を表す語

解説 水が氷に"変化"するのだから，into が適切である。

解答 ① 「水は華氏32度で氷になる」

例題 11

次の文の空所に入る最も適当なものを1つ選び，番号で答えよ。

She is (　) cheating in examinations.

　　① above　　② over　　③ under　　④ up

CHECK! above ～ing「～するには高潔すぎる・～するのを恥とする」

解説 〈above ～ing〉の形にすれば，「彼女はカンニングをするような人ではない」となり，文意が通る。

解答 ① 「彼女は試験でカンニングをするような人ではない」

例題 12

(1)と(2)がほぼ同じ意味になるように，空所に適当な語を入れよ。

(1) Are you in favor of the policy or not?

(2) Are you (　) or (　) the policy?

CHECK! for「～に賛成して」⇔ against「～に反対して」

解説 in favor of ～は「～を支持して・～に賛成して」という意味。したがって，"賛成"の for と"反対"の against を入れればよい。

| 解 答 | for, against 「あなたはその政策に賛成ですか，反対ですか」

3 群前置詞

●基本形●

according to「〜にしたがって・〜に応じて・〜によれば」／apart from, aside from「〜は別として・〜はさておき」／as for「〜に関しては」／as to「〜について」(≒about)／at the cost[expense, price] of「〜を犠牲にして」／at the risk of「〜の危険を冒して」／because of, on account of, owing to, due to「〜のために」(原因・理由)／by means of「〜によって」／for the purpose of, with a view to「〜のために」(目的)／in addition to「〜に加えて」(= besides)／in case of「〜の場合には・〜の場合に備えて」／in favor of「〜に賛成して・〜を指示して」／in spite of「〜にもかかわらず」(= despite)／instead of「〜しないで・〜の代わりに」／in the face of「〜に直面して・〜をものともせず」／on behalf of「〜に代わって・〜を代表して・〜のために」／regardless of「〜に関係なく」／up to「〜に達して・〜の責任で」

例題 1

次の文の空所に入る最も適当なものを1つ選び，番号で答えよ。

I don't think her grammar is (　　) standard.

① beyond　　② on to　　③ under　　④ up to

CHECK! up to「〜に達して」

| 解 説 | 日本語のレベルで考えるとbeyondやunderなどでもよさそうな気がするが，残念ながらstandardとの相性が悪くて入れられない。また，on to「〜の上へ」は空間的な意味でしか使われない。結局up toを入れて「標準に達している」とするのが正しい。

| 解 答 | ④ 「彼女の文法の力は標準に達しているとは思わない」

例題 2

次の文の空所に入る最も適当なものを1つ選び，番号で答えよ。

(　　) the team the captain accepted the trophy made of silver.

① On account of　　② Because of　　③ On behalf of

CHECK! 👉 on behalf of「〜を代表して」

|解 説| on account of, because ofはともに"原因・理由"を表すから，この場面では無理。on behalf ofなら「チームを代表して…」と文意が通る。

|解 答| ③ 「チームを代表してキャプテンが銀製のトロフィーを受け取った」

例題3

次の文の空所に入る最も適当なものを1つ選び，番号で答えよ。

All gases accelerating the greenhouse effect are believed (　　) human activities.

① due to　　② to be　　③ being　　④ instead of

CHECK! 👉 due to「〜のために」(原因・理由)

|解 説| ③は文法的に不可。②を入れると「気体が人間の活動である」となって意味不明。またinstead of「〜の代わりに」も文意が通らない。「人間の活動が原因」となるようにdue toを選ぶ。

|解 答| ① 「温室効果を加速しているすべての気体は人間の活動が原因だと信じられている」

例題4

次の文の空所に入る最も適当なものを1つ選び，番号で答えよ。

In the Japanese educational system, students are encouraged to do group projects at the (　　) of individual achievement.

① expense　　② defect　　③ neglect　　④ disregard
⑤ risk

CHECK! 👉 at the expense of「〜を犠牲にして」

|解 説| 形から①か⑤にしぼられるが，individual achievementは危険なものではないからriskは選べない。expenseを入れて「個人の目標達成を犠牲にして」としてやればよい。

|解 答| ① 「日本の教育制度では，学生は個人の目標達成を犠牲にして集団の計画を実行するよう促される」

例題 5

次の文の空所に入る最も適当なものを1つ選び，番号で答えよ。

He always did well at school (　　) having his early education interrupted by illness.

- ① on account of
- ② in spite of
- ③ in addition to
- ④ even though

CHECK! in spite of「〜にもかかわらず」

解説 「学校の成績がいい」ことと「初期の教育を中断された」ことは明らかに逆接の関係だから，in spite ofがぴったり。

解答 ②　「彼は幼いころ，勉強を病気で中断しなければならなかったにもかかわらず，いつも学校の成績がよかった」

例題 6

次の文の空所に入る最も適当なものを1つ選び，番号で答えよ。

He came to inspect the house (　　) buying it.

- ① in the event of
- ② with a view to
- ③ with reference to
- ④ on account of

CHECK! with a view to「〜のために」(目的)

解説 「家を調べに来た」というのだから，with a view toを入れて，「買う目的で」とすればよい。なお，in the event ofは「(万一)〜の場合には」，with reference toは「〜に関して」という意味。

解答 ②　「彼はその家を買う目的で調べに来た」

例題 7

次の文の空所に入る最も適当なものを1つ選び，番号で答えよ。

A young man who has failed his exam (　　) laziness has asked me to give him some advice.

- ① according to
- ② on account of
- ③ at the same time
- ④ instead of

CHECK! on account of「〜のために」(原因・理由)

解説 「怠惰」は「試験に落ちた」ことの"原因・理由"であるから，on

account ofを選ぶ。

解答　②　「怠けていて試験に落ちた青年が私に助言を求めてきた」

例題 8

次の文の空所に入る最も適当なものを1つ選び，番号で答えよ。

Go out and have a good time once in a while (　　) just studying all the time.

①　instead of　　②　in spite of　　③　in case of　　④　despite

CHECK!🖐　instead of「〜しないで・〜の代わりに」

解説　「外へ出て楽しむ」ことと「ずっと勉強ばかりする」ことは同時にはできない。このように，両立不可能な2つの事柄の一方について「〜しないで」というときには，instead ofを用いる。

解答　①　「いつも勉強ばかりしていないで，ときどき外出して楽しみなさい」

例題 9

次の文の空所に入る最も適当なものを1つ選び，番号で答えよ。

(　　) taking the regular tests we have to hand in a long essay.

①　Above all　　②　As well　　③　Behind　　④　In addition to

CHECK!🖐　in addition to「〜に加えて」(= besides)

解説　①と②は副詞なので，taking以下とつながらないから不可。また，Behindでは意味をなさない。In addition toを選んで，「定期の試験を受けることに加えて論文も提出しなければならない」とする。

解答　④　「私たちは，定期試験を受けることに加えて，論文も提出しなければならない」

例題 10

次の文の空所に入る最も適当なものを1つ選び，番号で答えよ。

Any child has the right to an education (　　) creed, race, or nationality.

①　apart from　　②　in the face of　　③　regardless of

CHECK! regardless of「〜に関係なく」

解説 regardless of を入れて,「信条,人種,国籍に関係なく,教育を受ける権利がある」とするのが自然。

解答 ③ 「どんな子供も,信条,人種,国籍に関係なく教育を受ける権利がある」

例題 11

次の文の空所に入る最も適当なものを1つ選び,番号で答えよ。

(　　) his parents, nobody would defend the suspect.

① But for 　　② In place of 　　③ Apart from

④ On behalf of

CHECK! apart from「〜は別として・〜を除いて」

解説 ①But for「〜がなければ」にひっかかりそうだが,これではその裏の事実として「両親がいるからみんなが弁護する」ことになっておかしい。③Apart from は「〜は別として・〜を除いて」だから,これが正解。②In place of「〜の代わりに」,④On behalf of「〜を代表して・〜のために」では意味をなさない。

解答 ③ 「両親を除いて,誰もその容疑者を弁護しないだろう」

例題 12

次の文の下線部のうち誤っているものを1つ選び,番号で答えよ。

Many people ①<u>believe</u> that every crime, ②<u>in spite</u> of the ③<u>circumstances</u>, should be ④<u>severely</u> punished.

CHECK! regardless of「〜に関係なく」

解説 in spite of は「〜にもかかわらず」なので,このままでは「あらゆる犯罪は,状況にもかかわらず,厳しく罰せられるべき」という不自然な意味になる。したがって,in spite が誤り。ここでは regardless of「〜に関係なく」を用いるべきである。

解答 ② 「あらゆる犯罪は,その状況とは関係なく,厳しく罰せられるべきだと考える人が多い」

例題 13

次の英文の下線部とほぼ同じ意味を持つ語を選べ。

She is in favor of his opinion.

① ignores ② dislikes ③ supports

CHECK! in favor of「～に賛成して・～を支持して」

解 説 in favor ofは「～に賛成して・～を支持して」という意味。したがって，③supports「支持する」を選ぶ。なお，このin favor ofを1語の前置詞で書き換えるなら，for「～に賛成して」になることも覚えておく。

解 答 ③ 「彼女は彼の意見を支持している」

第 2 章

英作文

英作文　和文英訳

ポイント

　和文英訳では「日本文化」，そして「英語教育」といったトピックを扱ったものが目立つ。「日本文化」に関連した和文英訳では，日本語でよく聞く慣例的な言い回しを英語でいかに表現するかが問われるため，英語で書かれた日本文化案内や観光ガイドなどを精読しておくとよい。英文法や構文の知識を問うオーソドックスな和文英訳問題では，着実に出題者が狙う構文を使って文章作りをすることが大切。また「英語教育」に関する英訳では，日本語をそのまま英語にしようとせずに，平易な英語に直して考えるトレーニングを重ねることが有効だ。

例題 1

次の(1)，(2)の日本文を，それぞれ適切な英文に書きかえよ。

　Nowadays, many people have come to recognize that it is very important for foreigners to understand another country's culture if they would stay long and enjoy their lives. Here, let me talk about one of cultural things in Japan. (1)「お正月が，おそらく伝統的な日本の暦の中で最も重要な行事のひとつであることは疑いの余地のないところです。」Preparations start before New Year's Day. (2)「人々は，やりかけの仕事はやり遂げ，仕事場をきれいにすることになっています。」The idea is that New Year's Day should be a clean break from the last year.

CHECK!　まずは和文をよく読み，文脈に合った英語の構文が思い浮かべられるようにすることが大切。例題1では，和文が翻訳調であるため英文を思い起こしやすい。

解答例

(1)　There is no doubt that New Year is one of the most important events in the traditional Japanese calendar.

(2)　People ought to finish the work in hand, and clean their workplaces.

解説

(1)では，日本文に沿って「最も重要な行事のひとつ」「疑いの余地のない」を使った英文を作成するのが最も堅実な方法。doubtの後は必ずthatで文をつなぐこと。ifやwhetherを使わないように注意。「疑いの余地のない」を「確かである」と考え，It is certain that ～としてもよい。「お正月」は，文脈から考えて「新年の行事」を指しているのでNew Yearとする。特に元日(1月1日)を指す場合はNew Year's Day，大晦日はNew Year's Eve，正月休みはNew Year's holidaysとして覚えておくと便利。

(2)では，「することになっています」をうまく英語にするのがポイント。解答例では「～するのが当然のこととされている」といったニュアンスをought toで表現している。ought toは，should よりもやや強く，mustよりはやや弱い意味合いを持つ。またbe expected to，あるいはやや口語的になるがbe supposed toを使って「することになっている」と表現することもできる。「きれいにする」は，cleanが最も広く使える言葉。拭き掃除などを含め「清掃」を意味する。「整頓する」という意味合いでput in orderを使うこともできる。(2)におけるほかの解答例としては，People are expected to complete their work, and put their workplaces in order. など。

例題2

次の日本文を，英訳せよ。

「2月に行われる節分は日本の伝統的な年中行事のひとつです。人々は，邪気を払い，福を呼び込むために，寺や神社，家などで豆まきの儀式を行います。節分は日本中で行われますが，国民の祝日ではありません。」

CHECK! 「～するために」を見て不定詞の構文を思い浮かべられるようにする。また「邪気を払う」「福を呼び込む」など日本語で耳慣れた表現をいかにシンプルな英語に書き換えられるかが重要となる。

解答例

Setsubun held in February is one of the traditional annual events in Japan. People perform a ritual of bean-throwing at temples, shrines and at home to chase away evil spirits and invite fortune. This ritual is performed across the country, but Setsubun is not a national holiday.

解説

「邪気を払う」は、「悪いものを追い出す」のように簡単な日本語に言い換えて考えるのがコツ。たとえばevil spirits以外にもmisfortune, bad luckなどを使うこともできる。反対に「福を呼び込む」については「良いものを招く」と考えて、fortuneのほかにhappiness, good luckなどを使ってもよい。「儀式を行う」は、ほかにpractice a ceremonyと表現することも可。日本の年中行事や習慣に関する出題は多いので、traditional(伝統的)、annual event(年中行事)、a national holiday(国民の祝日)などの頻出語句を使った文章作りに慣れておくとよい。

例題3

次の日本文を、英訳せよ。

「日本人は大晦日に年越しそばを食べ、長寿を祈願します」

CHECK! 「～を祈願する」の言い回しは、日本の年中行事を取り上げた和文英訳・自由英作文で頻出するので、押さえておくこと。

解答例

On New Year's Eve, people in Japan eat toshikoshi-soba, a buckwheat noodle dish, and pray for longevity.

解説

長寿はlongevity。あるいはlong lifeと言い換えても可。日本の年中行事を説明する英作文問題としては、「初詣」「七夕」「七五三」「お盆」などがよく取り上げられている。「長寿」に関係するものとしては、年越しそばのほかに七五三の千歳飴がある。また祈願する内容としては「家内安全」(pray for one's health and happiness)が一般的だが、「商売繁盛」(success in business)、「交通安全」(safety)なども頭に入れておくと応用がきく。また「子どもの成長を祝う」(celebrate children's growth)なども合わせて覚えておきたい。

例題 4

次の日本文を英訳せよ。

「こたつは，日本でよく見られる暖房器具である。電気ヒーターが内側についたテーブルで，テーブルは厚い布団でおおわれている」

CHECK! 「日本特有」と思われるものを英語で説明する問題は，英語圏の生活状況で何に匹敵するかを想像しながら言葉を選ぶことが大切。たとえば「布団」ならば「ブランケット」と考えるとよい。

解答例

Kotatsu is a heating device commonly found in Japan. It is a table with an electric heater attached to the inner part of the table and is covered by a thick blanket.

解説

伝統行事と並んでよく出題されるのが，日本の文化に根ざした「もの」や「習慣」，「伝統芸能・工芸」などの説明文。これまでに，衣食住に関するものでは，「畳」「着物」「赤ちょうちん」「銭湯」，習慣に関するものでは「お中元・お歳暮」，伝統芸能・工芸に関するものでは「歌舞伎」「相撲」「こけし」などの出題が見られる。書店の洋書コーナーには，英語で日本文化を説明した本が並んでいるので，一読し，どのような言い回しが使われているかを研究しておくとよい。

例題 5

次の日本文を英訳せよ。

「歌舞伎は日本の伝統的な演劇で，その起源は江戸時代にさかのぼります。すべての歌舞伎役者は男性で，何人かの役者は女性の役を演じるのを専門にしています」

CHECK! 「その起源は〜にさかのぼります」という表現を身につけておきたい。

解答例

Kabuki is a traditional Japanese theater whose origin dates back to the Edo period. All the Kabuki actors are men and there are some actors who are specialized in playing female roles.

解 説

「～にさかのぼる」は，dates back to～。be specialized in～で，「～を専門としている」「～に特化している」の意味。「～時代」と歴史区分を言う場合には，Heian period, Edo periodのように通常periodを使う。

例題 6

次の下線部の日本文を，適切な英文に書きかえよ。

Ichi-go ichi-e literally means one time, one meeting. 人々はしばしばひとつひとつの出会いがいかに貴重なものであるかを思い起こすためにこのことわざを使います。 It is particularly associated with the Japanese tea ceremony. In tea ceremony, it means that each tea meeting is unique. The message of this proverb is "Treasure every encounter, for it will never recur."

CHECK! 日本文化を説明する問題の中には，ことわざに関する問題もある。有名なことわざは，英語で説明できるようにしておきたい。

解 答 例

People often use this proverb to remind themselves how precious each encounter is.

解 説

一期一会の意味を英語を使って説明する際に外せないキーワードは，encounter(遭遇・出会い)。「一生に一度の出会い」= once-in-a-lifetime encounter，「今回限り」= for this time only，「またとない」= never again，「人生に一度きりのチャンス」= one chance in a lifetimeなどを知っておけば自由英作文でこのことわざに関する出題があっても強い。

例題 7

　　　　　　にあてはまることわざを英語で入れよ。

「アメリカから来たALTの先生に日本のことわざを英訳して紹介したら，とても興味を持ったようだった。たとえば日本で「そんなの朝飯前さ」ということわざは，アメリカでは　(1)　となる。「時は金なり」は英語でもまさに　(2)　。この言葉は実はアメリカの政治家

ベンジャミン・フランクリンが広めた格言だとか。興味深かったのは，日米でまったく逆の意味を表すことわざがあったことだ。日本では，「出る杭は打たれる」 (3) というが，アメリカでは (4) (きしむ車輪に油が注がれる)。両国に住む人々の考え方の違いがことわざに現れていて大変おもしろかった。」

CHECK! よく耳にする日本語のことわざの英訳は頭に入れておくとよい。

解答

(1) It's a piece of cake.

(2) Time is money.

(3) The stake that sticks up will be pounded [hammered] down.

(4) The squeaky wheel gets the grease.

解説

日本語のことわざで英語の定訳があるものやそれに関連する有名な英語のことわざは押さえておきたい。また，たとえば，「明日は明日の風が吹く」なら Tomorrow is another day. というふうに日本のことわざの意味を英語で説明できるように練習をしておくとよい。中には一石二鳥のように英語が語源のものもある。

・温故知新　Learn a lesson from the past.

・蛙の子は蛙　Like father, like son.

・猫に小判　Pearls before swine.

・習うより慣れろ　Don't learn something, but get accustomed to it.

・学問に王道なし　There is no royal road to learning.

・一石二鳥　To kill two birds with one stone.

例題 8

次の日本語を英語に直せ。

1. 私の説明でわからないところがあれば，その都度遠慮なく質問していいですよ。

2. 列車の中で，携帯電話が鳴ることほど気に障ることはない。

3. 自分の名前を好きだろうが嫌いだろうが，それは私たちのアイデンテ

ィティーの本質的な部分である。私たちはそれを一生持ち続け，その
ことにある種の安らぎを覚える。結婚後も夫の名字を名乗るより元の
名前を名乗りたいと思う女性がいるのも驚くべきことではない。

CHECK! 　一般的な話題を取り上げた和文英訳の問題。「遠慮なく〜して
ください」「〜ほど〜なものはない」「〜であろうがなかろうが」「驚く
べきことではない」などの決まり文句を表現する構文をしっかり押さ
えること。

[解答例]

1. Please do not hesitate to ask any questions at any time if there is
anything you don't understand in my explanation.

2. Nothing is more bothering than a ringing cell phone in a train car.

3. Whether we like our own names or not, they are an essential part
of our identity. We live with our names for all our lives and we feel
some kind of security by doing so. It is not surprising to find a woman
who wants to use her maiden name rather than her husband's family
name after she has got married.

[解説]

　1の「遠慮なく〜してください」はPlease do not hesitate〜とするのが
一般的。英文ビジネスレターでの定型句。

　2では「〜ほど〜なものはない」でNothing is more 〜 thanの構文を
使って英文を作る。「気に障る」はbotheringのほかannoyingなど。

　3のポイントは「〜であろうがなかろうが」を表すWhether or notを，
「驚くべきことではない」はIt is not surprising to 〜を使う。いわゆる
「旧姓」にあたる英語はmaiden name。

　和文の中に「和文英訳」の定型句や構文が見えるときは，その構文を
使った文章作りを最優先するのが賢明。

例題 9

あとの日本語を英訳せよ。

1.　若い頃に受けた印象ほど鮮やかに心に残るものはない。

2.　私はこの辺りの地理には明るくない。だれか道案内をしてくれる人は

いませんか。

3. あの英語指導助手はまるで日本人のように話す。日本に来てまだ1年にしかならないそうだが，今度会ったら上達の秘訣を聞いてみよう。

CHECK! これも例題8と同様，和文英訳でよく使われる構文や定型句をしっかり押さえる。「～ほど～なものはない」「この辺りの地理には明るくない」「まるで～のように」に注目。

解答例

1. Nothing remains more vividly in one's mind than the impression one gets in the early days of his/her life.

2. I am a stranger here. Is there anyone who can show me the way?

3. That assistant English teacher speaks as if she were Japanese. I hear that she has been in Japan only for a year. I am going to ask her the secret of mastering the language when I see her next time.

解説

1はNothing is more ～ than の構文。日本語の文章の語感から一般論として語っていると受け取れるので，主語にone あるいはwe を用いて英文を考えると作文がしやすくなる。

2では，I am a stranger here で「この辺りの地理に明るくない」の意。

3はまず「まるで～のように」をas if を使って英訳することが大切。またas if he was Japaneseではなくwereを使うことを忘れずに。「～だそうだ」と伝聞を表現する場合によく使われるのがI hear that ～の文。「～の秘訣」は，the secret of ～というのが英語の決まり文句になっている。

例題 10

次の文章中の下線部を英訳せよ。

(1) 毎年，多くのALTが来日し，各地の学校に着任する。日本に来たばかりのALTの悩みの1つは，生徒に「質問は」と尋ねても，生徒が何も言わないでいることである。

(2) アクション・リサーチは，教員にとって自身の日々の実践を見つめなおす非常に有益な方法になりうる。それは，ふつう教員の教室での実践を改善させるという理念のもとに行われる。この種のリサーチで

は，教員がこれまで悩まされてきた問題を，計画・実行・観察・改善の過程に踏み込んで検証することが要求される。

CHECK! 「悩み」「悩まされてきた問題」というフレーズを「悩む」という日本語にとらわれすぎずに英文にすることができれば，全体の文章を組み立てやすくなる。

解答例

(1)　One of the difficulties that newly arrived ALTs face is that the students would not respond to their teacher when they are asked if they have any questions.

(2)　In this type of research, teachers are required to investigate the problem which has been at issue by looking closely into the process of planning, implementation, observation and improvement.

解説

(1)では，ALTの「悩み」は，「ALTが直面する困難」と考えてみるとよい。またdifficultiesのほかに，problemsあるいはよりシンプルにthingsという言葉を選択することも可能。またface(直面する)以外には，trouble(手を煩わせる)，confuse(困惑させる)，puzzle(当惑させる)という言葉を考えてみることもできる。「生徒が先生に応答しない」ことが悩みであるという形になっているが，「ALTが生徒からの応答を得られない」ことが悩みであるという書きかたもできる。いずれの場合も悩みの内容を説明するthat以下の文章での主語を明確にしてシンプルにまとめることが大切。人称代名詞が文中で混乱しないようにする必要がある。(1)の解答例としては次のようなものも挙げることができる。

One of the things which confuse ALTs who have just arrived in Japan is that they would not get any response from their students when they ask if the students have any questions.

(2)では，「教員が悩まされてきた問題」を「解決されるべき，論点となってきた問題」と解釈している。(1)のALTの悩みが文化的な違いから来る「当惑」であるのに対して，(2)では，解決の道筋を模索しているがゆえに「悩まされている」という意味で，confuseやpuzzleなどの言葉を「悩み」に相当する言葉として使うことはできない。解答例では「検

証する」にinvestigateを用いているが，類語としてはexamine, study, 文脈によってdetermineがあるので覚えておくと便利。また「実行」「実践」にあたる言葉としてよく使われるのがimplement(名詞形でimplementation)。ほかにpracticeやactionなども文脈によって使うことができる。解答では，計画・実行・観察・改善のプロセスの中でimprovementを「改善」にあたる言葉として使っているが，adjustment(調整)も覚えておきたい言葉。

例題 11

次の1～4の日本文を英訳せよ。

1. 生徒が知っているか，推測できる語や句から始めて，授業中はできるだけ英語を使いなさい。
2. みんなが遠慮なく自分の意見を発表できるよう，友好的で協力的な教室の雰囲気作りをしなさい。
3. 必ず，生徒が自分の能力に自信がつくようなやり方ですべての活動が行われるようにしなさい。
4. 訂正しすぎないこと，そして完璧を期待しないこと。生徒に，間違うことを恐れないよう助言しなさい。

CHECK! 命令文の形を使って英文を作る。構文よりも日本文の内容を英文で表現することを重視して取り組みたい。

解 答 例

1. Use English in class as much as possible, starting with words and phrases that students know or can guess.
2. Create a friendly and cooperative classroom atmosphere so that students can express their thoughts and ideas without hesitation.
3. Make sure to conduct all activities in a way that students would be able to gain confidence in their abilities.
4. Avoid correcting too much. And also avoid expecting perfection. Advise students not to be afraid of making mistakes.

解 説

2では「友好的」(friendly),「協力的」(cooperative)をそのまま英語で

使うことができる。「みんなが遠慮なく自分の意見を発表できるよう」の部分については，so that everyone can feel comfortable with giving his/her opinions. なども解答例として考えられる。「遠慮なく」(without hesitation)を「安心して」(feel comfortable)としてみるなど，日本文で使われている単語だけにとらわれずに，内容に即した形で柔軟に考えたほうが，英文が出てきやすい。自分の知っている英語表現に近づくよう，まず「和文和訳」することが和文英訳のコツ。

3では「必ず」が「活動が行われるように」にかかっていると考え，解答ではMake sure to conductとしている。Be certain to doやEnsure to haveなどを用いてもよい。Alwaysという言葉を使うことも可。「～なやり方」はin a way that[which] ～で表す。

4は，Don't correct too much. Don't expect perfection.という形の文でもよい。「間違いを恐れるな」はDon't be afraid of (making) mistakes.が定型句なので覚えておくとよい。いずれの場合にも，和文英訳では，ベーシックな単語を使ったシンプルな文を作るよう心がけたい。

例題 12

次の1，2の日本文を英語に直せ。

1. 「英語が使える」ようになるためには，文法や語彙などについての知識を持っているというだけではなく，実際にコミュニケーションを目的として英語を運用する能力が必要である。

2. このため，英語の授業においては，文法訳読中心の指導や教員の一方的な授業ではなく，英語をコミュニケーションの手段として使用する活動を積み重ね，これを通して，語彙や文法などの習熟を図り，「聞く」「話す」「読む」「書く」のコミュニケーション能力の育成を計っていく指導の工夫が必要である。

CHECK! この問題の2のように，問題文の日本語の文章が長い場合には，適宜，文章を区切って英文を作るとよい。

解答例

1. In order to be able to "make use of English", it is necessary not only to have a knowledge of grammar and vocabulary but also the

ability to use English for the purpose of actual communication.

2. Thus, in English classes, instruction mainly based on grammar and translation or teacher-centered classes are not recommended. Through the repetition of activities making use of English as a means of communication, the learning of vocabulary and grammar should be enhanced, and communication abilities in "listening", "speaking", "reading" and "writing" should be fostered. Such techniques for instruction are necessary.

解説

　文部科学省が平成15年に発表した『「英語が使える日本人」の育成のための行動計画』からの出題。解答は，英訳版からの抜粋。英語での発表に目を通していることを示す意味では，できる限り表現やフレーズの定訳を頭に入れておきたい。一方で，類似問題や「英語教育」に関する自由英作文の出題を念頭に置いた場合には，こうしたトピックの文章を自ら英訳・英作文できる英語力をつけておきたい。

　その場で一から自分自身で英訳を始める場合，日本語の単語によりそった直訳英文から，内容を表現することを重視した英文作りまで，さまざまな解答例が考えられるが，1の場合は，まずnot only〜 but also〜の構文を使って英文を組み立てていく。「英語が使える」をそのまま英語にすればto be able to use Englishあるいは英訳版にあるようにto be able to make use of Englishとなる。同様に「実際にコミュニケーションを目的として英語を運用する能力」は，字句どおりan ability to use English for the purpose of actual communicationとすることができるだろう。

　まったく自作で英訳した場合の解答例として次のようなものを挙げてみよう。

1. In order to "be proficient in English", it is necessary not only to have a good knowledge of grammar and vocabulary but also to enhance an ability to use English in practical communication.

2. Thus, in English classes, teachers need to employ an instructional approach that enables them to enhance students' communication skills in "listening", "speaking", "reading" and

"writing" while improving their grammar and vocabulary. That can be done by repetition of activities which emphasize English as a means of communication, not by grammar and translation exercises or lecture-based instructions.

　Proficient は日本語では「熟達した」とされているが，English proficiency testという場合には，習熟度を測る実力テストといった意味合いでも使われる。使用例としては，He is proficient in English. He is proficient at speaking English. など。「基礎学力の向上」improve students' basic scholastic proficiency，「習熟度レベル」level of proficiencyという形でも使われている。ほかに「英語がよく使える」という意味のhave a good command of Englishといったフレーズも，覚えておくと類似の英作文問題で使うチャンスがあるかもしれない。

　2では，「コミュニケーション能力の育成を図っていく指導の工夫が必要」「それは文法訳読中心の指導や教員の一方的な授業ではなく，英語をコミュニケーションの手段として使用する活動を積み重ねることによって可能となる」という形に文章を再構成して英文を作成している。文法問題や英文和訳問題などの練習問題はexercise。「教員の一方的な授業」は，「一方的に講義をする」と考えればlecture-based instruction。「学ぶ側主体の」「生徒主導の」という言葉はstudent-centered teachingと言われることから，「教員の一方的な授業」を「教える側主体の」「教員主導の」という意味でteacher-centered teachingという言葉も使える。

　「～の育成を図る」「～の習熟を図る」など，英語教育に関する和文英訳では，「生徒の能力を伸ばしていく」という意味の言葉が頻出する。この種の英単語のバラエティを増やしておくことは必須。strengthen, reinforce, enhanceのほかにcultivate, fosterなど。語彙に関してはbuild upも使える。また「指導の工夫」についても，teaching method, teaching strategy, teaching approach, ideaなど内容によって言葉を選びたい。

　ちなみに「英語が使える日本人」の英訳はJapanese with English Abilities。

例題 13

次の文を英訳せよ。

「英語が使える日本人」の育成は，日々子どもに接する教員の実践を通して実現されるものであり，教員の指導力のあり方は極めて重要なものである。英語をコミュニケーションの手段として使用する活動を積み重ね，これを通して，語彙や文法などの習熟を図り，「聞く」「話す」「読む」「書く」のコミュニケーション能力の育成を図っていく授業を，普段から主に英語で展開するためには，英語教員に一定の英語力及び教授力が必要となる。

CHECK! 例題12の応用編。頻出キーワードを駆使し，文章を区切って英文を練り上げよう。

解答例

Cultivating "Japanese with English Abilities" is realized through the practice of teachers who have daily contact with children. The teaching methods of such teachers are extremely important. A certain level of English ability and teaching ability is required of English teachers to conduct classes which aim to develop proficiency in terms of vocabulary and grammar through the repetition of activities where English is used as a means of communication and to foster communication abilities in "listening", "speaking", "reading" and "writing" through classes principally taught in English.

解説

『「英語が使える日本人」の育成のための行動計画』の別の箇所からの抜粋。この計画には似たような表現が多用されているので丹念に英語版を読み，使われている言い回しを自分のものにすることが大切。

例題 14

次の文を英訳せよ。

「生きる力」は「確かな学力」，「豊かな人間性」，「健やかな体」から構成され，これらの要素は独立して機能するのではなく，様々なかたちで複雑に作用し合っているのです。

CHECK! 「生きる力」をはじめとしたよく聞くキーワードを英語で頭に入れておくこと。文章そのものは難しくない。

解答例

"Zest for living" consists of "firm academic ability", "rich humanity" and "health and physical strength". These elements don't function independently but interact with one another in various complicated ways.

解説

「生きる力」はZest for livingとして訳が定着しているので必ず押さえておきたい。ほかの3つは,「学力」= academic performance, academic achievement,「豊かな人間性」= well-rounded character,「健やかな体」= healthy body, mental and physical healthなど他の言葉で英訳することも可能。「複雑に作用し合う」を affect intricately with one another とすると有機的に複雑に影響しあっているというニュアンスが表現できるが,使い慣れた言葉で書けばよい。

例題 15

異なった文型を使って,次の内容を表す英文を2文ずつ書け。

① おひさしぶりです。

② その本はとてもおもしろかったです。

CHECK! 近年よく出題されている形式。「異なった文型」という条件を守りながら文法的に誤りのない文を書く。

解答例

① I haven't seen you for a long time. / How have you been?

② I found the book very interesting. / The book was very interesting (to me).

解説

① I haven't seen you for a long time. は 第3文型。How have you been?は第2文型。

② I found the book very interesting. は 第5文型。 The book was very interesting (to me). は第2文型。

　ここで，英語の5文型をおさらいしておこう。

〈第1文型〉　S＋V

　Birds fly.（鳥が飛ぶ）

　※文の要素が主語と動詞のみの構造。

〈第2文型〉　S＋V＋C

　Tom is a doctor.（トムは医者です）

　※文の要素が主語と動詞と補語の構造。主語＝補語の関係が成り立つ。

〈第3文型〉　S＋V＋O

　I study math.（私は数学を勉強する）

　※文の要素が主語と動詞と目的語の構造。

〈第4文型〉　S＋V＋O＋O

　My father gave me this book.（私の父がこの本をくれた）

　※文の要素が主語と動詞と2つの目的語の構造。give, show などの限
　　られた動詞で用いられる。この文型は第3文型で言い換えられるこ
　　とが多い。My father gave me this book. は My father gave this
　　book to me. と言い換えられる。

〈第5文型〉　S＋V＋O＋C

　The news made us sad.（その知らせは私たちを悲しませた）

　※文の要素が主語と動詞と目的語と補語という構造。目的語＝補語の
　　関係が成り立つ。make, name などの限られた動詞で用いられる。
　　この文型は第2文型に書き換えられることが多い。The news made
　　us sad. は We were sad at the news. と書き換えられる。

　以上の5文型を念頭におきつつ，英文を作る。注意しておきたいのは，
「前置詞＋名詞」の句は，目的語ではないということである。例えば，I
listen to music.（私は音楽を聞く）という文は，「を聞く」という日本語か
ら music を目的語だと誤って考えてしまうことがある。しかし，「前置詞
＋名詞」の句は修飾句であって，文の要素にはならない。したがって，
この例文は第3文型ではなく，第1文型である。このような区別をしっか
りしておかないと，書いた英文が結果的に同じ文型になってしまってい
るという間違いをおかすことになるので注意が必要だ。

例題 16

異なった文型を使って，次の内容を表す英文を2文ずつ書け。

① 山田さんは英語を話すのが上手です。

② そのニュースを聞いて私はびっくりしました。

解答例

① Mr. Yamada speaks English well. / Mr. Yamada is a good speaker of English.

② I was surprised at the news. / The news surprised me.

解説

① Mr. Yamada speaks English well. は 第3文型。Mr. Yamada is a good speaker of English. は第2文型。

② I was surprised at the news. は 第2文型。The news surprised me. は第3文型。

例題 17

次の文章中の下線部を英訳せよ。

優れた放送文化は宗教や民族の壁をも越えて人々の心をつかむ。それを生み出すことができるのは，自由な発想と高い志をもつ人と組織である。NHKの改革論議も，そのような放送文化の最も大切な根幹を見失わないようにしたい。

(毎日新聞『余録』)

CHECK! この問題のように，新聞のコラムの一節を英作文させる問題がしばしば出題される。

解答例

Brilliant broadcasting culture attracts people regardless of their religious or ethnic background. People and organization with free-minded thinking and strong ambitions can produce such culture.

解説

まず，日本語で一番重要な骨組みを作ってみよう。「優れた放送文化は宗教や民族の壁をも越えて人々の心をつかむ」の部分の骨組みは「優れた放送文化は人々をひきつける」である。これはBrilliant broadcasting

culture attracts people. となる。次の「それを生み出すことができるの
は，自由な発想と高い志をもつ人と組織である」の部分の骨組みは「人
と組織がその文化を生み出す」である。これは People and organization
can produce the culture. となる。この骨組みに，修飾的な内容を加えて
いけば，解答例のような英文となる。

例題 18

次の文章中の下線部を英訳せよ。

　日本社会では，伝統的に，組織の意見が個人の考えよりも優先する傾
向があり，いったん自分の立場が決まると個人的な意見を抑えなければ
ならないという暗黙の規範もありました。

　他方，日本よりも個人主義的な傾向の強いアングロ・サクソンの文化
では，組織の意見と個人の意見は区別され，個人的見解を述べる自由が
保障されていたと言うことができそうです。

(本間正人『英語で鍛えるロジカルシンキング！』)

CHECK! 　日本語で書かれた抽象的な文章は長い場合が多い。英作文の
際には短い文に区切った方が分かりやすい。

解答例

　In the Japanese society, traditionally an organization's opinion
tended to be more important than an individual thought. There was
an unspoken rule that people must hold an individual opinion once
their position was decided.

解説

　解答例ではまず，下線部を「日本社会では，伝統的に，組織の意見が
個人の考えよりも優先する傾向があった」と「いったん自分の立場が決
まると個人的な意見を抑えなければならないという暗黙の規範もあった」
に分けた。その上で抽象的な内容をできる限り平易な表現を使って書け
ばよい。「日本社会では，伝統的に，組織の意見が個人の考えよりも優
先する傾向があった」は英語にしやすいように，「日本社会では伝統的に
組織の意見の方が個人の考えよりも重要であるという傾向にあった」と
する。細かな語感を伝えることを意識しすぎると，かえって全体として

意味不明な英文になってしまうことが多い。思い切って単純に言い切った方が高得点につながる。

例題 19

次の文章中の下線部を英訳せよ。

　<u>私はその人を常に先生と呼んでいた。だからここでもただ先生と書くだけで本名は打ち明けない。</u>これは世間を憚かる遠慮というよりも，その方が私にとって自然だからである。私はその人の記憶を呼び起すごとに，すぐ「先生」といいたくなる。筆を執っても心持は同じ事である。よそよそしい頭文字などはとても使う気にならない。

(夏目漱石『こころ』)

CHECK! 　小説など文学的文章の一節を英語にするという出題も目立つ。原文(日本語)の意味の中心を，シンプルな英文で表現することが重要だ。

解答例

I always called him *sensei*. So, I will not tell his name here but write just *sensei*.

解説

　文学的文章だからといって，英作文を文学的にする必要はない。日本語の意味をはっきりさせてから英文を作るようにした方が，解答の作成がスムーズになる。この文章で言えば，2つ目の「だからここでもただ先生と書くだけで本名は打ち明けない」という文は，①彼の名前は言わない，②先生とだけ書く，という2点が伝えるべき意味と言える。それをストレートに英語にすると解答例のようになる。シンプルにできるところはできるだけシンプルに書くことによって，分かりやすく誤りの少ない英文になる。例えば，「私はその人を常に先生と呼んでいた」の「その人」はthe personとするよりhimとした方がシンプル。また，「呼んでいた」で，わざわざ過去完了を使うよりは，単純にcalledと過去形にしてしまった方が分かりやすい。「先生」をどう英語にするか悩むところだ。直訳すればteacherだろうが，やや奇異だ。なぜならば，英語のコミュニケーションの中で，teacherと呼びかけることはないからだ。そこで日

本語をそのまま英文の中に入れることにする。その場合は，*sensei* のように斜字体にしておくとよい。

例題 20

次の文章中の下線部を英訳せよ。

　　子供は，烏賊というものを生れて初めて食べた。象牙のような滑らかさがあって，生餅より，よっぽど歯切れがよかった。子供は烏賊鮨を食べていたその冒険のさなか，詰めていた息のようなものを，はっ，として顔の力みを解いた。うまかったことは，笑い顔でしか現わさなかった。

(岡本かの子『鮨』)

CHECK! 　「初めて」は for the first time を使う。このような決まり文句はきちんと覚えて使っていきたい。

解 答 例

　The child had a squid for the first time. It was smooth like ivory and much easier to bite off than a rice cake.

解 説

　「生餅より，よっぽど歯切れがよかった」が難しい。「餅よりも，ずっとかみ切りやすかった」と単純化して考えるとよいだろう。

英作文　自由英作文

ポイント

　英語科の自由英作文の出題内容は「理想の教師像」「ALT」「辞書の使い方」などと幅広い。また形式や難易度，字数制限にもばらつきがある。内容を把握して語彙の強化に努めたい。

例題 1

平成29年3月に告示された「中学校学習指導要領　第2章　第9節　外国語」では，「生徒が英語に触れる機会を充実するとともに，授業を実際のコミュニケーションの場面とするため，授業は英語で行うことを基本とする。」と示されている。これを踏まえ，あなたが英語で授業を行うときに，気を付けるべきことについて，その理由も含めて，英単語50語以上70語以内で書け。

CHECK!　学習指導要領解説に示されている内容をまとめるようにする。

解答例

　For the purpose of students' positive use of English, teachers should use English positively in their lessons. Teachers' positive use of English during lessons in principle leads to the chance of students' using English and the real scene of communication through English. What affects greatly to the students' positive use of English is the teachers' attitude for their use of English and their activity during their lessons. (67語)

解説

　設問で示された中学校学習指導要領の解説では，「生徒が積極的に英語を使って取り組めるよう，まず教師自身がコミュニケーションの手段として英語を使う姿勢と態度を行動で示していくことが肝心である」という記述がある。また，授業を基本的に英語で行うことのポイントは，「英語に触れる機会」と「実際のコミュニケーションの場面」であるとの記述もある。このような内容をまとめればよい。

例題 2

あなたが外国人に知ってもらいたい日本の慣習を一つ挙げ，その理由を説明しながら70語程度の英語で書け。

CHECK! 字数制限に気を付けて文章の構成を考えることが重要である。

解答例

I want foreigners to know about the Japanese practice of removing shoes before entering homes. Traditionally, Japanese homes have tatami mats as flooring, and we tend to sit on them to do our daily activities. So keeping our floor clean is necessary. In addition, we feel more relaxed and refreshed when we take off our shoes. If we go barefoot, I think that we will be healthier. I'm sure they will like this Japanese custom. (75words)

解説

解答例では，日本では家に入る時に靴を脱いで，家の中では伝統的に畳の上で生活することについて記述している。第2文のsitからactivitiesまでは，to live our daily lives on themとしてもよい。また，第3文は，Thus, we must keep our floor cleanでも可能である。このように記述した場合には74語になる。

例題 3

グローバル化社会を生きるうえで，あなたが英語の授業を通じて生徒に身につけさせたい資質や能力として最も大切だと思うものを，一つ挙げ，その理由を付けて80語以上の英語で意見をまとめよ。

CHECK! 中学校(平成29年3月告示)及び高等学校(平成30年3月告示)学習指導要領の外国語科の目標の共通部分は，「外国語によるコミュニケーションにおける見方・考え方を働かせ，外国語による聞くこと，読むこと，話すこと，書くことの言語活動」である。この観点が重要であり，そのための具体的な記述が問われている。

解答例

I think that receptivity is one of the most important qualities to possess for students living in today's globalized society.

173

Through globalization we have more opportunities to interact and communicate with people from various backgrounds. In order to foster and maintain good relationships in today's cultural diverse society, we must be receptive to other cultures, religions, customs, and in general be open to different ways of thinking, even when they differ from and challenge our own way of thinking, or even our core values.

For this reason, I think we should place a strong emphasis on promoting receptivity among our students through our English lessons. (105 words)

解説

解答例では「受容性」を挙げている。「グローバル化した現代社会では，受容性が様々な文化的背景を持つ人々との相互理解に重要であり，異なる考え方を理解する助けになる。英語の授業を通じてそのことを強調していく。」と述べている。英文は，最初に結論を述べ，次にその理由を記述し，最後でまとめるという構成である。80語以上での記述が条件だが，上限は100語程度と考えてよい。

例題 4

授業で「自分の住んでいる町」というテーマで生徒にスピーチ原稿を作成させた。その原稿を使い，生徒同士の活動を通して文法や語彙・表現等を定着させるために，あなたならどのような授業を展開するか，具体例を挙げながら，あなたの考えを70語以上100語以内の英語で書け。

CHECK! 生徒が作成したスピーチ原稿を教材として使い，「文法や語彙を定着させる」ことが授業のねらいである。

解答例

I would do a pair work activity first. One student can give a speech to the other student and then change the roles. By doing so, both students will be able to use the grammar and expressions that they learned in class and deepen their understanding of them.

Next, I would move on to a group activity. This time students will have to speak to a larger audience and after the speech, he/she will be asked some questions. Through this interaction, they will have a better understanding of the grammar and expressions. (92 words)

(別解) I would record the students' presentations with a video camera and make DVDs of the presentations. After the students' presrntations, I would allow the class/them to watch all the DVDs together.

Students will be able to watch all the presentations including their own. By comparing thier presentations with others, they will be able to see the good points and bad points of their presentations. Other students will make some useful comments about the presentations. I think this will lead to a better understanding of grammar and expressions. (87 words)

解 説

最初の解答例のキーワードは，pair work, the grammar and expressions, deepen their understanding, group activity, interaction, better understanding of grammar and expressionsである。まずはペアワークで内容を相互に理解して，次にグループワークでそれらについて共有し，理解を深める流れである。別解では，キーワードは，make DVDs of the presentations, watch all the DVDs together, By comparing their presentations with others, better understanding of grammar and expressionsである。全員の発表をDVDに録画して全員で見ることにより，自分と他の者との比較を通して理解を深める流れである。いずれの方法も，自分の発表を他者と比較する点がポイントである。そうすることで，理解がより深まるのである。

例題 5

次のテーマについて，賛成か反対の立場を明確にしてあなたの意見を90語程度の英語で述べよ。

国際社会に生きる日本人として，生徒に英語によるコミュニケーション能力を身に付けさせることは重要である。

CHECK! 英文エッセイの問題。条件は，①賛成か反対かをはっきり述

べること，②90語程度で書くことの2点。

解答例

I think it's important to develop students' communication abilities in English. Globalization has been accelerating international competition and increasing the necessity of coexistence and cooperation with different cultures and civilizations. Students who are destined to survive such a world will have to have discussions with people from other countries on many occasions. They will be expected to maintain world peace by living in harmony with people from many nations and cultural backgrounds. This will be carried out by using English, which is used in most international conferences as an official language. (90語)

解説

このような英作文形式で意見を述べる場合，内容の適切さ，論の展開及び分量，語彙・文法の適切さを考えて述べていく。特に論の展開が重要である。

例題 6

次の英文を読み，あなたの意見を英語でまとめよ。なお，使用した語数を書け。

Some people believe that children of different levels of academic achievement should be taught together. Do you agree or disagree with this statement? Write your opinion in English in about 80 words, giving at least one concrete example to support your opinion.

CHECK! 自分の意見を述べる英作文では，まず自分がどちらの立場に立つのかを必ず明らかにし，最後まで立場を変えずに述べなければならない。

解答例

(賛成の場合の解答例) I agree with this statement. I think teaching together makes no one feel inferior because the students are not divided into different groups according to their ability. Furthermore, superior students may have some opportunities to teach inferior students, which enables both to understand better. A certain survey shows that in a class based on the degree of academic achievement, superiors tend to see their peers as inferior students, which leads to an undesirable relationship between them. Therefore, I agree with this statement. (82語)

(反対の場合の解答例) I disagree with this statement. I think dividing by level is a better way to improve students' abilities because they are taught according to their degree of academic achievement. Teachers can teach more effectively if students' abilities are almost the same, which enables teachers to teach more difficult content. Students will be satisfied with the method of teaching and gain confidence in their ability. Teaching together will deprive students of their eagerness to learn because they would get bored with the class. Therefore, I disagree with this statement. (88語)

解 説

　学力の熟達度が違う子どもたちを一緒に指導すべきかどうかについての問題である。この問題において賛成の場合，熟達度の高い生徒が低い生徒に教えることができ，相乗効果が得られること，反対の場合，教師としては学力が等質な子どもに指導した方が効果的であるということ，などが挙げられる。

例題7

次の英文を読んで，自分の意見を100語程度の英語で述べよ。

　The education ministry has told the nation's prefectural boards of education to instruct primary and middle school authorities to ban students from bringing cell phones to school. It also has called for improvement in the education of morals related to communications.

　Many schools have taken similar steps. As of December 2008, 94 percent of publicly run elementary schools and 99 percent of publicly run middle schools prohibited students from taking cell phones to school. Twenty-four of the nation's 47 prefectural boards of education and 510 of the nation's 1,826 municipal boards of education have instructed school authorities to give students proper guidance on the use of cell phones.

What do you think about education ministry's policy? Please give two reasons with concrete examples to clarify your idea.

CHECK! ①賛成か，反対か，自分の立場をはっきり決める。②意見を最初に書き，次に理由を書く。

解答例

(賛成の場合の解答例) I agree with the idea. One reason is that cell phones are not necessary in the classroom. I'm sure that children who are addicted to their cell phones cannot pay attention in their classes while they are supposed to be studying.

Another reason is that the use of cell phones could cause trouble. Banning the use of cell phones at schools might reduce incidents of Web site bullying or lead to a decrease in the number of students falling victim to crimes.

We need to save children from addiction to cell phones and prevent them from becoming crime victims. That's why I agree with the ideas. (106語)

(反対の場合の解答例) I disagree with the idea. One reason is that cell phones could be effective in preventing children from falling victim to crimes. Some parents give their children cell phones because they are worried about their safety.

Another reason is that banning the use of cell phones at school is not likely to produce positive improvements. Although some people are worried about the rise in cases of bullying that is conducted through cell phones, I think that we should strive to make children more aware of how their words can harm others and how they can prevent themselves from becoming crime victims, rather than just banning students from bringing cell phones to school. (112語)

解 説

　携帯電話をめぐる規制に関して，自分の意見を英語で述べる問題である。解答例では賛成と反対の両方の立場を示している。教育界で問題となっている事柄は問題として使われることが多い。

例題 8

ネイティブスピーカーの活用はどのような意味で意義があるか。60語以内の英語で述べよ。

CHECK! 　learn living English (生きた英語を学ぶ)／familiarize oneself with foreign languages and cultures (外国語や外国文化等に親しむ)／motivation for English learning (英語学習へのモティベーション)を中心にまとめてみよう。

解 答 例

　A native speaker of English provides a valuable opportunity for students to learn living English and familiarize themselves with foreign languages and cultures. To have one's English understood by a native speaker, increases the students' joy and motivation for English learning. In this way, the use of a native speaker of English has great meaning. (55語)

解 説

　(日本語版原文)ネイティブスピーカーの活用は，生きた英語を学ぶ貴重な機会であるとともに，外国語や外国文化等に親しみ，自分の英語がネイティブスピーカーに通じたという喜びと英語学習へのモティベーション(動機づけ)を高めるなどの意味で，大きな意義を有する。

　「『英語が使える日本人』の育成のための行動計画」(英語版)からネイティブスピーカーについての部分をまとめた。ネイティブスピーカーやALTに関する出題は多い。基本的な考え方と，具体的な指導法などについて英語でまとめられるようにしておきたい。

例題 9

高等学校のライティングの指導においては，手紙やeメールなどで，実際にコミュニケーションする機会をもうけるべきか。あなたの考えを，その理由とともに英文で説明せよ。ただし，以下の条件を守ること。

条件① 150語以内の英文で書くこと。

条件② 高校生が理解できる簡単な表現で書くこと。

CHECK! 論理の展開がはっきり分かるエッセイを書こう。

解答例

Should English teachers give their students opportunities to have actual communications through such methods as English letters or emails? Some teachers might think they should make students work only on grammar exercises. However, I think actual communications are essential for fostering students' writing skills for two reasons : First, actual communications give students strong motivation for learning English writing. Students will think they are able to communicate in English when they get reply from English speakers. Such experience must give them confidence and motivation. Second, actual communications are very effective for learning English writing. Students will try to find a proper expression when they don't know how to express what they really want to say in English. After using the expressions they have found for themselves, they will never forget them. For these reasons, I think teachers should give their students real communication opportunities. (142語)

解説

(全訳)

英語の教師は，手紙やeメールなどで実際にコミュニケーションする機会を生徒に与えるべきだろうか。生徒に文法の学習だけに取り組ませるべきだと考える教師もいるかもしれない。しかし，私は2つの理由から，実際のコミュニケーションは生徒のライティングの力を養うために不可欠だと考える。第一に，実際のコミュニケーションは，生徒たちに英文ライティングの学習への強いモティベーションを与える。英語を話

す人から返事をもらったときに，生徒たちは英語で意思の伝達ができるんだと思うだろう。このような経験は彼らに自信とやる気を与えるに違いない。第二に，実際のコミュニケーションは英文ライティングの学習にとって大変効果的だ。生徒たちは，自分が本当に言いたいことを英語で何と言えばよいか分からないときに，適切な表現を見つけようとするだろう。自力で見つけた表現を使った後には，彼らはそれらを忘れることがないだろう。これらの理由から，教師は実際のコミュニケーションの機会を生徒に与えるべきだと私は考える。

英文エッセイの一般的なセオリーには次のようなものがある。

① 1文は8語〜18語

多少の例外があるにせよ，要するに「長すぎてはいけない」ということである。しばしば「英文エッセイはKissで」と言われる。Keep it simple and short. ということである。

② Introduction，Body paragraph，Conclusionの3部構成

導入部・主要部・結論，という3つの部分から構成する。そして，それぞれの部分の役割や文の数が通常決まっている。通常，Introductionは3〜4文，Body paragraphは6〜8文，Conclusionは3〜4文である。Body paragraphは書く内容によって，2段落や3段落になる。

さて，問題は，教員採用試験の自由英作文での書き方である。この試験の場合，語数制限が，多くて200語，たいていは100語程度である。したがって，5〜10文程度しか書けない。ここで問題が起こる。5〜10文程度では，上述した一般的なセオリーで，英文エッセイを書き切ることが不可能という問題である。では，セオリーを無視して非論理的に書けばよいかといえば，当然そうではないだろう。

求められる書き方は，英文エッセイのセオリーを生かした論理的な書き方である。以下に，例題9の解答をモデルとして，少ない語数での論理展開の一例を説明する。

例題9の解答は，1段落で9の文で書かれている。この9の文の中に，通常の英文エッセイのIntroduction，Body paragraph，Conclusionの3部構成を凝縮した。

Introduction

　通常の英文エッセイでのイントロダクションの役割は①「問い」の提示と，それに対する②「自分の結論」の提示である。一言で言うと，英文エッセイは，「問い」に対する「答え」を論理的に書く文章である。その「問い」が何であるかをまず，はっきり書く。通常，疑問文の形で冒頭に書かれる。この「問い」について，自分の結論以外の意見や事実を述べる文が後に続く。そして，自分の結論を書く。イントロダクションに「自分の結論」が書かれる点は非常に重要だ。例題9で見てみよう。

□「問い」の提示の文は以下である。

　Should English teachers give their students opportunities to have actual communications through such methods as English letters or emails? (英語の教師は，手紙やeメールなどで実際にコミュニケーションする機会を生徒に与えるべきだろうか)

□以下の文は，「問い」を受け，「自分の結論」への準備をする。

　Some teachers might think they should make students work only on grammar exercises. (生徒に文法の学習だけに取り組ませるべきだと考える教師もいるかもしれない)

□次が「自分の結論」を提示する文である。

　However, I think actual communications are essential for fostering students' writing skills for two reasons: (しかし，私は2つの理由から，実際のコミュニケーションは生徒のライティングの力を養うために不可欠だと考える)

※このように，いくつかの例を列挙する場合は文尾にコロン[:]を置き，順番に例を挙げていく。

Body paragraph

　通常の英文エッセイでの主要部の役割は，Introductionで示した自分の結論の理由を述べることである。通常はBody paragraphの段落は6〜8文で構成される。最初に，この段落で述べる内容をまとめたtopic sentenceが置かれ，それに続いて具体例がいくつかの文を使って述べられる。Body paragraphは連続した2から3程度の段落で書く。しかし，

教員試験は，語数制限から，このような方法でBody paragraphを書くことができない。そこで，topic sentenceをはっきり書き，それをサポートする文を簡潔に書く。例題9で見てみよう。

☐以下の文が1つ目のtopic sentenceである。第一の理由が書かれる。

First, actual communications give students strong motivation for learning English writing. (第一に，実際のコミュニケーションは，生徒たちに英文ライティングの学習への強いモティベーションを与える)

☐以下の2つの文は第一の理由をサポートする。

Students will think they are able to communicate in English when they get reply from English speakers. (英語を話す人から返事をもらった時に，生徒たちは英語で意思の伝達ができるんだと思うだろう)

Such experience must give them confidence and motivation. (このような経験は彼らに自信とやる気を与えるに違いない)

☐そして，2つ目のtopic sentenceで第二の理由が書かれる。

Second, actual communications are very effective for learning English writing. (第二に，実際のコミュニケーションは英文ライティングの学習にとって大変効果的だ)

☐以下の2つの文は第二の理由をサポートする。

Students will try to find a proper expression when they don't know how to express what they really want to say in English. (生徒たちは，自分が本当に言いたいことを英語で何と言えばよいか分からないときに，適切な表現を見つけようとするだろう)

After using the expressions they have found for themselves, they will never forget them. (自力で見つけた表現を使った後には，彼らはそれらを忘れることがないだろう)

Conclusion

☐結論の文は以下である。

For these reasons, I think teachers should give their students real communication opportunities. (これらの理由から，教師は実際のコミュニケーションの機会を生徒に与えるべきだと私は考える)

　少ない語数とはいえ，英文でのエッセイである以上，セオリーを生かした論理的な文章を書く練習をしておきたい。

例題 10

次のような場合にはどのような Classroom English を使うか。英語で答えよ。

(1)　出席を取るとき。

(2)　この前の授業の復習をすることを知らせるとき。

(3)　教科書の89ページを開くように指示するとき。

(4)　この it は何を指すかをたずねるとき。

(5)　物語を聞いてあらすじを聞き取るように言うとき。

(6)　プリントを集める際に，名前が記入されているか確認させるとき。

CHECK!　　Classroom English とは英語学習の際に主に，先生が生徒に対して指示を出す際に用いる英語表現のこと。シンプルで分かりやすい英語で指示することが大切だ。毎年のように出題されている問題なのでしっかり準備しておきたい。

解 答 例

(1)　I'm going to call the roll now.

(2)　Let's review the last lesson.

(3)　Open your textbook to page eighty-nine.

(4)　What does this "it" show?

(5)　I'll tell you a story. Please listen carefully to get the outline of it.

(6)　I'd like to collect your handouts now. Please make sure your names are on them.

解 説

　(1)「出席を取る」は call the roll が教室英語としては一般的。　(2)「復習する」は review。　(3)「89ページを」は to page eighty-nine。to という前置詞の使い方を覚えておきたい。　(4)「指す」は show や mean が使える。　(5)「あらすじ」は outline。　(6)「プリント」は handout。このように，カタカナをそのまま print などと英語にすると不自然になるものには十分注意が必要だ。

例題 11

次のような場合，英語でどのように声かけをするか。英語で書け。

(1) 欠席者を確かめたいとき。

(2) CDをしっかり聴くように指示するとき。

(3) 単語(difficult)の綴りをたずねるとき。

(4) 声が小さくて，聞き取れなかったとき。

(5) 必要なら辞書を使ってもよいことを伝えるとき。

(6) みんなの前でスピーチした生徒をほめるとき。

CHECK! 問題文を理解した上で，相手にどのような働きかけをすれば必要な情報が得られるかイメージし，英語だとどのように表現するか思い浮かべる。

解 答 例

(1) Is anyone absent today?

(2) Listen to the CD carefully.

(3) How do you spell "difficult"?

(4) Can you say it louder?

(5) You can use your dictionary if necessary.

(6) Your speech is very good. You did a great job.

解 説

(1) 「欠席する」はbe absentが一般的だ。欠席者の名前を確かめるならWho is absent?となる。 (2) 「〜を聴く」はlisten to。toを忘れずに。(3) 「綴る」は動詞spell一語で済む。「綴り」と名詞にして，"What is the spelling of "difficult"?"としてもよい。 (4) 「もっと大きく」はlouderである。 (5) 「必要なら」はif necessary。設問の場合，if you need toとしてもよい。 (6)「よくできました」はa great jobでよい。

例題 12

生徒に対し英語で問いかけ，生徒に英語で答えさせる授業を行うものとする。以下のような状況でどのように英語で問いかけるか，6単語以内の英語で，先生のセリフを書け。

〈状況〉 生徒に何のスポーツが好きか聞き，生徒から答えを引き出した

い。ただし生徒は最初，What sport do you like?という質問を容易には理解できないものとする。解答はWhat sport do you like? で始め，先生のセリフのみを書け。

CHECK! 「何のスポーツが好きですか」という質問自体を理解していない状況から，どのように質問を分からせるかがポイント。難しい単語や言い回しを使ったりすると，さらに分からなくなる点に注意が必要だ。

解答例

What sport do you like?
I like soccer.
What sport do you like?
Baseball? Basketball?
What sport do you like?

解説

What sport do you like? が何についての質問なのかを分からせたいという状況だ。解答例では，まず，What sport do you like? と聞いた上で，先生自身がI like soccer. と答えている。これにより，生徒はsoccerという単語からスポーツが話題であることが理解しやすくなる。その上でWhat sport do you like? と再び聞き，今度はBaseball? Basketball? と具体例を挙げている。これによりさらに，「何のスポーツが好きですか」と聞かれていると理解しやすくなる。

例題 13

生徒に対し英語で問いかけ，生徒に英語で答えさせる授業を行うものとする。あとのような状況でどのように英語で問いかけるか，6単語以内の英語で，先生のセリフを書け。

〈状況〉 生徒に何の果物が好きか聞き，生徒から答えを引き出したい。ただし生徒は最初，What fruit do you like? という質問を容易には理解できないものとする。解答はWhat fruit do you like? で始め，先生のセリフのみを書け。

CHECK! 「何の果物が好きですか」という質問自体を理解していない状

況から，どのように質問を分からせるかがポイント。

解答例

What fruit do you like?

I like oranges.

What fruit do you like?

Strawberries? Apples?

What fruit do you like?

解 説

例題12と同様の問題。What fruit do you like? が何についての質問なのかを分からせたいという状況だ。解答例では，まず，What fruit do you like? と聞いた上で，先生自身がI like oranges. と答えている。これにより，生徒はorangesという単語から果物が話題であることが理解しやすくなる。その上でWhat fruit do you like? と再び聞き，今度はStrawberries? Apples? と具体例を挙げている。これによりさらに，「何の果物が好きですか」と聞かれていると理解しやすくなる。

例題 14

不定詞を用いて自分の考えや気持ちを表現できることを目標とする単元において，授業の最後に「将来の夢」というテーマのスピーチ活動を設定しました。あなたなら，どのようなモデルスピーチを生徒に提示しますか。英語で答えよ。

CHECK! 　モデルスピーチの作成で注意したいのは，①使わせたい用法を含むこと，②生徒がまねをしやすいようなスピーチにすること，③文法的な誤りやスペルミスをしないことである。

解答例

Hello, everyone. I want to be a teacher. I want to teach English in junior high school. I study English hard to speak English well.

解 説

モデルスピーチなので，生徒のレベルに合わせる必要がある。平易な単語，単純な文法の英文を作るように心がけたい。

(解答例の全訳)　皆さん，こんにちは。私は先生になりたいです。私は

中学校で英語を教えたいです。私は英語を上手に話すために英語を一生懸命勉強します。

例題 15

英語で自分の意見を主張できるようになることを目標とする単元において，授業の最後に「中学生が携帯電話を持つことについて」というテーマでエッセイを書くアクティビティーを設定しました。あなたなら，どのようなモデルエッセイを生徒に提示しますか。英語で答えよ。

CHECK! モデルであるので，生徒が理解しやすくまねしやすいということを重視して書くようにしたい。構成がはっきり分かる文章を書くことが一番重要だ。

解答例

　I think junior high school students should have cell phones. There are two reasons.

　First, cell phones are convenient. We can talk to one another about club activities or homework after school.

　Second, cell phones are useful. We can catch signals when an earthquake occurs.

　As a conclusion, junior high school students should have cell phones.

解説

　意見を主張するエッセイなので，①最初に自分の意見を書く，②複数の理由を順序だてて書く，③最後に結論をまとめる，という構成で書くとよい。

(解答例の全訳)　中学生は携帯電話を持つ方が良いと思います。理由は二つあります。

　第一に，携帯電話は便利です。クラブ活動や宿題について放課後お互いに話し合うことができます。

　第二に，携帯電話は役に立ちます。地震が起きたときシグナルを受けられます。

　結論として，中学生は携帯電話を持つべきです。

例題 16

高校生がSNS(ソーシャル・ネットワーキング・サービス)を利用することについて, 良い面と悪い面の両方を挙げながら, あなたの考える改善策を150語程度の英語で書け。

CHECK! 時事的要素を含んだ問題である。読みやすく説得力のある英文にする。

解 答 例

These days, social networking services called SNS are becoming the main means of communication for high school students. There are both advantages and disadvantages to them using SNS.

One of the advantages is that SNS make it possible to communicate with all kinds of people easily. For example, some Japanese students exchange messages with foreign students through Facebook. They can learn about different cultures, and learn new opinions on common social issues.

On the other hand, there have been a lot of troubles caused by SNS. Some students get bullied on LINE, because it allows people to post terrible comments in a closed community. What's worse, others may get involved in illegal activities with adults through SNS.

Therefore, I believe that it is important for high school students to learn how to use SNS properly. Parents can discuss the rules and manners of using it with their children and schools can offer classes to teach them its risks. (158 words)

解 説

第1段落では高校生とSNSの現状について述べていて, 導入となっている。第2段落では良い面(advantages)について述べている。ここでは, For example以下で具体例を示している。第3段落では悪い面(disadvantages)について述べているが, disadvantageという単語は使わず, thereからSNSまでの文章で「悪い面」という意味を表している点に注意。また, Some以下で第2段落と同様に具体例を述べている。第4段落では, I believeからproperlyまでで結論を述べ, さらにParents以下

でその具体策を記述している。

例題 17

次のトピックについての立場を明らかにした上で，英語で自分の考えを述べよ。ただし，語数は80語以上とし，コンマ・ピリオド等は語数に含めない。また，使用語数を必ず記入すること。

Topic: "Volunteer work should be compulsory for high school students."

CHECK! まずは賛成か反対かの立場を明確にし，なぜそう主張するのか理由を明記することが必要である。

解答例

(賛成の場合の解答例) I agree with this statement. I have two reasons for this. First, high school students are old enough to care not only about themselves but also about other people. So, when a disaster or an emergency occurs, they can be a big help. In order to prepare for such situations, volunteer work would be a good way for high school students to foster the idea of caring about others and contributing to society. Second, through volunteer experience, high school students can acquire some skills and attitudes necessary for their future jobs and can also be a promising workforce in the future. In volunteer work, students should understand what is needed and cooperate with other people. Through volunteer work, every student can obtain the opportunity to learn such skills. For these reasons, I agree that all high school students should be forced to do volunteer work. (145語)

(反対の場合の解答例) I disagree with this statement. First, volunteer work should be done voluntarily when students want to help others or contribute to society. And when they do so, they can feel some joy. If students are forced to do the work, they may lose the joy of volunteering. Next, if volunteer work is compulsory, students will do it because teachers or schools tell them to do so, or the work is necessary for graduation. However, that is not what schools and

190

teachers should do. What is important is that schools and teachers should teach students to make decisions on their own. Volunteer work is done on a voluntary basis and people who are not willing to do should not be forced to do it. For these reasons, I don't agree with the statement. (132語)

解 説

　解答例では賛否両方の英文が示されている。賛成の場合を検証してみると，まずはI agree with…で立場を明確にしている。次に，I have two reasons for thisと述べて主張の理由を記述している。さらに続けて，First及びSecond という表現で具体的な理由を記している。ここでは，Through volunteer work という書き出しで，いわば補足をしていると考えてよい。最後に，For these reasons 以下でまとめている。日ごろから，さまざまなテーマにつき，賛否いずれの立場でも自分の考えをまとめられるように準備をしておくことが望ましい。特に学校活動や教育問題については，自分の意見をしっかり持っておく必要がある。

第 3 章

長文読解

長文読解 空所補充型

次の英文は，2人の英語教員(Mr. Sato，Ms. Tanaka)とALT(Mr. Hill)の会話の一部である。あとの各問いに答えよ。

Mr. Sato : Today one of my students asked me the question, "Why do we have to study English?" I started teaching English at this senior high school in April. This was the first time I have been asked such a question. I was so confused, and I didn't know what to say.

Mr. Hil : So, what did you do?

Mr. Sato : Well. I said, "English is an important language for everyone, and you should study it."

Ms. Tanaka : Hmm... English is an important language.... I think you should have said something different. This is a difficult but inevitable question for English teachers. Mr. Hill, I heard you began to study Japanese when you were a junior high school student. Now you speak Japanese fluently. Why did you start studying Japanese in the first place?

Mr. Hill : Well, I like Japanese manga very much. At first, I read Japanese manga written in English. Then I wanted to read them in Japanese. That's why I started to study Japanese. Mr. Sato, why did you decide to study English and become an English teacher?

Mr. Sato : When I was a junior high school student, I talked with an ALT in an English class for the first time. My friends and I asked him some questions about his country. Of course, I made a lot of errors in the lesson, but he could still understand what I wanted to say in English. It was a lot of fun. Since then, I have enjoyed studying English.

I want to share my experience with a lot of students so that is why I became an English teacher.

Mr. Hill : Mr. Sato, you had a wonderful experience. You were able to communicate with someone in English, which gave you motivation, right?

Mr. Sato : Yes. I think [a] is important when students learn English.

Mr. Hill : That's true. I wanted to read Japanese manga in Japanese, so, I began to study Japanese. If students have better reasons for learning English, [1]. As for me, I was able to communicate with a lot of Japanese people about Japanese manga. I could also understand Japanese culture and different ways of thinking through communicating with Japanese people.

Mr. Sato : I see. When we learn foreign languages, we can experience different cultures and discover different ways of thinking.

Ms. Tanaka : When I became an English teacher, I didn't have chances to talk with ALTs during English lessons. Today, we have a lot. [2] now.

Mr. Hill : Of course, students can use more English now in lessons. They sometimes make errors, but they enjoy talking with me.

Mr. Sato : If they can communicate with others in English, they feel [b]. These students tend to be eager to use English in lessons.

Ms. Tanaka : The student who asked you that question today may not be good at English.

Mr. Sato : Exactly. That might be the reason why he asked that question.

Ms. Tanaka : Mr. Sato, what kind of English lessons do you want to have for students who aren't good at English like him?

Mr. Sato : Well, I want to make English lessons that will [c] them to study English.

Ms. Tanaka : Do you have any ideas?

Mr. Sato : Yes. I think the only way for students to gain confidence is to keep making small efforts. [3]. For example, students could practice ordering pizza on the phone, or asking their friends to the movies. If they achieve these goals, they will be actively learning English.

Ms. Tanaka : Mr. Sato, that's a good idea. It would be better to put such activities in your English lessons.

Mr. Hill : I agree with you, too. I want to try this in our English lessons.

Mr. Sato : Thank you, Mr. Hill. If other students ask me that same question, I'll be able to answer it better.

問1 [a]～[c]に入る語の組合せとして最も適切なものを，次の1～4のうちから1つ選べ。

1　a　purpose　　　b　indifferent　　c　enchant
2　a　motivation　　b　confident　　c　encourage
3　a　motivation　　b　indifferent　　c　encounter
4　a　purpose　　　b　confident　　c　ensure

問2 [1]に入る最も適切なものを，次の1～4のうちから1つ選べ。

1　they will correct their errors whenever students make mistakes in English

2　they think about good communicative activities for foreign people

3　they conduct language activities in each lesson so that they can use English

4　they will be more likely to work hard and keep studying English

問3 [2]と[3]に入る最も適切なものを，それぞれ次の1～6のうちから1つ選べ。

1 English teachers have to make their lessons unenjoyable

2 Speaking both English and Japanese would be better for students

3 Students can communicate in English with ALTs and English teachers

4 The bilingual experience appears to influence our ways of living in the past

5 English teachers should teach English grammar for better communication

6 To accomplish this, students should communicate in English using real world examples

|解答|

問1 2　　問2 4　　問3 [2] 3　　[3] 6

|解説|

問1 a　生徒が英語を学ぶときに大切だとサトウ先生が考えているのは，motivation「モチベーション」。

　　 b　生徒は他人と英語でコミュニケーションをとることができると，どのように感じるか。confident「自信に満ちた」。

　　 c　サトウ先生は，生徒に英語を勉強するよう促すような授業をしたいと考えている。encourage O to ～「O が～するよう励ます」。

問2 「生徒たちに英語を学ぶ十分な理由があれば」に続く文。4の「彼らはより一生懸命に取り組み，英語を学び続けるだろう」が適切。

問3 空所2の直前は，以前と比べると今は授業中に英語を話す機会が多いという文脈。3の「生徒たちは ALT や英語教師と英語でコミュニケーションをとることができる」が正解。

　　　空所3の直後では，電話でピザを注文する練習や友人を映画に誘うなど具体的なコミュニケーションの場面例が挙げられている。よって6の「これを達成するために，生徒は実例を使い英語でコミュニケーションするべきだ」が正しい。

例題 2

次の英文を読み，(1)～(4)の問いに答えよ。

When Tom Shicowich's toe started feeling numb in 2010, he brushed it off as a temporary ache. At the time, he didn't have health insurance, so he put off going to the doctor. The toe became infected, and he got so sick that he stayed in bed for two days with what he assumed was the flu. When he finally saw a doctor, the ① immediately sent Shicowich to the emergency room. Several, days later, ② amputated his toe, and he ended up spending a month in the hospital to recover.

Shicowich lost his toe because of ③ of Type 2 diabetes as he struggled to keep his blood sugar under control. He was overweight and on diabetes ④ , but his diet of fast food and convenient, frozen processed meals had pushed his disease to life-threatening levels.

After a few more years of trying unsuccessfully to treat Shicowich's diabetes, his doctor recommended that he try a new program designed to help patients like him. Launched in 2017 by the Geisinger Health System at one of its community hospitals, the Fresh Food Farmacy provides healthy foods—heavy on fruits, vegetables, lean meats and low-sodium options—to patients in Northumberland County, Pennsylvania, and teaches them how to incorporate those foods into their daily diet. Each week, Shicowich, who lives below the federal poverty line and is food-insecure, picks up recipes and free groceries from the Farmacy's food bank and has his nutrition questions answered and blood sugar monitored by the dietitians and health care managers assigned to the Farmacy. In the year and a half since he joined the program, Shicowich has lost 60°lb., and his *A1C level, a measure of his blood sugar, has dropped from 10.9 to 6.9, which means he still has diabetes but it's out of the dangerous range. "It's a major, major difference from where I started from," he says.

"It's been a life-changing, lifesaving program for me."

Geisinger's program is one of a number of groundbreaking efforts that finally consider food a ⑤ part of a patient's medical care— and treat food as medicine that can have as much power to heal as drugs. More studies are revealing that people's health is the sum of much more than the medications they take and the tests they get— health is affected by how much people sleep and exercise, how much stress they're shouldering and, yes, what they are eating at every meal. Food is becoming a particular focus of doctors, hospitals, insurers and even employers who are frustrated by the slow progress of drug treatments in reducing food-related diseases like Type 2 diabetes, heart disease, hypertension and even cancer. They're also encouraged by the growing body of research that supports the idea that when people eat well, they stay healthier and are more likely to control chronic diseases and perhaps even avoid them altogether. "When you prioritize food and teach people how to prepare healthy meals, *lo and behold, it can end up being more impactful than medications themselves," says Dr. Jaewon Ryu, interim president and CEO of Geisinger. "That's a big win."

The problem is that eating healthy isn't as easy as popping a pill. For some, healthy foods simply aren't available. 【A】 So more hospitals and physicians are taking action to break down these barriers to improve their patients' health. 【B】 In cities where fresh produce is harder to access, hospitals have worked with local grocers to provide discounts on fruits and vegetables when patients provide a "prescription" written by their doctor; the Cleveland Clinic sponsors farmers' markets where local growers accept food assistance vouchers from federal programs like *WIC as well as state-led initiatives. 【C】 And some doctors at Kaiser Permanente in San Francisco hand out recipes instead of (or along with) prescriptions for their patients, pulled from the organization's Thrive Kitchen, which also provides low-cost monthly cooking classes for members of its health plan. Hospitals and clinics across the country have also visited Geisinger's program to learn from its success.　【D】

　But doctors alone can't accomplish this food transformation. ⑥[but / that / healthier members / also / only / avoid / recognizing / live longer / not] expensive visits to the emergency room, insurers are starting to reward healthy eating by covering sessions with nutritionists and dietitians. In February, Blue Cross Blue Shield of Massachusetts began covering tailored meals from the nonprofit food program Community Servings for its members with congestive heart failure who can't afford the low-fat, low-sodium meals they need. Early last year, Congress assigned a first ever bipartisan Food Is Medicine working group to explore how government-sponsored food programs could address hunger and also lower burgeoning health care costs borne by Medicare when it comes to complications of chronic diseases. "The idea of food as medicine is not only an idea whose time has come," says Dr. Dariush Mozaffarian, a cardiologist and the dean of the Friedman School of Nutrition Science and Policy at Tufts University. "It's an idea that's absolutely essential to our health care system."

*lb : pound
*A1C : hemoglobin A1C
*lo and behold : look and see
*WIC : Special Supplemental Nutrition Program For Women, Infants, and Children

(TIME March 4, 2019　より引用)

(1)　本文中の〜に入る語の組み合わせとして最も適当なものを次のA〜Dから1つ選び, 記号で答えよ。

	①	②	③	④
A	physician	surgeons	medications	complications

B	surgeons	physician	medications	complications
C	physician	surgeons	complications	medications
D	surgeons	physician	complications	medications

(2) 本文中の ⑤ に入る最も適当なものを次のA〜Dから1つ選び，記号で答えよ。

A evaluative   B critical   C desperate   D negative

(3) 次の英文を入れるのに最も適当な箇所を本文の【A】〜【D】から1つ選び，記号で答えよ。

And if they are, they aren't affordable.

(4) 下線部⑥の[ ]内の語句を意味が通るように並べかえよ。ただし，文頭に来る語も小文字で示してある。

【解答】

(1) C   (2) B   (3) A   (4) Recognizing that healthier members not only live longer but also avoid

【解説】

食べ物が健康において果たす役割について述べている文章である。

(1) Shicowich氏はインフルエンザだと思い，2日間ベッドにいたと第1段落の3文目に述べられている。そのため，最初は①physician「内科医」に診てもらったことが推測される。しかし，すぐに緊急治療室に運ばれ，数日後足指を切断したとあるので，次に②surgeons「外科医」が診断を下したと考えられる。つまり，③complications「合併症」のために足指を失い，肥満で糖尿病の④medications「薬物治療」を行ったということがわかる。

(2) 第4段落の1文目にあるダッシュの前後が似た意味のことを述べている。ダッシュの直後は，「食べ物を，薬と同じくらいに治す効果があるものとして扱う」という意味である。そのため，⑤には「重要な意味を持つ」という意味のcriticalが入る。

(3) affordableとは「値段が手頃である」という意味。挿入すべき語句の"And if they are"の後ろには【A】の直前にあるavailableが省略されている。つまり「入手可能であったとしても，値段が手頃ではない」という意味の表現である。

(4) 下線部の後に主節が来ているが，下線部には副詞節を導く接続詞がない。そのため分詞構文を使う。not only ~ but also …を使って2つの動詞を結びつける。

例題 3

次の(1)，(2)に示す二つの英文は，*Jeremy Harmer* が著書 *The Practice of English Language Teaching* で述べているものである。

(1) 次の英文は，"The CEFR levels" について説明している一部である。この英文を読んで，本文中の　　　に当てはまる語句として最も適切なものを，あとの①～⑤から1つ選べ。

The CEFR levels

The Common European Framework of Reference (CEFR) was the result of collaboration between the Council of Europe and the Association of Language Testers in Europe (ALTE). It proposes a six-level frame of reference to describe ⬚. Originally designed to take account of the plurality of languages within Europe (the levels are equally applicable to any language), the CEFR has become widely referenced in many different parts of the world.

The six levels of the CEFR are A1 (breakthrough or beginner), A2 (waystage or elementary), B1 (threshold or intermediate), B2 (vantage or upper-intermediate), C1 (effective operational proficiency or advanced), and C2 (mastery or proficiency). They do not all describe equally long stretches of ability (which has led some to come up with labels such as B1 + , etc.) but what makes them special is that they are described not in terms of linguistic elements, but instead in terms of 'can do' statements, which describe what people are able to do with the language. Thus at the A1 level, a speaker 'can introduce himself/herself and others and can ask and answer questions about personal details such as where he/she lives, people he/she knows and things he/she has'.

At the B1 level, students 'can deal with most situations likely

---

to arise while travelling in an area where the language is spoken' whilst at the C1 level, they can 'express ideas fluently and spontaneously without much obvious searching for expressions' and 'can use language flexibly and effectively for social, academic and professional purposes'. When students have reached 'mastery or proficiency' (that is the C2 level) they can 'express themselves spontaneously, very fluently and precisely, differentiating finer shades of meaning even in the most complex situations'.

① what people are able to do with the CEFR
② what teachers at the different levels are able to teach
③ how students at the same levels are able to learn
④ how teachers at the same levels are able to teach
⑤ what students at the different levels are able to do

(2) 次の英文は，"Viewing and listening techniques" について説明している一部である。この英文を読んで，本文中の（　ア　）～（　エ　）に当てはまる語句の組合せとして最も適切なものを，あとの①～⑤から1つ選べ。

Viewing and listening techniques

All of the following viewing and listening techniques are designed to awaken the students' curiosity through prediction, so that when they finally watch a film sequence in its entirety, they will have some expectations about it, and will be eager to see if these are fulfilled.

〔省略〕

Freeze frame　At any stage during a video sequence, we can 'freeze' the picture, stopping the participants dead in their tracks. This is extremely useful for （　ア　） the students what they think will happen next or what a character will say next.

Partial viewing　One way of arousing the students' curiosity is to allow them only a partial view of the pictures on the screen. We can use pieces of card to cover most of the screen, leaving only the edges on view. Alternatively, we can put little squares of paper all over the screen and remove them one by one so that what is happening is only gradually revealed. Trying to work out exactly what is going on with such partial viewing encourages the students to (　イ　) the language they are hearing － and this forces them to listen very carefully.

〔省略〕

Pictureless listening(language)　The teacher covers the screen, turns the monitor away from the students or turns the brightness control right down. The students then listen to (　ウ　) and have to guess such things as where it is taking place and who the speakers are. Can they guess their age, for example? What do they think the speakers actually look like?

〔省略〕

Videotelling　We can ask the students to predict what they are going to see, based on clues we give them. We can then use their predictions to build up a story, which we use to introduce language. Next we show them the video clip to see if it (　エ　) their predictions and then have them tell the story of what they saw.

① 　ア　asking　　　イ　summarise　　　ウ　a dialogue
　　 エ　matches
② 　ア　proposing　　イ　contextualise　ウ　an instruction
　　 エ　makes
③ 　ア　proposing　　イ　summarise　　　ウ　a dialogue
　　 エ　makes
④ 　ア　asking　　　イ　contextualise　ウ　a dialogue
　　 エ　matches

⑤　ア　proposing　　イ　summarise　　　ウ　an instruction
　　エ　matches

解答

(1)　⑤　　　(2)　④

解説

中程度の長さの英文を読んで，空所に入る表現や語(句)を選択する問題
である。

(1)　CEFR(ヨーロッパ言語共通参照枠)についての英文である。CEFR
　　の等級はA1，A2，B1，B2，C1，C2の6段階に分かれており，「can-do
　　descriptors」を用いて，学習者がその言語で「具体的に何ができるか」
　　を，レベル別に示している。

(2)　ビデオや映画等を視聴するテクニックについての説明文である。
　　ア　ビデオを途中で止めて何をするかという動詞の部分を答える問題
　　である。　　イ　聞いている言葉を場面や状況に当てはめるよう促す，
　　という内容である。　　ウ　この空所の同じ文に出てくるitやthe
　　speakersという表現に注目する。ここでのitがウに入る言葉である。
　　また，the speakersと複数になっているため，複数での対話であるこ
　　とがわかる。　　エ　仮にmakesを入れると「生徒に予想をさせる」と
　　いう意味になるが，このVideotellingの項の1文目でまず予測をさせ，
　　それからその予測に基づいてストーリーを作るという記述がある。そ
　　の後に何をするかを述べている部分であるから，さらにここから予測
　　をさせるのは文脈に合わない。

例題 4

次の英文の空所に最も適するものをあとのア～コから選び，記号で答え
よ。(選択肢の書き出しはすべて小文字にしてある)

　The idea of "law" exists in every culture. All societies have some
kind of law to keep order and to control the interactions of people
with those around them. The laws of any culture tell people three
things : what they can do (their rights), what they must do (their
duties) and what they may not do (illegal actions). In addition, there

are usually specific types of punishment for those who break the law.

Although all societies have laws, the idea of justice —(①) and how "wrong" should be punished—can differ widely. In most Western cultures, it is thought that punishing criminals will prevent them from committing other crimes. Also, it is hoped that the fear of punishment will prevent other people from committing similar crimes ; in other words, (②) because of fear of punishment. In most non-Western cultures, by contrast, punishment is not seen as a deterrent. Instead, great importance is placed on restoring balance in the situation. A thief, for example, may be ordered to return the things he has stolen instead of, as in Western societies, spending time in prison.

Another difference in the concept of justice lies in various societies' ideas of what laws are. In the West people consider "laws" quite different from "customs". In many non-Western cultures, however, (③). Thus, an action may be considered a crime in one country but be socially acceptable in others. For instance, although a thief is viewed as a criminal in much of the world, in a small village where there is considerable communal living and sharing of objects, the word thief may have little meaning. (④).

Most countries have two kinds of law: criminal and civil. People who have been accused of acts such as murder or theft are tried in the criminal justice system, while (⑤). The use of the civil system reflects the values of the society in which it exists. In the United States, (⑥), civil law has become "big business". There are over 700,000 lawyers in the United States, and many of them keep busy with civil lawsuits ; that is, (⑦). If a man falls over a torn rug in a hotel and breaks his arm, for instance, he might decide to take the hotel owners to court so that they will pay his medical costs. In a country like Japan, by contrast, there is very little use of the civil justice system. Lawsuits are not very popular in Japan, (⑧), and where people would rather reach agreements outside court.

In societies where courts and judges simply don't exist, self-help is necessary and socially acceptable in disputes. (⑨), the owner's friends and relatives may get together and help him get the animal back. In small villages, everyone, in a sense, becomes a judge ; in such societies, where people's neighbors are also friends, members of their families, or co-workers, (⑩). Social disapproval of people's activities can serve both as powerful punishment for and as a strong deterrent to crime.

(注) deterrent：抑制力   criminal law：刑事法   civil law：民事法

ア．there is little separation of customs and laws

イ．where social harmony (peaceful agreement) is even more important than individual rights

ウ．what is "right" and "wrong"

エ．the opinions of the villagers are very important

オ．someone who has taken something without asking is simply considered an impolite person

カ．people who are considering a life of crime will decide against it

キ．if a cow has been stolen

ク．where personal, individual justice is considered very important

ケ．they work for people who want to bring legal action against others

コ．civil justice deals with people who are believed to have violated others' rights

解答

① ウ   ② カ   ③ ア   ④ オ   ⑤ コ

⑥ ク   ⑦ ケ   ⑧ イ   ⑨ キ   ⑩ エ

解説

① 直前の the idea of justice の説明にあたる文を選ぶ。

② in other words「言いかえれば，つまり」があるので，その前の文の「処罰が怖いために犯罪を思いとどまる」という内容に近いものを選ぶ。

③ however があるので，前の文の内容と反対のものを選ぶ。

④ 「『泥棒』という言葉が意味を持たない」という，直前の内容を補強している文がオ。

⑤ while「ところが一方」があるので，criminal justiceと対立するcivil justiceを説明しているコを選ぶ。

⑥ the United Statesを先行詞にとれる関係副詞節はイとクの2つあるが，内容からクに決まる。

⑦ that is「つまり」があるので，前の文のlawyersの説明にあたるケを選ぶ。

⑧ あとに関係副詞whereの節があるので，ここも文法的に同じ形のイがきて，先行詞Japanを修飾する。

⑨ 文末にget the animal backがあるので，動物を話題にしたキが入ると見当をつける。

⑩ セミコロンの前の内容と適合するのがエ。

|全訳|

「法」の概念はどの文化にも存在する。すべての社会が，秩序を維持し，まわりの人々との相互作用を規制するある種の法を持っている。どの文化の法でも，人々に3つのことを示している。何をしてよいか(権利)，何をしなければならないか(義務)，何をしてはいけないか(違法な行為)ということである。加えて，ふつうは法を破る人に対する特別な処罰規定がある。

すべての社会に法があっても，何が「正しい」か「正しくない」か，そして「間違い」はいかに罰せられるべきかといった，正義の概念にはかなりの違いがある。ほとんどの西洋文化では，犯人を罰すれば，彼らが別の犯罪を犯すことを防止できると考えられている。また，処罰の恐怖は他の人間が同じ罪を犯すことを防止するだろう，言いかえれば，犯罪者になることを考えている人間が，処罰を恐れて犯罪を思いとどまるだろうということが期待されている。対照的に，ほとんどの非西洋文化では，刑罰は抑止力として考えられていない。それよりも，状況の均衡を回復することに重点が置かれている。例えば，泥棒は，西洋社会のように監獄で時間を過ごす代わりに，盗んだ物を返すように命じられるだろう。

正義の概念のもう一つの違いは，各社会での法とは何かという概念の

違いにある。西洋では，人々は「法」は「慣習」とはまったく異なると考えている。しかし多くの非西洋文化では，法と慣習の区別はほとんどない。そこで，ある社会では犯罪と考えられるものが，他の社会では許容されることがある。例えば，泥棒は世界の多くの地域では犯罪者であるが，共同生活と物の共有がかなり存在する小さな村では，泥棒という言葉がほとんど意味を持たないかもしれない。伺いをたてずに物をとった人は単に無作法な人間だと考えられるだけだ。

　たいていの国には，刑法と民法という2種類の法律がある。殺人や窃盗のような行為で告訴された人は，刑事法制度で裁かれるが，民事法制度では，他人の権利を侵害したと思われる人を扱う。民事法の適用はその社会の価値観を反映している。合衆国では，各人の個人的な正義が非常に重要であると考えられていて，民事法は「ビッグビジネス(大きな産業)」になっている。合衆国には70万人以上の弁護士がいて，多くが民事訴訟で，つまり他人に対して法的な訴えを起こしたい人たちのために働いていて，常に忙しい。例えば，もし人がホテルの破れた敷物の上でころんで腕の骨を折ったら，医療費の支払いを求めてホテルオーナーを裁判に訴えることを決心するだろう。日本のような国では対照的に，民事法制度を使うことがほとんどない。日本では，社会的な協調精神(平和的な解決)が個人の権利よりもはるかに重要であるため，訴訟はあまり一般的ではなく，裁判以外で合意に達することのほうが多い。

　法廷や裁判官がまったく存在しない社会では紛争において自力救済が必要で，社会的に容認されている。もし牛が盗まれたら，所有者の友人や親類が集まって，動物を取り戻すのを手伝うだろう。小さな村では，だれもが裁判官であると言ってもよい。そのような社会では，隣人が友人や家族や同僚でもあり，村人の意見がとても重要である。人々の行動に対する社会的非難は，犯罪に対して効果的な処罰になるし，強力な抑止力にもなる。

例題 5

次の会話文の空所に入る最も適当なものをそれぞれ選べ。

My uncle was just about the worst farmer that ever lived. He wanted to plant something to bring him cash and see it grow. I myself planted more than a hundred *pomegranate trees. I drove a tractor, too, and so did my uncle. My uncle just liked the idea of planting trees and watching them grow. Only they wouldn't grow. It was on account of the soil. The soil was desert soil. (　①　).

One day my uncle and I got out of the Ford roadster and began to walk over the dry earth. We continued to walk over the dry land. When we came to some holes in the earth my uncle stood over them.

"This land is my land," he said. "Who lives down there?"

"Prairie dogs."

"What are they?"

"Well, (　②　). They belong to the same family as squirrels and beavers."

"What are all these things doing on my land?"

"They don't know it's your land. They're living here the same as ever."

"Do you think I scared them or anything?"

"I don't know for sure."

"(　③　). I'm going to build a house here some day."

"I didn't know that."

"I'm going to build a magnificent house."

"It's pretty far away."

"It's only an hour from town."

"If you go fifty miles an hour."

"It's not fifty miles to town. (　④　)."

"Well, you've got to take a little time out for rough roads."

"I'll build me the finest house in the world. What else lives on this land?"

"Well, there are three or four kinds of snakes."

"Poisonous or non-poisonous?"

"(⑤). The rattlesnake is poisonous, though."

"Do you mean to tell me there are rattlesnakes on this land?"

"This is the kind of land rattlesnakes usually live on."

"How many?"

"Per acre? Or on the whole six hundred and forty acres?"

"Per acre."

"Well, (⑥). Maybe only two."

"How many is that to the whole place?"

"Well, let's see. Two per acre. (⑦)."

"What else have we got around here that's poisonous?"

"I don't know of anything else. All the other things are harmless. The rattlesnakes are harmless, too, (⑧)"

"All right, you walk ahead and watch where you're going. If you see a rattlesnake, don't step on it. I don't want you to die at the age of eleven."

"Yes sir. I'll watch carefully."

"I'm going to make a garden in this awful desolation."

"Yes sir."

"I know what my problems are, and I know how to solve them."

"How? Do you mean the prairie dogs or the rattlesnakes?"

"I mean the problems. Well, the first thing I'm going to do is hire some Mexicans and put them to work."

"Doing what?"

"Clearing the land. Then I'm going to have them dig for water. After we get water, I'm going to have them plow the land, and then I'm going to plant."

"Wheat?"

"Wheat?" my uncle shouted "(⑨)? Bread is five cents a loaf. I'm going to plant pomegranate trees. They're practically unknown in this country. Ten, fifteen, maybe twenty cents each. I have in mind planting several other kinds of trees."

"Peach? How about apricots? I hope the Mexicans don't have any trouble finding water. Is there water under this land?"

"Of course. The important thing is to get started. I don't suppose apple trees would grow on this kind of land."

"(⑩)."

He started the car and we drove off the dry land on the dry road. The car bounced about slowly until we reached the road and then we began to travel at a higher rate of speed on the way back home.

(注)　pomegranate：ザクロ

① (a)　It was very green　　(b)　It was like mud itself

　　(c)　It was dry　　　　　(d)　It seemed fresh and wet

② (a)　they're something like rats

　　(b)　they belong to the family of birds

　　(c)　they're similar to crocodiles

　　(d)　they look like snakes

③ (a)　Whenever I knew, I scared them

　　(b)　If I did, I didn't mean to

　　(c)　Even if I scared them, they were safe

　　(d)　Tell me what I did

④ (a)　It's seventy　　(b)　It's more than sixty

　　(c)　It's just sixty　　(d)　It's thirty-seven

⑤ (a)　Mostly non-poisonous　　(b)　Almost all

　　(c)　All of them　　　　　(d)　Nearly poisonous

⑥ (a)　I like to say there are about two per acre, progressively

　　(b)　I think there are about three per acre, originally

　　(c)　I'd say there are about three per acre, conservatively

　　(d)　I suppose there are about two per acre, instinctively

⑦ (a)　About eleven hundred as a whole

　　(b)　Nearly thirty thousand at least

　　(c)　Approximately four hundred at best

(d)　About thirteen hundred of them

⑧　(a)　unless you step on them

　　(b)　if you stand on the wrong place

　　(c)　otherwise you walk on them

　　(d)　in case you put your foot on the tail

⑨　(a)　Shall I deal with rice

　　(b)　What do I want with wheat

　　(c)　How should I plant potatoes

　　(d)　Why do I have to eat bread

⑩　(a)　Yes, and I like fruits exceptionally

　　(b)　I don't know what the important thing is

　　(c)　I understand you're worrying about the Mexicans

　　(d)　No, but I don't like apples anyway

解答

①　(c)　　②　(a)　　③　(b)　　④　(d)　　⑤　(a)

⑥　(c)　　⑦　(d)　　⑧　(a)　　⑨　(b)　　⑩　(d)

解説

①　前でdesert soilと言っている。

②　あとに「リスやビーバーと同じ科」とある。

③　(b)が話の流れとして適切。did = scared them

④　次に，「でこぼこ道の分は少し余計に時間がかかる」とあるので，実際の距離は50マイルより少なくて，1時間かかるとわかる。

⑤　あとの言葉で，ガラガラヘビだけが毒ヘビだとある。

⑥　あとでonly twoと繰り返しているので，「控え目に言って3匹くらい」という(c)が適当。

⑦　少し前のせりふから，土地全体が640エーカーとわかる。2匹×640 = 1280匹。

⑧　unless「～しなければ」 in case「もし～したら」

⑨　直後に，パンを作っても儲からないと言っているので，小麦のことは考えていないとわかる。

⑩　その前の「リンゴの木は育たんだろう」というおじさんの言葉に対

する相づちなので，(d)が適切。

全訳

　私のおじさんはどうやらこの上なく最悪な農夫だった。彼は金儲けのために何かを植えて，それが育つのを見たいと思ったのだ。でも，100本以上のザクロの木を植えたのは私だった。私はトラクターも運転した。これはおじさんもやったが。おじさんは木を植えて，それらが成長するのをながめるという考えが気に入っていただけだった。しかし，結局はそれらはまったく育たなかった。土壌のせいだった。土が砂漠の土で，乾燥していたのだ。

　ある日，おじさんと私はフォードロードスターから降りて，乾いた土の上を歩き始めた。私たちは乾いた土地を歩き続けた。土中にいくつか穴が開いたところに来ると，おじさんはそれらを見下ろすように立った。
「この土地は俺の土地だ」と彼は言った。「だれがこの下に住んでいるんだ？」
「プレーリードッグだよ」
「それは何者か」
「えーと，ネズミのようなものだよ。リスやビーバーと同じ科に属しているよ」
「こいつらはみんな俺の土地で何をしているんだ？」
「彼らはここがおじさんの土地だなんて知らないよ。彼らはずっと同じようにここに住んでいるだけさ」
「お前は俺があいつらを怖がらせたとか何とか思っているんじゃないか」
「さあ，どうかな」
「もしそうだったとしても，わざとじゃあない。俺はいつかここに家を建てるつもりなんだ」
「それは知らなかったよ」
「すごい家を建てるんだ」
「かなり遠いよね」
「町からたった1時間さ」
「もし時速50マイルで来ればね」
「町まで50マイルもないぞ。37マイルだ」
「うーん，でこぼこ道の分を少し差し引かなくちゃならないでしょ」

「世界で最高の家を俺のために作るんだ。この土地にはほかに何が住んでいるんだ？」

「えーと，3～4種類のヘビがいるよ」

「毒のあるやつか，ないやつか」

「たいていは毒を持っていないよ。ガラガラヘビは毒ヘビだけど」

「この土地にガラガラヘビがいるというのか」

「ここはふつうはガラガラヘビがいるような土地だよ」

「何匹いるんだ？」

「1エーカー当たり？　それとも640エーカー全体で？」

「1エーカー当たりで」

「えーと，控え目に言って，1エーカー当たりに3匹くらいかな。たった2匹かも」

「土地全体だとどうなる？」

「えーと，1エーカー当たり2匹だから，約1300匹だね」

「そのほかに毒を持っているようなものが，このあたりにいるかね？」

「ほかのものについては知らないよ。ほかのものはみな，害はないよ。ガラガラヘビだって無害なんだよ，そいつらを踏まなければ」

「よろしい，お前が先に立って歩きなさい。前をよく見てな。もしガラガラヘビを見たら，踏むんじゃないぞ。俺はお前に11歳で死んでほしくないからな」

「はい，注意して見ます」

「俺はこのひどい荒地に菜園(果樹園)を作るつもりだ」

「はい，おじさん」

「俺は何が問題かわかってるし，それらの解決方法も知っているんだ」

「どうするの？　プレーリードッグやガラガラヘビのこと？」

「重要な問題のことだよ。えー，まず最初に俺がすることはメキシコ人を何人か雇って働かせることだ」

「何をするの？」

「土地をきれいにする。それから井戸を掘らせる。水が出たら，彼らに土地を耕させ，それから俺が植える」

「小麦を？」

「小麦だと？」おじさんは叫んだ。「小麦でどうするんだ？　パンは1個5セントだぞ。俺はザクロの木を植えるんだ。この国ではほとんど知られていないから，1個が10セント，15セント，おそらく20セントになる。いくつか他の種類の木を植えることも考えているよ」

「桃？　アプリコットはどう？　メキシコ人たちが苦労しないで水を見つけられるといいね。この土地の下に水はあるの？」

「もちろんさ。重要なのはまず始めることだ。こういう土地ではリンゴの木は育たんだろう」

「そうだね。どっちにしろ，僕はリンゴが好きじゃないから」

　おじさんが車を発進させ，私たちは乾燥した土地を後にして，乾燥した道路に向かった。車は道路に出るまでゆっくりと上下に揺れたが，出るやいなや，私たちは家に向かってずっと速いスピードで走り始めた。

例題 6

次の英文の空所に入れるのに最も適当な語を，それぞれの①〜④から1つ選べ。

From a very early age, perhaps the age of five or six, I knew that when I grew up I should be a writer. Between the ages of about seventeen and twenty-four I tried to abandon this idea, but I did so with the consciousness that I was (　1　) my true nature and that sooner or later I should have to settle down and write books.

I was the middle child of three, but there was a gap of five years on either side, and I barely saw my father before I was eight. For this and other reasons I was somewhat lonely, and I soon developed (　2　) behavior which made me unpopular throughout my schooldays. I had the lonely child's habit of making up stories and holding conversations with (　3　) persons, and I think from the very start my literary ambitions were mixed up with the feeling of being isolated and (　4　). I knew that I had a facility with words and a power of facing unpleasant facts, and I felt that this created a sort of private world in which I could make up for my (　5　) in everyday life.

Nevertheless, the volume of serious writing which I produced all through my childhood and boyhood would not amount to half a dozen pages.

1 ① satisfied ② offending ③ acting ④ pleased
2 ① disagreeable ② agreeable ③ attractive
　 ④ distinguished
3 ① real ② actual ③ unimaginable ④ imaginary
4 ① undervalued ② overvalued ③ valued equally
　 ④ valued properly
5 ① progress ② ability ③ success ④ failure

解答

1 ② 2 ① 3 ④ 4 ① 5 ④

解説

1 「自分の本当の性質に背いているという意識」 offend「～に背く」
2 behavior のあとの関係代名詞節に「不人気にした」とあるから否定的
　 な形容詞を選ぶ。
3 「作り話をでっち上げたり，架空の人物と会話をしたりという孤独な
　 子供の性癖」 imaginary「架空の，想像上の」
4 「孤立感と軽視されているという感情が混じり合ったもの」
　 undervalue「～を軽視する，～を過小評価する」
5 空所の前 make up for ～は「～の埋め合わせをする」の意だから，目
　 的語は否定的な語になる。

全訳

　非常に幼い頃から，たぶん5歳か6歳の頃，私は大きくなったら作家に
なるのだとわかっていた。だいたい17歳から24歳くらいまでの頃，私は
この考えを捨てようとしたが，そうしながらも，自分は自分の本質に背
いているし，いずれは落ち着いて本を書かざるを得なくなるだろうとい
う意識は持っていた。
　私は3人きょうだいの真中だったが，どちらにも5歳の開きがあったし，
8歳になる前はほとんど父親に会わなかった。このことやほかの理由で，
私はいくぶん一人ぼっちだったし，まもなく学校時代を通して私を人気

のない者にした無愛想な行動が身についた。私は作り話をでっち上げたり，架空の人物と会話をするという孤独な子供の性癖を持っていた。そしてそもそも最初から私の文学の野心は孤立感と軽視されているという感情が混じり合っていたと思う。私は言葉の才があり，不愉快な事実に直面する力があるのは知っていたし，このことが毎日の生活での私の失敗の埋め合わせをすることのできる一種の私的な世界を創造したのだと思う。それにもかかわらず，幼少時代と少年時代を通して私が作り出したまじめな文章の量は6ページにもならないものだった。

例題 7

次の各問いに答えよ。

問1　次に示されたＡ～Ｃの各文を入れるのに最も適当な箇所を，下の文章中の①～⑥のうちからそれぞれ1つずつ選べ。

A　Similarly, air does not conduct heat as well as water.

B　They, too, are poor conductors of heat and so a very good protection against cold.

C　This can be easily proved.

　Some people wear a fur coat for warmth in winter, but few realize that the fur in itself is not really warm at all. In fact, it has the same temperature as its environment. It does not warm us but keeps us warm. The source of heat is our body, not the fur. Fur is specially suited to preserving body heat by preventing it from flowing off into the cold surroundings. In other words, fur does not let heat pass through it easily : it is a poor conductor of heat.

　Different materials conduct heat differently. A frying pan with an iron handle soon gets too hot to be touched. This is because iron allows heat to pass through it very quickly. We prefer our frying pans to have wooden handles since wood is a poor heat conductor. (　①　) We would find a room of 22℃ quite comfortable even if we wore just a swimsuit, while bath water of the same temperature is unpleasantly cool. (　②　) The water takes heat from our warm body much more quickly than the air does.

Different parts of our body conduct heat differently. (　③　) An object that is too hot to be touched for more than a second with our hands or lips can be in contact with a fingernail for some time. That is because a fingernail is a poor conductor of heat and the heat only reaches the sensitive layer under the nail gradually. (　④　)

Hair and feathers consist of materials similar to nails. (　⑤　) In addition to this feature, they keep a layer of air underneath. So geese, hares, and even bears in Siberia do not need special winter coats. They have been given warm coats by Nature. (　⑥　) Humans, having only a very small amount of natural hair, have hunted birds and animals for their feathers and fur since ancient times, and we still use feather bedcovers and wool blankets.

問2　次に示されたA～Cの各文を入れるのに最も適当な箇所を，下の文章中の①～⑥のうちからそれぞれ1つずつ選べ。ただし，各段落に一文ずつ入れよ。

A　These activities do not teach them how to get along with others.

B　They need space, especially outdoors, so that they can run, jump, and yell.

C　It is very doubtful, however, whether any Japanese children get that much free time.

When we watch kittens and puppies playing, we realize that through play they are learning how to live. They learn various physical skills, such as how to jump over barriers without getting hurt. They also learn social interaction. For example, if a kitten bites his sister too hard, she will get angry and bite him back. These physical and social skills form part of the training that young animals need in order to grow up.

(　①　) Just as kittens and puppies learn about how to live through play, so do children. But in present-day Japan, especially in cities, there is not much space for children to play in. Children need to release their energy for their mental and physical health. (②)

Another point to consider is how much time children have to play. Some people say that four to five hours a day of playing outdoors with others is necessary, even for twelve-year-olds.(③) Concerned about their future in an increasingly competitive society, parents generally tell their children to study more ; very few would tell them to go out and play. (④)

What do these children do at home when they are not studying? They tend to spend time by themselves. They play video games or watch TV, for instance. (⑤) This can only be learned through playing with other children. They need to play without being told what to do by adults in order to learn about leadership and group harmony on their own. (⑥) Outdoor space is particularly suitable for this purpose. Children need a proper outdoor environment where they can freely spend their time playing with friends.

解答

問1　A　①　　B　⑤　　C　③
問2　A　⑤　　B　②　　C　③

解説

問1　まず全体の流れを把握する。第1段落では，毛皮が暖かいのは熱伝導率が低いからだということが述べられる。第2段落では，素材によって熱伝導率も異なることが述べられている。第3段落では，「体の部分によって熱伝導率が異なることが述べられている。最終段落では，毛や羽毛について述べられている。

　　Aの訳は「同様に，空気は水ほど熱を伝えない」である。「同様に」ということから前文に熱伝導率の低いものについて述べられている必要がある。素材によって熱伝導率が異なることが述べられているのは第2段落である。①か②に補う。①の前文には「木の方が熱は伝わりにくいので，木の柄のついたフライパンの方が好まれる」となってい

て，木は熱伝導率が小さいことが述べられているので，①のところに
補えると見当がつく。①の後の文は「気温22度の部屋は快適だが，風
呂の湯が同じ温度だと冷たくて入っていられない」と述べられ，「空
気と水」の話になっているので，①のところに補うのが適切。

Bの訳は「それらもまた，熱を伝えにくいので寒さを防ぐのに非常
によい」となる。They「それら」が指す複数名詞が前文にある必要が
ある。前文に複数名詞があるのは③，⑤，⑥の箇所である。③に入れ
ると Theyは体の部分を指し「寒さを防ぐのによい」との記述につなが
らない。⑥に入れると Theyはガチョウ，ウサギ，シベリアのクマを
指すことになり不自然。⑤なら Hair and feathers を Theyが指すこと
になり，「熱を伝えにくい爪と同様の物質からできている」との前文
とのつながりも自然だし，後の文の「この特徴に加え」の this feature
が「熱伝導率の低いこと」を指すことになる。⑤に補うのが適切。

Cの訳は「このことは簡単に確かめられる」となる。残る第3段落
に入るが，Thisが指すものが前にあるか，「確かめる」方法が後に続
いていることが必要。④に入れるとすると，段落末になり「確かめる」
方法が述べられていないから不自然。③に入れると Thisが「私たちの
体の部分によって熱の伝わり方が異なる」ことを指し，その確かめ方
が次の文に「手や唇では1秒と触っていられないが，爪ならしばらく
は触っていられる」と記述されている。③に補うのが適切。

問2　まず本文の流れを把握する。第1段落は動物の子どもは遊びを通し
て成長するための身体的技能や社会的機能を学ぶと話題を提供して
いる。第2段落では人間の子どもも同じだが，そのための場所が日本
の社会にはあまりないことが問題としてあげられる。第3段落では遊
ぶ時間のことが問題になる。今日の日本の子どもには遊ぶ時間が少な
い。最終段落では，家で勉強していない時子どもたちは何をしてい
るかと言うと，ひとりでテレビゲームをしたり，テレビを見たりして
いると，「子どもの活動」が述べられている。友だちといっしょに遊
ぶ必要があり，そのために場所や時間が子どもたちには必要だと結論
づけている。

Aの訳は「このような活動は他の子どもたちと仲良くやっていく方

法を教えてはくれない」となる。「このような活動」が指すものが前にあることが必要になる。「子どもの活動」については最終段落に述べられている。⑤はその前文に「テレビゲームをしたりテレビを見たりしている」とある。それを「このような活動は」と受けて「他の子どもたちと仲良くする方法を教えない」となり，話がつながる。⑤に補うのが適切。

　Bの訳は「子どもには走ったり，跳ねたり，叫んだりするために，とりわけ屋外の空間が必要だ」である。「場所」の問題は第2段落に述べられているから，①か②のどちらかにこの文を補うのだと見当がつく。①は，その直後の文では「子猫子犬が遊びを通して生き方を学ぶのとちょうど同じように，人間の子どももそうだ」と述べられている。この文の前に，人間の子どものことが述べられている文を補うのは適切ではない。②に補うと，直前の文が「子どもたちは心身の健康のためにエネルギーを発散することが必要である」となっていて，その後にエネルギーを発散する場所が述べられている文がくるのは話の流れとして自然。②が適切である。

　Cの訳は「しかし，日本の子どもの中に，それだけ自由な時間がある子どもがいるのかどうかは非常に疑わしい」となる。「時間」の問題は第3段落に述べられているので，③か④に入るはずである。「それだけの時間」と言っているので「それだけの時間」を表す語句がこの文の前になくてはならないことになる。③の直前の文を見ると「外で他の子どもたちと遊ぶ時間は，12歳の子どもでさえ1日4時間から5時間必要だと言う人もいる」と述べられている。「1日4時間から5時間」が「それだけの時間」になるので，③に入れるのが適切。

┃全訳┃

問1　冬に暖かさを求めて毛皮を着る人もいるが，毛皮そのものは実際には決して暖かくないことに気づいている人は少ない。実際，毛皮の温度は周囲の温度と同じだ。毛皮は私たちを温めてくれるのでなく，暖かくしてくれるのだ。熱源は私たちの体であって，毛皮ではない。毛皮は体温が周囲の冷たい空気の中に流れ出ていくのを防いで熱を保つのに特に適している。言い換えれば，毛皮は熱を簡単には通さないの

だ。熱が伝わりにくいのだ。

　素材が異なれば，熱の伝わり方も異なる。柄が鉄のフライパンはすぐに熱くなって触れられなくなる。これは鉄が熱をすぐに伝えるからだ。木は熱を伝えにくいので，フライパンには木製の柄がついたものの方がいい。同様に，空気も水ほどには熱を伝えない。水着しか着ていなくても，気温22度の部屋は快適だが，一方風呂が同じ温度だと冷たくて不快である。水は空気よりもずっとすばやく体から熱を奪ってしまう。

　私たちの体も部分によって，熱の伝わり方が異なる。このことは簡単に確かめられる。手や唇では熱くて1秒も触っていられない物でも，指の爪なら少しの間触ることができる。それは爪が熱を伝えにくく，爪の下にある敏感な層に熱は徐々にしか伝わらないからである。

　髪の毛や羽毛も爪と同様の物質からできている。それらもまた，熱が伝わりにくく，それで寒さを防ぐのにとてもよい。この特徴に加えて，毛や羽毛は空気の層を作ってくれる。それで，ガチョウやウサギ，またシベリアのクマでさえ特別な冬用のコートは必要としない。彼らには自然が暖かいコートを与えている。人間は天然の毛がごく少量しかないので，羽毛や毛皮をとるために古代から鳥や動物を狩猟してきたのであり，今でも羽毛のベッドカバーやウールの毛布を使っているのである。

問2　子猫や子犬が遊んでいるのを見ると，遊びを通して生き方を学んでいるのがわかる。彼らは，けがをせずに障害物を飛び越える仕方といった，いろいろな身体的技能を身につける。また，社会的な相互関係も学ぶ。たとえば，子猫が自分の姉妹をあまりに強く噛みすぎると，その姉妹は怒って噛み返す。このような身体的，社会的技能は動物の子どもが成長するために必要な訓練の一部をなしている。

　子猫や子犬が遊びを通して生き方を学ぶのとちょうど同じように，人間の子どももそうしている。しかし，今日の日本には，特に都市部では，子どもが遊べるような場所がそんなにはない。子どもは心身の健康のためにエネルギーを発散する必要がある。子どもには走ったり，跳ねたり，叫んだりできるように，とりわけ屋外の空間が必要だ。

　もうひとつ考慮すべき点は，遊びのためにどれだけの時間が子どもたちにはあるかという点だ。外で他の子どもたちと遊ぶ時間は，12歳の子どもでさえ1日4時間から5時間必要だと言う人もいる。しかし，日本の子どもの中に，それだけ自由な時間がある子どもがいるのかどうかは非常に疑わしい。ますます競争が激しくなっていく社会の中で，子どもたちの将来を心配して，一般に親たちは子どもたちにもっと勉強しなさいと言う。子どもに外に出て遊びなさいと言う親は非常に少ないだろう。

　このような子どもたちが勉強していないときには家で何をしているのだろうか。子どもたちは一人で時間を過ごしがちだ。たとえば，テレビゲームをしたり，テレビを見たりしている。このような活動は，どのようにすれば他の子どもたちと仲良くやっていけるのかを教えてはくれない。このことは他の子どもたちと遊ぶことによってしか学ぶことができない。子ども自身でリーダーシップやグループの調和を学ぶためには，大人に何々をしなさいと言われずに遊ぶ必要がある。屋外の空間はこの目的のために特に適している。子どもたちには友だちと遊ぶ時間を思う存分に過せる適切な屋外の環境が必要なのだ。

例題 8

　次の英文は「橋の新材料」について述べたものである。（　ア　）〜（　コ　）に入れる最も適当なものを選択肢から選べ。

Every year hundreds of new bridges, large and small, are built around the world. Most of these bridges are made of wood, steel, concrete, or some combination of those three (　ア　). However, in the last few years bridges are being built using various kinds of plastics.

A new bridge in Klipphausen, Germany, is made entirely of glass-fiber reinforced plastic (GRP). It is just as (　イ　) as a concrete or steel bridge, but unlike those materials, GRP does not corrode and is not affected by frost or mold. Although it is more expensive than a conventional bridge of steel and concrete, it is expected to last much longer and to need less maintenance, so the town will save (　ウ　).

A bridge in New Jersey, U.S.A., is made of a new material blended from recycled polyethylene (エ) polystyrene. Polyethylene is a kind of plastic used for many containers, and many coffee cups, plates, bowls, and toys are made of polystyrene. Neither of these materials alone is strong enough to make a bridge, but the new material made from them is (オ) stronger. The new bridge is 14 meters long and can support a heavy fire truck. (カ) bridge will also be cheap and easy to maintain.

Another advantage of plastic bridges is that they can be (キ) and built much more quickly than conventional bridges. Specially-developed computer software can be used to design a plastic bridge that meets the needs of a specific site by modifying a standard basic design, in the way customers buy a new car by (ク) from a range of options and special equipment. Once the bridge's design is completed, the plastic parts can be manufactured in a week. These components are light in weight and easy to handle, so a small bridge can be installed by a two-man crew in a few (ケ).

Most of the plastic bridges built so far are comparatively small, built for pedestrians or light vehicle traffic. As the technology advances and the advantages of plastic bridges are recognized, however, there could be many large-scale highway and railroad bridges made of plastic in the (コ).

ア	1. across	2. bridges	3. construct
	4. drives	5. materials	6. weaker
イ	1. difficulty	2. environment	3. making
	4. river	5. strong	6. those
ウ	1. because	2. dangerous	3. money
	4. natural	5. plastics	6. technological
エ	1. about	2. and	3. develops
	4. expensive	5. trash	6. unused
オ	1. carries	2. completed	3. length

225

4. much	5. trial	6. which

カ 1. Company　2. Engineering　3. Instead
　 4. This　　　5. Train　　　　6. Walk
キ 1. comparing　2. designed　　3. destruction
　 4. inside　　　5. only　　　　6. tunnel
ク 1. actually　　2. choosing　　3. programmer
　 4. salesman　　5. shows　　　　6. then
ケ 1. cooperates　2. efficient　　3. hours
　 4. machinery　 5. skilled　　　6. travel
コ 1. above　　　2. apply　　　　3. daily
　 4. future　　　5. global　　　　6. steel

【解答】

ア 5　イ 5　ウ 3　エ 2　オ 4
カ 4　キ 2　ク 2　ケ 3　コ 4

【解説】

ア　直前の those three が指しているのは木材・鋼鉄・コンクリートのことである。これらを総称する名詞として適切なのは，5の materials(物質，材料)。

イ　as と as の間にくる語なので，形容詞か副詞を選ぶ。選択肢の中で該当するのは，5の strong だけである。

ウ　「(GRPの橋は)ずっと長持ちし，保守管理もより少ない費用で済むことが期待されている」という内容を受けて，「それで町は～を節約するだろう」と続く。～には名詞がくると考えられるので，3の money が適切。save money で「貯金する，コストを削減する」の意味。

エ　前後にポリエチレン・ポリスチレンという同種類の名詞が並列に置かれていることから判断する。常識的に考えて，2の接続詞 and が入る。

オ　前半の文で，「これらの材料のどちらも，単独では橋を造れるだけの強度はない」と述べたあと，「しかしそれらからできた新材料は～」と続く。よって，直後の比較級 stronger を強調する副詞，4の much が適切。

カ　直後の名詞bridgeは既出の語で，文脈から考えても，プラスチックの新材料で造られた橋を指している。よって，4のThisを入れる。

キ　can be … builtから，受動態の文だとわかる。よって，動詞の過去分詞形が入るので，2のdesignedを選ぶ。

ク　主文の「標準となる基本設計を一部修正することで，具体的な場所の要求に見合うプラスチック製の橋を設計する」という部分がヒントになる。〈by＋動名詞〉の形になるように，動詞の～ing形，2のchoosingを選ぶ。

ケ　前でby a two-man crew「2人組の班によって」と，作業員の人数に言及していることから考える。in a few ～という言い回しは時間で使われることが多いので，時間に関係する名詞の複数形が入ると予想できる。よって，3のhoursを選ぶ。

コ　これまでに建設されたプラスチック製の橋について，現状の説明がなされたあとなので，今後の展望についてのコメントが続くものと思われる。in theと結びついて連語を作ることができる，4のfutureが適切。

┃全訳┃

　毎年，何百もの橋が，大きいものから小さいものまで，世界中で建設されている。これらの橋の大部分は木材，鋼鉄，コンクリート，あるいはそれら3種類の材料の組み合わせでできている。しかしながら，ここ数年，橋は様々な種類のプラスチックを使って建設されている。

　ドイツ，クリップハウゼンの新しい橋は，グラスファイバー強化プラスチック(GRP)100％でできている。それはコンクリート製あるいは鋼鉄製の橋と同じ強度があるが，それらの材料とは違って，GRPは腐食せず，霜やカビの影響を受けない。それは従来の鋼鉄やコンクリートの橋よりも費用がかさむとはいえ，耐久性のさらなる向上と維持費の節約が期待されるので，町はコストを削減できるだろう。

　アメリカ合衆国，ニュージャージー州の橋は，再生利用したポリエチレンとポリスチレンの新しい合成物質でできている。ポリエチレンは多くの容器に使われるプラスチックの一種であり，コーヒーカップ，皿，ボウル，それにおもちゃなどは，多くがポリスチレンで作られる。これ

227

らの材料のどちらも，単独では橋を造れるだけの強度はないが，それら2つからできた新材料はずっと強度が増している。その新しい橋は長さが14メートルあり，重い消防車を支えることができる。この橋はまた，保守管理するのが安価で容易でもある。

　プラスチック製の橋のもう1つの利点は，従来の橋よりも設計と建設がずっと短期間で可能だということである。特別に開発したコンピュータ・ソフトウェアを使用することで，ちょうど消費者が様々なオプションや特別装備を選択して新車を買うように，標準的基本設計を修正することにより，特定の設置場所の必要性に適合するプラスチック製の橋を設計することができる。ひとたび橋の設計が完了すれば，プラスチック部品は1週間で製造できる。これらの製造部品は重量が軽く，取り扱いが容易なので，小さい橋なら2人の作業員によって数時間で設置が可能である。

　これまでに建設されたプラスチック製の橋の大部分は，比較的小さく，歩行者または軽自動車の通行用に造られたものである。しかしながら，技術が進歩してプラスチック製の橋の利点が認められるようになれば，将来は多くの大規模な高速道路や鉄道の橋がプラスチックで造られるようになるだろう。

例題 9

次の英文を読んで，あとの問いに答えよ。

Learning to spell is part of learning a language. Correct spelling helps writers to be precise so that they are correctly understood. If spelling is poor, readers may misunderstand, or they may decide a writer is not worth(①). Poor spelling (②) to poor pronunciation and to the misuse of language. Since language is one of the forces that hold society together and make civilization possible, its misuse can have serious consequences.

English spelling is admittedly difficult to learn. There are several reasons for this. English has borrowed words (③) from other languages, and it has borrowed the Roman alphabet, which is not even large enough to accommodate the sounds of the Latin language. This alphabet is much less suited to represent all the sounds of the English language. If the English language had exactly 26 sounds, (④) for each letter of the alphabet, there would be no spelling problems. A speller would merely learn the 26 letters and the sound each letter represents.

In fact, the English language has about 44 major sounds. Letters do not always sound the same, even when they are used in words that appear similar. The verb forms choose and chose differ in two obvious ways : one is present tense and the other is past tense. The o sounds also differ between them. Other words sound the same, though they are spelled differently. Someone (⑤) the words sealing and ceiling cannot know which word is meant except by its context in a sentence or paragraph. Words that sound alike but are spelled differently are called homophones (from the Greek meaning "same sound"). Common examples are to, two, and too; seem and seam; and plane and (A).

Words borrowed from other languages can cause spelling problems. They may also be caused by the way some words were pronounced long ago. Climb and thumb are examples. In past centuries speakers of English sounded the final b in these words. People no longer pronounce climb and thumb (⑥), but the speller still must remember to write the final b. The same is true of the k in knife, the l in half, and the w in (B). Once these letters stood for definite sounds. They no longer (⑦), but they remain part of the spelling.

A chief reason for the inconsistency between sound and appearance of some words is the conservative nature of writing as opposed to speaking. Kite, for example, once had an e sound at the end. In time the sound was dropped, but it persisted in writing − which is much (⑧) to change than the spoken language.

The nonphonetic character (the difference between sounds and spellings) of many words can cause numerous difficulties for people trying to learn English. Different combinations of letters are often used to make the same sound. For example, the sh sound of English, can be made in at least 16 other ways : pronunciation, conscious, extension, pressure and so on. (⑨) these problems, English spelling — especially in the United States — still makes sense most of the time. An f sound is almost always spelled with an f, as in fun or cliff. The major exception occurs with the ph for f in words derived from Greek, such as photograph, phrase, and philosophy. Occasionally the f sound uses a gh, as in tough, rough, or (C). Fewer problems arise with consonants that sound alike under some circumstances. For example, c, k, and qu can all have the same hard k sound, depending on the word. But a c can also have a soft sound like an s, in other words, for example, ceiling, cease, century, and (D).

All the inconsistencies of the English language show that no simple rules can teach a person how to spell. In any event, there seems to be no best way to master English spelling (⑩) to get accustomed to using English mainly by reading and writing as many English passages as you can.

(1) ①〜⑩の空所に最も適する語句を，それぞれ次から選んで記号で答えよ。

① ア．while reading　イ．reading　ウ．to read　エ．read
② ア．comes　イ．goes　ウ．falls　エ．leads
③ ア．perfectly　イ．doubtfully　ウ．extensively
　　エ．exclusively
④ ア．one　イ．that　ウ．ones　エ．those
⑤ ア．hearing　イ．reading　ウ．writing
　　エ．speaking
⑥ ア．such a way　イ．that way　ウ．such way
　　エ．the way
⑦ ア．have done　イ．do　ウ．had done　エ．did
⑧ ア．earlier　イ．later　ウ．faster

エ．slower
⑨　ア．For the sake of　イ．Owing to　　ウ．Without
　　エ．With all
⑩　ア．due　　　　　　イ．as　　　　　ウ．but　　　　エ．so
(2)　文脈から判断して，最も適当な英単語を1語ずつ，下線部(　A　)〜
(　D　)に入れよ。

解答

(1)　①　イ　　　②　エ　　　③　ウ　　　④　ア　　　⑤　ア　　　⑥　イ
　　⑦　イ　　　⑧　エ　　　⑨　エ　　　⑩　ウ
(2)　A　plain　　B　(例) write　　C　(例) laugh
　　D　(例) certain

解説

(1)　①　S is worth 〜ingで「Sは〜する価値がある」の意味。アはIt is
　　　worth while 〜ingの構文でなければ使えない。
　　②　lead to「〜を引き起こす」
　　③　extensively「広範囲に」，exclusively「もっぱら，独占的に」
　　④　英語のアルファベットは26文字なので，「1文字に対して一つの
　　　音」とする。one = a sound
　　⑤　sealingとceilingは同音なので，文脈がないとsomeone hearing
　　　(聞いた人)はどちらかわからない。
　　⑥　that way「そのように」
　　⑦　no longer「もはや〜ない」，do = stand for (definite sounds)
　　⑧　slower to change「変化するのがより遅い」
　　⑨　with all 〜で「〜がありながら」という譲歩の意味。for the
　　　sake of「〜のために」
　　⑩　but「〜以外に」
(2)　A　planeの同音異義語はplain「明白な」
　　B　wを発音しない単語を入れる。
　　C　ghをfと発音する単語を入れる。
　　D　cをsと発音する単語を入れる。

┃全訳┃

　つづりを習うことは，言語を学ぶことの一部である。著者が正しく理解してもらうために厳密さを期すなら，正しくつづることが役立つ。つづりが不正確であると，読者は誤解したり，読むに値しない著者であると決めつけるかもしれない。不正確なつづりは，発音の間違いと言語の誤用につながる。言語は社会の結束を強め，文化を発展させる力の一つなので，その誤用は重大な結果をもたらすかもしれない。

　英語のつづりは確かに学ぶのがむずかしい。これにはいくつかの理由がある。英語は他の言語から広範囲に単語を借用した。そして古代ローマのアルファベットを借用したのだが，ラテン語の音すべてに対応させるには数が不十分だった。このアルファベットはまた，英語のすべての音を表すことにもまったく適していなかった。もし英語に26音しかなかったら，アルファベット1文字に1音ということで，つづりの問題は起きなかっただろう。書き手は26文字と，各文字が表す音だけ覚えればよかったからだ。

　実際には，英語には約44個の主要な音がある。文字は，よく似ている単語の中で使われても，必ずしも同じ音を表すわけではない。動詞chooseとchoseは，2つの点で明らかに違う。片方は現在形で，他方は過去形である。そしてoの発音が違う。つづりが違うが，発音は同じという単語もある。sealingとceilingという単語を聞いた人は，文や段落の中での文脈がないと，どちらの意味かはっきりとわからない。音が同じでつづりが違う単語は，同音異義語homophone(ギリシア語の「同音」の意味からくる)と呼ばれる。簡単な例は，toとtwoとtoo，seemとseam，planeとplainである。

　他の言語から借りた単語にはつづりの問題が起こりがちだ。また，昔の発音の仕方から問題が起こることもある。climbとthumbがその例だ。数世紀前の英語の話者は，これらの単語の最後のbを発音していた。今の人たちはもうclimbとthumbをそのように発音しないが，書くときは最後のbを忘れてはならない。同じことが，knifeのk，halfのl，writeのwにも言える。かつてはこれらの文字が一定の音を表していたのだ。もはやそうではないが，つづりの一部に残ったままである。

　単語に音と形の不整合が起こる主たる原因は，話すことに比して，書くことのほうが保守的であるからだ。例えば，kiteには最後のeの音があった。やがてその音が落ちてしまったが，書き続けられた。書き言葉は，話し言葉よりもはるかに変化が遅い。

　多くの単語の非表音的特徴(音とつづりが違うこと)が，人々が英語を学ぼうとする上でのさまざまな困難をもたらしている。異なる文字の組み合わせが，同じ音に対して用いられていることもある。例えば，shockやEnglishのshの音が，pronunciation, conscious, extension, pressureなどのように，少なくとも16のほかのつづりでも表せる。これらの問題があっても，英語のつづりは，特にアメリカ合衆国では，たいていは規則通りである。funやcliffのように，fの音はたいていfのつづりである。大きな例外は，photograph, phrase, philosophyのような，ギリシア語から由来した単語で，fの音をphで表す場合である。時には，tough, rough, laughのように，ghでfの音を表すこともある。ある条件のもとで同じ音を表す子音については，ほとんど問題がない。例えば，cやkやquは，単語によって同じ硬音のkの音になる。しかしcは他のceiling, cease, century, certainなどの単語では，sのような軟音になる。

　英語の矛盾をすべて考慮すれば，つづりを教えることができる簡単な規則はないということがわかる。とにかく，もっぱら，できるだけたくさんの英語の文章を読んだり書いたりして，英語を使うことに慣れる以外には，英語のつづりを修得するための最上の方法はないようだ。

長文読解　下線部問題型

例題 1

次の英文を読んで，問いに答えよ。

In Japan, one is expected to be exceedingly modest, to put oneself back and the others forward, to be nothing more than a humble servant of the company or state, a modest member of the community, no matter how important one is. As we shall see, the language makes it almost impossible for a person to speak up and society makes it hard for one to stand out. Yet, even in Japan, no matter how humble, self-effacing or insignificant, the individual human being is always the basic building block for any social unit. (1) This fact may have been ignored in the centuries of relatively stable and fixed social relations, but it can only be neglected with some peril in times of more rapid change.

During the Tokugawa period which lasted almost three centuries, a very comprehensive system was imposed, based on Confucian concepts mixed with some native traditions, (2) [in / to / place / put / his / individual / each]. There were ranks and classes, starting with the exalted but powerless position of the emperor, the *shogun* as the real power in the land, down to the lords, the *samurai*, peasants, artisans, merchants, and outcastes. Each one of them had definite obligations toward their superiors and expected certain duties from their inferiors. Within each family, the father was the family head, with the oldest son as second-in-command, then the other sons, and the wife, followed by any daughters, under them. The Meiji Restoration was bound to change the ranking somewhat in that the emperor was elevated to a higher position in real terms (although others acted and often decided on his behalf), the *shogun* was removed as such, and all the other classes were lowered ---or raised --- to the same level. The lords and samurai were stripped of their fiefs and authority, although they retained some land or got a stipend, and the merchants were enabled to rise faster than before. Throughout the nation, the family group or ie remained an organized and recognized institution responsible for one another's behavior and welfare. All were, of course, humble servants of the nation and the emperor.

The social structure of the Meiji era, reinforced by many elements of the Tokugawa period which had never been thrown off or quietly returned, placed powerful bonds on all the people. Of course, the rise of new economic functions, relations, and classes jostled about the rules and people a bit. The introduction of foreign philosophies and ideologies made the framework look a bit old-fashioned to some. And (3) urbanization, in which the younger sons often left the family physically, were freed of its constraints, and developed a new life style in the cities bearing little comparison to the rural one, further weakened it. Still, even well into the twentieth century, the system held.

This system consisted very largely of obligations there was little chance of shirking or evading. Rights, if any, were seen in relation to obligations as a lack of obligations to someone or an obligation someone else owed you. Even pleasure, in many ways, was nothing more than satisfaction for having met an obligation although the act of (4) doing so may have been quite painful. (中略) Yet, try as one might, it was impossible to escape the cycle of receiving and returning on (obligation).

With defeat in World War Ⅱ, there was (5) a revulsion. The system had led the nation into a disaster, many of its elements from the emperor on down to the family system were challenged. Relations between the components, between parents and children, superiors and inferiors, men and women, management and labor, state and citizens, were questioned. More important was that the generation that grew up during the war had only been partly educated in the (A) ways, and the postwar generations knew exceedingly little of them. On the whole, their feelings were negative, rejecting the (A) system as feudalistic, backward or old-fashioned. In particular, the (A) rules were too strict and harsh for a more modern and fast moving society. Thus, referring to the old code, so well described in Ruth Benedict's **The Chrysanthemum and the Sword** and still seen as the key to unlock the mysteries of Japan, was not very helpful and perhaps misleading. The old precepts still applied for some of the older people, especially in (B) areas, but it was useless as a means of understanding the young urbanites even if some remnants and similarities appeared on the surface.

　　　　　(from "JAPAN The Coming Social Crisis" by Jon Woronoff)

問1　下線部(1)の内容を日本語で説明せよ。

問2　下線部(2)の[　　]内の語句を文脈上意味が通じるように並びかえよ。

問3　下線部(3)を，文末のitが指すものを明らかにして，和訳せよ。

問4　下線部(4)の指す内容を10字以内の日本語で答えよ。

問5　下線部(5)の内容を具体的に日本語で説明せよ。

問6　(A), (B)に入る最も適切な英語1語を，それぞれ英文から抜き出して答えよ。

【解答】

問1　1人ひとりの個人がいつもあらゆる社会の基本的な構成単位であるという事実。　　問2　to put each individual in his place　　問3　都市化で，長男以外の息子たちは物理的に家を離れ，その束縛から解放され，都市部で田舎とはほとんど似ていない新しい生き方をしたのだが，そのことでその枠組みはさらに弱まった。　　問4　義務を果たすこと(8字)　　問5　人々は，明治の社会制度のせいで国が災難に陥ったと考え，天皇制から家族制度にいたる要素の多くを疑ったということ。

問6　A　old　　B　rural

【解説】

問1　比較的安定していて，一定の人間関係を築いていく中で無視され
てきたものがthis factであり，直前のthe individual〜social unitが表
す内容を指す。

問2　下線部を含む文の主語はa very comprehensive system，動詞は
was imposedで，文として成立している。よって「個々をその身分の
中に置くために」(個々に身分を割り当てるために)と考えて語を並べる。

問3　文全体の主語はurbanization「都市化」，動詞はwere freedと
developed, weakenedである。in whichからphysicallyはurbanization
を先行詞とする関係代名詞節である。oneはa new life styleを指す。
be freed fromは「〜から逃れる，〜から解放される」，bear comparison
は「匹敵する，似ている」という意味。文末のitは下線部の直前のthe
framework「枠組み」を指し，さらにこれを具体的に言うと，同段落
の1文目のthe social structure of the Meiji era「明治時代の社会構造」
のことを述べている。

問4「そうするという行為がかなり苦しいことだったことかもしれない
が」。直前のhaving met an obligationを指す。met an obligationで「義
務を果たす」という意味。

問5　revulsionは「反感，嫌悪」という意味で，その具体的内容が直後
に書かれているので，これをまとめる。disasterの直後のカンマはand
の役割を果たしており，文と文をつないでいる。

問6　2つめ目の空所Aを見る。戦後の世代の人達が，封建的，あるい
は時代遅れだとして拒絶するものは「古い」規則だと考える。空所Bを
含む文のthe old perceptsはthe old rulesの言い換え表現である。そ
れが特にどこの地域にいる年配の人に当てはまるのか考える。空所B
に続く文中にurbanites「都市住民」とあることから，「田舎の，地方の」
年配者であるとわかる。

例題2

Read the following passage and answer the questions below.

I fear we've become (1)【　　　】to bad news about wildlife and we
risk sleepwalking into a mass extinction. Wake up, says *Chris

Packham.

(2) To my shame, I've not been minding my language. I just said to someone that "we've lost 97 per cent of our flower-rich meadows since the 1930s". During this year's Springwatch series on BBC television, I heard myself saying "we've lost 86 per cent of the *corn bunting population". On another occasion, I spoke of "a loss of 97 per cent of our hedgehogs".

Loss, lost... as though this habitat and these species have just disappeared into the *ether, been misplaced or accidentally vanished. They haven't — they have been *ploughed up, they are dead or they don't exist. Destroyed is the word I should have been using. (3) So why wasn't I?

My language is symptomatic of a chronic acceptance of appalling catastrophes. (4) Repeated mention has normalised such figures.

We conservationists *bandy the statistics around to the extent that they have lost meaning. We have forgotten that they are a death toll, the dwindling voice of the vanished millions, a tragic echo of (5) a time of plentiful life.

I have now woken from my statistical *stupor and am staring into the face of mass extinction. My plan? To give my colleagues a shake and then, more politely, point out this *predicament to the British public, whose lives are so *denuded of wildlife that they have forgotten it was ever there.

In truth, it doesn't surprise me. Our record on prevention is poor — we respond better to catastrophes, after which we can *instigate cures. But if these figures aren't enough, what will it take before we act? Do we have to wait for the first spring without a cuckoo or the first summer without a swallow?

We could fix this mess. We have the tools in the conservation box, we know why our countryside is going to ruin, but we are shying away from seeing (6) the bigger picture, distracting ourselves with piecemeal projects that work, but are too small to stop the rot. Another successful dormouse reintroduction is great, but it's not going to help redress the wholesale destruction of our landscape by intensive farming.

There, I've said it, I've had the temerity to point out (7) <u>the great big bag of pesticides in the room.</u> I've summoned (8) <u>the nerve</u> to confront the sanctity of farming, to criticise the system that feeds us, a system dependent on poisons and practices that are destroying our wildlife and countryside. And so ultimately could destroy us.

So what do you want to do? Carry on musing about the stats, mumbling about "loss" or stand up and say enough is enough? If you would like your kids to ever hear a nightingale I suggest you get your boots on and pack some sarnies. Your wildlife needs you more than ever.

Adapted from [*New Scientist* 2018 July 14]

*Chris Packham ＝英国の環境保護論者，キャスター

*corn bunting ＝ハタホオジロ(鳥)   *ether ＝天空

*plough ＝ plow   *bandy around ＝いいかげんに扱う

*stupor ＝トランス状態   *predicament ＝困難な状況

*denude ＝〜を除去する   *instigate ＝〜を着手する

1 Choose the most appropriate word for the underlined part (1), according to the context. Answer (A)〜(D).

(A) responsible   (B) frightened   (C) numb

(D) sensitive

2 Put the underlined part(2) into Japanese.

3 Provide the implied phrase which is omitted after "I" in the underlined part(3), not using pronoun.

4 Explain the meaning of the underlined part(4), giving one concrete example of "such figures." Answer in Japanese.

5 Explain what the underlined part(5) refers to. Answer in Japanese.

6 Choose one that the underlined part(6) includes. Answer (A)〜(D).

(A) piecemeal projects   (B) dormouse reintroduction

(C)　wholesale destruction　　(D)　intensive farming

7　The underlined part(7) is a metaphor of some situation. Choose the most appropriate one as an explanation of the underlined part(7), from the choices below and answer (A)〜(D).

(A)　We, human beings, have used a lot of chemical used for killing insects in a house.

(B)　So much wildlife has been extinct on account of the use of chemical for eliminating wildlife.

(C)　We people have used a great big bag to put a lot of chemical for wiping out wildlife.

(D)　The use of a lot of chemicals to kill insects represents the mass extinction of wildlife.

8　From the passage, find and write the words that have the same meaning as the underlined part(8).

解答

1　(C)　　2　恥ずかしいことに，私は今までずっと自分の使っていた言葉を気にしてこなかった。　3　using (the word) destroyed　　4　繰り返し述べてきたために，ある種の個体数はその97％が失われたといった数字が正常化されてしまった。　5　これまでに絶滅した生物(動物)たちが豊富に生きていた時代。　　6　(C)　　7　(D)　　8　the temerity

解説

1　第1段落2文目のWake up「目を覚ませ」に注目する。「私たちは悪いニュースに対し(思考回路が)(〜した)」と考えられるので, numb「麻痺した」が適切。

2　to one's shameは「〜にとって恥ずかしいことに」という意味。have been doingは現在完了進行形で継続の意味を表す。「(過去のある時から今に至るまで)ずっと〜している」を表す。

3　下線部(3)の直前に「destroyedは私が使っているべきだった単語だ」とあり，それを受けて「なぜdestroyedという単語を使っていなかったのだろう」と続くと考える。

4　第1段落で自分たちが悪いニュースに麻痺していると述べ，第2段落

240

で具体的な数字とともに3つの悪いニュースを挙げている。その1つを
使って説明するとよい。

5　第1段落の「私たちは野生生物に関する悪いニュースに麻痺して，夢
遊病者のように大量絶滅へと歩んでいく危険性がある」という内容を
受けて，第5段落で「私たち自然保護活動家たちは，危険な兆候を示
す統計データ(の数字)をいい加減に扱い，～これまでに野生生物たち
が豊富に生きていた時代の悲劇的な繰り返し，つまり現存する野生生
物も，過去に絶滅してしまった生物たちと同じように絶滅してしまう」
と述べている。

6　big pictureは「全体像」という意味。下線を含む文は「より大きな全体
像(bigger picture)を見ることを避けて，小さなプロジェクト(piecemeal
projects)がうまくいくことで気を紛らわすが，規模が小さすぎて悪化
を止めることができない」。続く文では「絶滅危惧種を人工飼育して自
然にかえすようなプロジェクトは素晴らしいが，それは小規模すぎて，
集約農業による自然環境の大規模な破壊を改善することには役立たな
いだろう」と述べている。ここから，「より大きな全体像」とは(C)の「大
規模な破壊」のことだとわかる。

7　下線部を含む文は「私は向こう見ずにも部屋にある殺虫剤の入った巨
大なバッグを指摘してきた」という意味。この暗喩の説明として，直
後の文で「私は勇気を奮い起こして，農業という聖域に立ち向かい，
私たちに食料を供給するシステム，有毒物質(殺虫剤を含む農薬)や野
生生物や田園を破壊する慣行に頼るシステムを批判してきた」と述べ
ている。これと同じ内容は，(D)「昆虫を殺す多くの化学物質を使用す
ることは野生生物の大量絶滅を意味する」となる。

8　nerve to doで「～する勇気[度胸，ずぶとさ]」なので，第9段落1文
目のtemerity「向こう見ず」がほぼ同じ意味。

例題3

次の英文を読んで，問いに答えよ。

　　Last night was the last game for my eight-year-old son's soccer
team. It was almost the end of the game. The score was two to one ;

my son's team was in the lead. Parents sat all around the field, offering encouragement.

With less than ten seconds (ア)remaining, the ball rolled in front of my son's teammate, Mikey O'Donnel. (A)With shouts of "Kick it!" echoing across the field, Mikey kicked it with everything he had. All around me the crowd shouted. O'Donnel had scored!

Then there was silence. Mikey had scored all right, but in the wrong goal, ending the game in a tie. For a moment it was totally quiet. You see, Mikey has Down's syndrome, a disease of the brain. Mikey's brain worked like that of a three-year-old child, not an eight-year-old boy. So, for him there is no such thing as a wrong goal. All goals were celebrated by a joyous hug from Mikey. He had even been known to hug the opposing players when they scored. He did not realize that he had given the other team a point.

The silence was finally broken when Mikey, his face filled with joy, (イ)grabbed my son, hugged him and (ウ)yelled, "I scored! I scored! Everybody won! Everybody won!" (B)For a moment I held my breath; I was not sure how my son would react. I need not have worried. I watched, through tears, as my son (エ)threw up his hand in a friendly wave and started shouting, "Good shot, Mikey! Good shot, Mikey!" Within moments both teams surrounded Mikey, joining in the cheer and congratulating him on his goal.

Later that night, when my daughter asked who had won, I smiled as I replied, "It was a tie. Everybody won."

問1 下線部(ア)〜(エ)の意味に最も近いものを(1)〜(4)から1つ選べ。

(ア) remaining   (1) left   (2) keeping   (3) reminded
                                (4) resting

(イ) grabbed   (1) found   (2) praised   (3) held
                                (4) apologized to

(ウ) yelled   (1) applauded   (2) shouted
                           (3) complained   (4) whispered

(エ)　threw up　　(1)　displayed　　(2)　lifted　　(3)　struck

　　　　　　　　　(4)　hit

問2　下線部(A)の意味として最も適当なものを(1)～(4)から1つ選べ。

(1)　「キックするぞ！」と競技場中に響く声で叫びながら

(2)　「キックするぞ！」と叫びながら競技場を横切って

(3)　競技場の向こう側で「キックしろ！」という叫び声があがったので

(4)　「キックしろ！」という叫び声が競技場中に響くなか

問3　次の(ア)～(オ)の質問の答えとして最も適当なものを(1)～(4)から
　　1つ選べ。

(ア)　With which of the following scores did the game end?

　　(1)　2 to 1　　(2)　2 to 2　　(3)　3 to 1　　(4)　3 to 3

(イ)　What was wrong with Mikey's goal?

　　(1)　He accidentally kicked his teammate.

　　(2)　He ran off the field.

　　(3)　He made a shot into the wrong goal.

　　(4)　He used his hand to make a shot.

(ウ)　Why was Mikey excited with joy after the goal?

　　(1)　Because he was embarrassed at his goal.

　　(2)　Because he realized his fault.

　　(3)　Because he thought he scored.

　　(4)　Because the spectators were shouting in excitement.

(エ)　What was the author's son's reaction to Mikey?

　　(1)　He blamed Mikey for his goal.

　　(2)　He forgot himself for a moment.

　　(3)　He guided Mikey across the way from the stadium.

　　(4)　He celebrated Mikey's goal.

(オ)　In response to his daughter's question, the author said,
　　"Everybody won." What does his statement imply?

　　(1)　Mikey was trying to help, the other team feel better, so he
　　　　let them win too.

　　(2)　Everyone gained something in the game and no one lost.

(3)　He was confused trying to remember the score of the game.

(4)　He couldn't tell the truth to his daughter because his son was so disappointed at the game

問4　下線部(B)について，著者がなぜこのような反応をしたのか，その理由として最も適当なものを(1)～(4)から1つ選べ。

(1)　息子のチームメートが勘違いをしているのを見て，恥ずかしく思ったから。

(2)　息子がチームメートを非難するような態度をとるのではないかと思ったから。

(3)　息子が泣いていることに気がついたから。

(4)　息子が試合を放棄してしまうのではないかと思ったから。

解答

問1　（ア）(1)　　（イ）(3)　　（ウ）(2)　　（エ）(2)　　問2　(4)

問3　（ア）(2)　　（イ）(3)　　（ウ）(3)　　（エ）(4)　　（オ）(2)

問4　(2)

解説

問1　（ア）〈with＋名詞＋過去分詞〉の形で「…が～された状態で」の意味。過去分詞left「…が残された状態で」とほぼ同じ意味を表す。

　　（イ）grabbedはgrab「～をつかみとる，ひっつかむ」の過去形。hold「～を抱きしめる，拘束する」の過去形heldがほぼ同じ意味。

　　（ウ）yelledはyell「鋭く叫ぶ，怒鳴る」の過去形。似た意味の動詞はshout(叫ぶ)の過去形shouted。

　　（エ）threw upはthrow up「～を放り上げる，断念する」の過去形。近い意味の動詞はlift(～を持ち上げる，高める)の過去形lifted。

問2　付帯状況を表すwithの用法。

問3　（ア）「次のスコアのうち，どれで試合は終わりましたか」
　　　　「2対2」のタイで終わったのは，第1～第3段落からわかる。

　　（イ）「マイキーのゴールのどこが悪かったのですか」

(3)「彼は自陣のゴールにシュートした」が正解。

(ウ)「マイキーはなぜゴールのあとで喜びのあまり興奮したのですか」

(3)「彼は自分が得点したと思ったから」が正解。

(エ)「著者の息子のマイキーに対する反応はどうでしたか」

(4)「彼はマイキーのゴールを祝福した」が正解。

(オ)「著者は娘の質問に対して,『みんなが勝った』と答えました。彼の発言は何を暗示していますか」

(2)「みんながその試合で何かを得て,だれも負けなかった」が正解。

問4　あとに続く「息子がどんな反応をするか私にはわからなかった」から,オウンゴールを決めたマイキーに対して息子が非難するような態度をとるのではと一瞬心配したことがわかる。

‖全訳‖

　昨夜は8歳の息子が所属するサッカーチームの最後の試合だった。試合はもう少しで終わるところだった。スコアは2対1で,息子のチームはリードしていた。親たちは声援を送りながら,競技場の四方八方に座っていた。

　試合終了まで10秒未満のところで,ボールが息子のチームメート,マイキー・オドネルの前に転がった。「キックしろ!」という叫び声が競技場全体に響きわたるなか,マイキーは持てるすべてを使ってボールをキックした。私の周りじゅうで観衆が大声を上げていた。オドネルが得点した!

　それから沈黙があった。マイキーは確かに得点したのだが,間違ったゴールにであり,試合を同点に終わらせてしまったのだ。一瞬,全体が静かになった。おわかりだろうか,マイキーは脳疾患であるダウン症候群を患っているのだ。マイキーの脳の働きは3歳児のようであり,8歳の少年のそれとは違った。だから,彼にとっては間違ったゴールなんて存在しないのだ。ゴールはすべて,マイキーから喜びに満ちた抱擁で祝福されるものだった。彼は得点した相手選手でさえ抱擁することが知られていた。彼は相手チームに点を与えたことがわからなかった。

　沈黙がついに破られたのは,満面の笑みを浮かべたマイキーが息子をつかんで抱擁し,「ぼく,得点したよ!　ぼく,ゴールしたよ!　みん

な勝った！　みんな勝ったんだよ！」と大声で叫んだときだった。一瞬，私は息を止めた。息子がどんな反応をするか私にはわからなかったからだ。心配する必要はなかった。私は涙ながらに見たのだ。息子は親しげに手を振り，「すごいシュートだよ，マイキー！　すごいシュートだったね，マイキー！」と叫び始めたのだから。あっという間に両チームがマイキーを取り囲み，歓声に加わって彼のゴールを祝福した。

　その夜遅く，娘がどっちが勝ったのかたずねたとき，私は「同点だった。みんなが勝ったんだ」と答えながらほほえんだ。

例題4

次の英文を読んで，あとの問いに答えよ。

　As he was choosing which of these things to make it, still working his fingers in the water, they curled round something hard － a full drop of solid matter － and gradually dislodged a large irregular lump, and brought it to the surface. When the sand coating was wiped off, a green tint appeared. It was a lump of glass, so thick as to be almost opaque; the smoothing of the sea had completely worn off any edge or shape, so that it was impossible to say whether it had been bottle, tumbler or window-pane; it was nothing but glass; it was almost a precious stone. You had only to enclose it in a rim of gold, or pierce it with a wire, and it became a jewel; part of a necklace, or a dull, green light upon a finger. Perhaps after all it was really a gem; something worn by a dark Princess trailing her finger in the water as she sat in the stern of the boat and listened to the slaves singing as they rowed her across the Bay. Or the oak sides of a sunk Elizabethan treasure-chest had split apart, and, rolled over and over, over and over, its emeralds had come at last to shore. John turned it in his hands; he held it to the light; he held it so that its irregular mass blotted out the body and extended right arm of his friend. The green thinned and thickened slightly as it was held against the sky or against the body. It pleased him; it puzzled him; it was so hard, so concentrated, so definite an object compared with the vague sea and the hazy shore.

Now ①<u>a sigh</u> disturbed him − profound, final, making him aware that his friend Charles had thrown all the flat stones within reach, or had come to the conclusion that it was not worth while to throw them. [A] They ate their sandwiches side by side. When they had done, and were shaking themselves and rising to their feet, John took the lump of glass and looked at it in silence. Charles looked at it too. But he saw immediately that it was not flat, and filling his pipe he said with the energy that dismisses a foolish strain of thought,

"To return to what I was saying −"

He did not see, or if he had seen would hardly have noticed, that John after looking at the lump for a moment, as if in hesitation, slipped it inside his pocket. ②<u>That impulse</u>, too, may have been the impulse which leads a child to pick up one pebble on a path strewn with them, promising it a life of warmth and security upon the nursery mantelpiece, delighting in the sense of power and benignity which such an action confers, and believing that the heart of the stone leaps with joy when it sees itself chosen from a million like it, to enjoy this bliss instead of a life of cold and wet upon the high road. 'It might so easily have been any other of the millions of stones, but it was I, I, I!'.

Whether ③<u>this thought</u> or not was in John's mind: the lump of glass had its place upon the mantelpiece, where it stood heavy upon a little pile of bills and letters, and served not only as an excellent paper-weight, but also as a natural stopping place for the young man's eyes when they wandered from his book. Looked at again and again half consciously by a mind thinking of something else, any object mixes itself so profoundly with the stuff of thought that it loses its actual form and recomposes itself a little differently in an ideal shape which haunts the brain when we least expect it. So John found himself (④) the windows of curiosity shops when he was out walking, merely because he saw something which reminded him of the lump of glass. Anything, so long as it was an object of some kind, more or less round, perhaps with a dying flame deep sunk in its mass, anything − china, glass, amber, rock, marble − even the smooth oval egg of a prehistoric bird would do. He took, also, to keeping his eyes upon the ground, especially in the neighbourhood of waste land where the household refuse is thrown away. Such objects often occurred there − thrown away, of no use to anybody, shapeless, discarded. [B] They were useful, too, for a man who is standing for Parliament upon the brink of a brilliant career has any number of papers to keep in order − addresses to constituents, declarations of policy, appeals for subscriptions, invitations to dinner, and so on.

One day, starting from his rooms in the Temple to catch a train in order to address his constituents, his eyes rested upon a remarkable object lying half-hidden in one of those little borders of grass which edge the bases of vast legal buildings. He could only touch it with the point of his stick through the railings; but he could see that it was a piece of china of the most remarkable shape, as nearly resembling a starfish as anything − shaped, or broken accidentally, into five irregular but unmistakable points. The colouring was mainly blue, but green stripes or spots of some kind overlaid the blue, and lines of crimson gave it a richness and lustre of the most attractive kind. [C] John was determined to possess it; but the more he pushed, the further it receded. At length he was forced to go back to his rooms and improvise a wire ring attached to the end of a stick, with which, by dint of great care and skill, he finally drew the piece of china within reach of his hands. As he seized hold of it he exclaimed in triumph. At that moment the clock struck. It was out of the question that he should keep his appointment. The meeting was held without him. But how had the piece of china been broken into this remarkable shape? A careful examination put it beyond doubt that the star shape was accidental, which made it all the more strange, and it seemed unlikely that there should be another such in existence. Set at the opposite end of the mantelpiece from the lump of glass that had been dug from the sand, it looked like a creature from another world — freakish and fantastic as a harlequin. [D   ] It seemed to be pirouetting through space; winking light like a fitful star. The contrast between the china so vivid and alert, and the glass so mute and contemplative, fascinated him, and wondering and amazed he asked himself how the two came to exist in the same world, let alone to stand upon the same narrow strip of marble in the same room. ⑤The question remained unanswered.

(Virginia Woolf, *Solid Objects* より)

(1) 下線部①によってJohnはどのようなことに気が付いたか，日本語で説明せよ。

(2) 下線部②とは誰が何をしたことを指すか，日本語で説明せよ。

(3) 下線部③の指し示す内容を，日本語で説明せよ。

(4) (④   )に入る適切な語句を次のア～エから1つ選び，記号で答えよ。

　ア　disappointed with　　イ　attracted to　　ウ　relieved at

　エ　frustrated with

(5) 下線部⑤の内容を表す部分を10語で抜き出し，最初の3語を答えよ。

(6) 以下の英文が入る適切な箇所を[A   ]～[D   ]から1つ選び，記号で答えよ。

　In a few months he had collected four or five specimens that took their place upon the mantelpiece.

(7) 次のア～エの英文について，文章の内容と合っているものを1つ選び，記号で答えよ。

　ア　The lump of glass which John got was a piece of some bottle.

　イ　The lump of glass which John got was used as a paper-weight.

　ウ　John found an unusual object which looked like a starfish at a place where household wastes were thrown away.

　エ　John's careful examination showed that the star shape of the china was not accidental.

解答

(1) チャールズが手の届く範囲の全ての平らな石を投げ終えたこと，あるいはそれは何の価値もないことだという結論に至ったこと。

(2) ジョンがためらいながらも，ガラスをポケットに滑り込ませたこと。

(3) ジョンに拾われた石が，他に何百万とある石の中で，他でもない自分が選ばれたと心から喜んでいると信じること。　　(4)　イ

(5)　how the two　　(6)　B　　(7)　イ

解説

(1) 下線部①は「ため息」という意味である。第2段落1文目にmaking him (Johnのこと) aware thatとあるので，that以下の内容をまとめるとよい。

(2) 下線部②は「その衝動的行動」という意味である。thatは前文の内容を指し示しているため，その内容をまとめるとよい。

(3) 下線部③は「この考え」という意味である。これは第3段落2文目のbelieving that以下を指し示しているため，ここを簡潔にまとめるとよいだろう。believeは思考を表す動詞であるため，下線部のthoughtと関連している語である。

(4) 文章全体から，ジョンは丸みを帯びているものを見つけては，収集するようになってしまったことがわかる。よって，イのattracted to「～にひきつけられる」が適切。アのdisappointed withは「～に失望する」，ウのrelieved atは「～に安心する」，エのfrustrated withは「～に不満を感じる」でいずれも文意に合わない。

(5) 下線部⑤は「その質問」という意味である。定冠詞のtheがついているため，前文の内容であり，また質問であるため，疑問詞が使用されている部分を探せばよい。下線部⑤の前文のhow the two came to exist in the same world(10語)が答えに該当する部分。

(6) 挿入する英文は「数か月後には，4つか5つほどの標本が見つかり，マントルピースの上に場所を見つけた(置かれた)」という意味。したがって，丸みを帯びているものを収集している場面が書かれている場面に挿入するとよい。

(7) 第4段落1文目のserved以下より，イの「ジョンが拾ったガラスは

文鎮として使われた」が適切。serve as Aで「Aとして役立つ」という意味。　ア「ジョンが拾ったガラスはボトルの一部だった」は，第1段落3文目に何に使われていたか特定できないとあるため，不適。ウ「ジョンは家庭ゴミが捨てられるような場所でヒトデのような形をした珍しい物体を見つけた」は，第5段落1文目より，芝生で見つけたとあるため，不適。　エ「ジョンがよく見てみると，その磁器の星形は偶然ではないことがわかった」は，第5段落11文目に星形は偶然だったとあるため，不適。

例題 5

次のを読み，あとの各問いに答えよ。

There are no longer a simple right way and a wrong way of doing things in today's world. ①What may be considered polite behavior in one culture may be considered very rude in another. Until recently, most Americans have considered Christian *ethics as the only one key to determine how to live. American culture comes from that background. However, in the past hundred years, American society has expanded to include cultures from Asia, Latin America, and the Middle East, so the old rules no longer are the only ②ones to follow. Basic moral issues and values that Americans have taken for granted as the correct way of behavior are being challenged.

For people who travel to other parts of the world or who live in multi-cultural societies, it is important to understand the social rules of the groups they have contact with. Sometimes you can't do the things that would be considered natural in your own culture. ③A simple misunderstanding could cause a friendship to end and create an enemy, too.

One example of this way of thinking is that many ethnic groups feel ④hugging and kissing are not only an acceptable form of greeting but also a sign of showing respect. On the other hand, hugging and kissing may make someone feel very uncomfortable. And in some societies

physical contact, however friendly and casual, with a member of the opposite sex is strictly taboo.

The amount of eye contact people have with each other also reflects one's cultural background. Traditionally, Americans expect a person to (A) when they are having a conversation, so a person who avoids having eye contact may be considered unreliable. However, many people from Asian, Latin American and *Caribbean cultures avoid eye contact as a sign of respect.

It is also wise to choose a gift with care. A person who doesn't know Japanese customs, intending to cheer up a sick friend, might bring along a potted plant when she visits the hospital, but ⑤may only make the sick person feel even worse. A dinner guest might bring a beautiful bouquet of yellow flowers to an Iranian friend, not knowing that in Iran yellow flowers represent the enemy and a gift of yellow flowers announces that you hate that person. I heard a story that an American girl gave white *chrysanthemums to a Chinese family. Her friends accepted the gift, but ⑥she had no idea that the flowers she brought are commonly used for funerals.

By learning the customs and values of (B) cultures, a person will be able to enjoy a rich relationship with a variety of people. Flexibility and understanding are very important if you want to have friends from all over the world.

(注) ethics：道徳　　Caribbean：カリブ諸島の
　　　chrysanthemum：菊

(1) 下線部①の英文の意味に最も近いものをア〜エから1つ選べ。

ア．礼儀正しく振る舞うことは文化の一つの現れであり，他人に対する不作法な振る舞いは許されないものだと考えられる。

イ．ある文化では礼儀正しい振る舞いだと思われていることでも，他の文化ではとても無礼に思われることがある。

ウ．文化が異なっていても，何が礼儀正しい行動で，何が不作法な行動かは不変であると考えられる。

エ．同じ行動が礼儀正しいものに思えたり，無礼なものに思えたりする原因は，文化の違い以外にもいろいろ考えられる。

(2) 下線部②のones が指示するものを次のア〜エから1つ選べ。

ア．years　　イ．cultures　　ウ．rules　　エ．moral issues

(3) 下線部③の英文の意味に最も近いものを次のア〜エから1つ選べ。

ア．単純な誤解によってでも，友情が失われて敵を作ってしまうこともありうるだろう。

イ．誤解が単純なものなら，最後には誤解がとけて，敵だと思っていた人が友達になることもありうるだろう。

ウ．真の友情は，たった一つの誤解によってこわれてしまうようなものではない。

エ．誤解がとけて友情が結ばれることもあれば，誤解がとけずに敵を作ることもあるだろう。

(4) 下線部④のhugging and kissing についての記述としてあてはまらないものを1つ選べ。

ア．In many ethnic groups, hugging and kissing are considered a way to show respect.

イ．In many ethnic groups, hugging and kissing are not accepted as a greeting.

ウ．Hugging and kissing may be uncomfortable to some people.

エ．In some societies, hugging and kissing with a person of the opposite sex are taboo.

(5) 空所(A)に入る最も適切なものを次のア〜エから1つ選べ。

ア．avoid having eye contact　　イ．reflect their cultural background

ウ．listen to them carefully　　エ．look them in the eye

(6) 下線部⑤のような状況を生み出す原因となるものとして，最も適切なものを1つ選べ。

ア．日本の病院の規則を知らないこと

イ．病人の前で騒ぐこと

ウ．お見舞いに鉢植えの植物を持っていくこと

エ．不意にお見舞いに訪れること

(7) 下線部⑥の she had no idea の意味に最も近いものを次のア～エから
1つ選べ。

　　ア．she did not think　　　　イ．she did not think of a good idea
　　ウ．she did not remember　　エ．she did not know

(8) 空所(B)に入る最も適切なものを次のア～エから1つ選べ。

　　ア．American　　イ．Japanese　　ウ．one's own　　エ．other

解答

(1)　イ　　(2)　ウ　　(3)　ア　　(4)　イ　　(5)　エ　　(6)　ウ

(7)　エ　　(8)　エ

解説

(1) What may be considered polite behavior in one culture までが文
の主語。

(2) ones は rules を表す不定代名詞。

(3) could は仮定法で，主語 simple misunderstanding の中に条件節が含
まれている。「単純な誤解でもあれば」。cause a friend to end「友を
失う」

(4) 第3段落1文目に many ethnic groups feel hugging and kissing are
not only an acceptable form of greeting but also…「多くの人種グ
ループはハグやキスをするのはたんに挨拶として受け入れられる形で
あるばかりでなく…でもあると感じている」とある。not only A but
also B「AばかりでなくBでもある」

(5) 後の文意には「目をそらす人は信頼できない」とあるから，「アメリ
カ人は人が目を見て話すことを期待する」となる。look は通常自動詞
で look at，look into のように前置詞を伴うが，look someone in the
eye/face は「(話をするとき，特に自分の言葉が真実であると示したい
とき)相手の目／顔をじっと見る」という意味の慣用的表現で前置詞を
伴わない。

(6) 問題箇所は，「日本の習慣を知らない人は，見舞いに行ったとき病気
の友達を元気づけようと鉢植えの植物を持参するかもしれないが，病
人をいっそう悪い気分にさせる結果になるだけかもしれない」で，ウ。
日本では「病院に根が生える」ので入院が長引くとして，鉢植えの持

参を避ける習慣がある。

(7)　have no idea = don't know

(8)　「他の文化の習慣や価値観」

全訳

　今日の世界では物事の単に正しいやり方とか間違ったやり方はもはやない。1つの文化で礼儀正しい振る舞いだと思われていることでも，他の文化ではとても無礼なことと思われていることもある。最近まで，たいていのアメリカ人はキリスト教的道徳がどのように生きるかを決める唯一の鍵と考えてきた。アメリカ文化はそういう背景から出てきている。しかし，過去百年に，アメリカ社会は拡大して，アジアやラテンアメリカや中東からの文化を含むことになった。したがって，古い規則はもはや従う唯一の規則ではない。アメリカ人が正しい行動の仕方として当然と思っていた基本的な道徳問題や価値観は異議を唱えられているところだ。

　世界のほかの地域に旅行する人々や文化の多様な社会に生きている人々にとって，接触しているグループの社会的な規則を理解するのは重要である。自分自身の文化では当然と考えられているようなことができないこともある。単純な誤解によってでも，友情が失われて敵を作ってしまうこともありうるだろう。

　この考え方の具体例の1つとして，多くの人種グループではハグ(抱くこと)しキスすることは挨拶として受け入れられているばかりか，尊敬を示すしるしでもあると思っている。しかし他方では，ハグしキスすることが誰かを非常に不愉快な気持ちにさせるかもしれない。そして，異性との身体の接触は，それがどんなに親しくて何気ないものであっても，厳しく禁じられている社会もある。

　人がお互いに目を見つめることも文化的背景を反映している。伝統的にアメリカ人は人と話をしているときは目を見ることを期待するので，目をそらす人は信頼できないと考えるかもしれない。しかし，アジアやラテンアメリカやカリブ諸島文化から来た多くの人々は尊敬のしるしとして目を合わせるのを避ける。

　注意深く贈り物を選ぶのも賢明だ。日本の習慣を知らない人は，病人

を元気づけるつもりで，見舞いに病院に行くとき鉢植えの植物を持って
いくだろうが，病人をいっそう悪い気分にさせる結果になるだけかもし
れない。食事に招かれたお客が，イランでは黄色い花は敵を表し，黄色
い花の贈り物は相手が嫌いだと知らせていることも知らないで，黄色い
花の美しい花束をイラン人の友人に持っていくこともあるだろう。ある
アメリカ人の女性が中国人の家族に白い菊の花をあげた話を私は聞いた。
彼女の友人はその贈り物を受け取ったが，持っていった花がふつう葬儀
に使うものだということを彼女は知らなかったのだ。

　他の文化の習慣や価値観を学ぶことによって，人はいろいろな人々と
の豊かな関係を楽しめる。世界中の友だちがほしいと思うなら，柔軟性
と理解力が非常に重要だ。

例題 6

次の英文を読んで，あとの問いに答えよ。

　"O brave new world that has such people in't!" they heard Miranda exclaim. The theatergoers were attending the first performance of William Shakespeare's *Tempest*. This play was first presented in London in 1611, a time when the English were encountering what they viewed as strange inhabitants in new lands. ①The circumstances surrounding the play determined the meaning of the utterances they heard. A perspicacious few in the audience could have seen that this play was more than a mere story about how Prospero was sent into exile with his daughter, took possession of an island inhabited by Caliban, and redeemed himself by marrying Miranda to the king's son.

　Indeed, *The Tempest* can be approached as a fascinating tale that served as a masquerade for the creation of a new society in America. Seen in this light, the play invites us to view English expansion not only as imperialism, but also as a defining moment in the making of an English-American identity based on race. For the first time in the English theater, an Indian character was being presented. What did Shakespeare and his audience know about the native peoples of

America, and what choices were they making in the ways they characterized Caliban? Although they saw him as "savage," did they racialize savagery? Was the play a prologue for America?

The Tempest, studied in relationship to its historical context, can help us answer these questions. While Othelo also offers us an opportunity to analyze English racial attitudes, as Winthrop Jordan has demonstrated so brilliantly, our play is a more important window for understanding American history, for its story is set in the New World. Moreover, ②the timing of *The Tempest* was crucial: it was first performed after the English invasion of Ireland but before the colonization of New England, after John Smith's arrival in Virginia but before the beginning of the tobacco economy, and after the first contacts with Indians but before full-scale warfare against them. This was an era when the English were encountering "other" peoples and delineating the boundary between "civilization" and "savagery." The social constructions of both these terms were dynamically developing in three sites — Ireland, Virginia, and New England.

③One of the places the English were colonizing at the time was Ireland, and Caliban seemed to resemble as the Irish. Theategoers were familiar with the "wild Irish" onstage, for such images had been presented in plays like *Sir John Oldcastle* (1599) and *Honest Whore* (1605). Seeking to conquer the Irish in 1395, Richard II had condemned them as "savage Irish, our enemies." In the mid-sixteenth century, shortly before the beginning of the English migrations to America, the government had decided to bring all of Ireland under its rule and encouraged private colonization projects.

Like Caliban, the Irish were viewed as "savages," a people living outside of "(④)." They had tribal organizations, and their practice of herding seemed nomadic. Even their Christianity was said to be merely the exterior of strongly rooted paganism. "They are all Papists by their profession," claimed Edmund Spenser in 1596, "but in the same so blindly and brutishly informed for the most part as that you would rather think them atheists or infidels." To the colonists, the Irish lacked "knowledge of God or good manners." ⑤They had nosense of private property and did not "plant any Gardens or Orchards. Inclose or improve their lands, live together in setled Villages or Townes." The Irish were described as lazy, "naturally" given to "idleness" and unwilling to work for "their own bread." Having dominated by "innate sloth," "loose, barbarous and most wicked," and living "like beasts," they were also thought to be criminals, an underclass inclined to steal from the English. The colonists complained that the Irish savages were not satisfied with the "fruit of the natural unlaboured earth" and therefore continually "invaded the fertile possessions" of the "English Pale."

The English colonizers established ⑥a two-tiered social structure: "Every Irishman shall be forbidden to wear English apparel or weapon upon pain of death. That no Irishman, born of Irish race and brought up Irish, shall purchase land, bear office, be chosen of any jury or admitted witness in any real or personal action." To reinforce this social separation, British laws prohibited marriages between the Irish and the colonizers. The new world order was to be one of English over Irish.

(Ronald Takaki, *A Different Mirror* より)

(1) 下線部①について，*The Tempest* をアメリカを舞台として見た場合とイギリスを舞台として見た場合において，どのような解釈の違いがあるかを，本文に即して具体的に日本語で説明せよ。

(2) 下線部②の理由を50字以内の日本語で説明せよ。

(3) 下線部③⑤より，文法的・語法的に不要な語を1語ずつ抜き出し，それぞれ答えよ。

(4) （ ④ ）に当てはまる最も適切な語を次のア〜エから1つ選び，記号で答えよ。

　　ア　civilization　　イ　control　　ウ　Ireland　　エ　wilderness

258

(5) 下線部⑥の内容を日本語で説明せよ。

解答

(解答例) アメリカを舞台として見ると，新しい社会の創造の仮面劇を提供してくれる魅惑的な話として解釈されるが，イギリスを舞台として見ると，領土拡張を帝国主義としてだけでなく，アングロ・アメリカ人のアイデンティティ形成上の決定的瞬間として見る，人種に基づく見方として解釈される。　　(2)　(解答例)　イギリス人が「他の」人たちと出会い，「文明」と「野蛮」の境界の線引きをしていた時代だから。(45字)
(3)　③　as　　⑤　Having　　(4)　ア　　(5)　イギリス人のアイルランド人に対する優越による社会的分断。

解説

(1)　下線部①は「演劇を取り巻く環境が彼らの聞いた台詞の意味を決めた」という意味である。第2段落1・2文目をまとめるとよいだろう。

(2)　下線部②は「テンペストの時期はとても重要である」という意味である。下線部以下のコロンから具体的な時期が述べられているが，第3段落3文目に簡潔にまとまっており，ここの情報を書き出せばよい。

(3)　③　第4段落1文目のresemble「～のようである，～と似ている」は他動詞であるため，前置詞は必要ない。よってasが不要である。
　⑤　本文より，the Irishは支配されていた側である。よって，4文目のHavingが不要である。分詞構文の従属節に主語がない場合，従属節の主語と主節の主語は同じである。したがって，Havingがあると，the Irishが支配する側という解釈 (the Irish had dominated～) になってしまう。

(4)　savageは「野蛮人，未開人」という意味である。よって，文明の外側に住んでいる民族であるので，アのcivilization「文明」が適切。

(5)　下線部⑥は「2層の社会構造」という意味である。下線部後ろのコロン以下や文章全体より，この2層はイギリス人がアイルランド人を支配しているという関係であることがわかる。また，第6段落3文目のthis social separationより，この社会構造は社会的分断のことだとわかる。これらの情報をまとめるとよいだろう。

例題 7

次の英文を読んで，あとの問いに答えよ。

This is really my mother's love story. I asked her to tell you, but she's too shy. ①It's too good not to tell. It explains why my brother and I say ②we thank peanuts for our birth.

When she graduated from high school, my mother had everything going on except ③one. She was pretty, smart, and came from a rich family, but she was very shy, especially around men. Boys didn't like to take her out because she was so quiet. She went off to the same college her mother went to, and to please her mother she agreed to attend a party by her mother's *sorority. At the party, she sat out of sight at one end of a room, in a corner by a table that had snacks on it. ④She ate a lot of peanuts.

(A)She began to notice a waiter, who seemed to be as shy as she. He never said anything, but he was taking care of her. He kept her glass filled with *punch and he kept her peanut bowl full. From time to time their eyes met and they smiled at each other.

When the dancing started and the party got noisy, she walked into the kitchen and out the back door to escape. As she was going down the street, she heard someone calling "Wait, wait, please wait." It was the waiter, running down the street after her with a paper bag in his hands. They stood in silence, just smiling. Then he reached into the bag, pulled out a whole can of peanuts and offered them to her and said. "I'm sorry they aren't pearls." He ran back up the street and into the sorority house.

Well, ⑤one thing led to another.

Twenty-five years later, on the silver wedding *anniversary of my mother and the waiter, he gave her a silver can marked "peanuts." She thought that was the gift and was really pleased. But there was more. (B)When she lifted the lid, inside was a string of pearls.

No gift ever pleased her more. She wore those pearls as her only jewel for years. When my father was killed in a traffic accident, she put the silver peanut can in his *coffin with him. I've never seen her wear the pearls since. _(C)I think I know where they are, but I'm too shy to ask.

(注)　sorority：大学の女子学生クラブ(学業・諸活動において優秀で活発な人など，クラブの基準に合致した人のみが加入できる)

　　　punch：ポンチ(ぶどう酒などに砂糖・レモン・香料などを混ぜた飲み物)　　anniversary：記念日　　coffin：ひつぎ

(1)　下線部①の表す内容として最適なものを次のア～エから選び，記号で答えよ。

　　ア．母のラブストーリーはすばらしいので，みんなに知ってもらいたい。

　　イ．母のラブストーリーはすばらしいので，言葉では表現できない。

　　ウ．母のラブストーリーは出来過ぎで，信じてもらえない。

　　エ．母は内気だから，自分のラブストーリーを秘密にしている。

(2)　下線部②の表す内容として最適なものを次のア～エから選び，記号で答えよ。

　　ア．私たちはピーナッツのとりもつ縁で生まれた。

　　イ．私たちは誕生日にピーナッツがもらえる。

　　ウ．私たちはピーナッツを食べて大きくなったようなものだ。

　　エ．私たちの生まれたころは，ピーナッツは高価なものだった。

(3)　下線部③の表す内容として最適なものを次のア～エから選び，記号で答えよ。

　　ア．母が無事高校を卒業したこと。

　　イ．母が美人で頭も良く，裕福な家庭の出であったこと。

　　ウ．母が内気だったこと。

　　エ．母が祖母と同じ大学に進学したこと。

(4)　下線部④の理由として最適なものを次のア～エから選び，記号で答えよ。

　　ア．ピーナッツが好物だったから。

　　イ．何かしていないと不安だったから。

ウ．当時はピーナッツが珍しかったから．

エ．わざと下品にふるまって，男性を遠ざけたかったから．

(5) 下線部⑤の表す内容として最適なものを次のア～エから選び，記号で答えよ．

ア．以後，そのようなパーティーが次々と開かれた．

イ．パーティーに戻ると，素敵なことが待っていた．

ウ．他の男性もプレゼントをくれるようになった．

エ．とんとん拍子に事は進んだ．

(6) 次の英語の質問に英語で答えよ．

Where does the writer think the pearls are?

(7) 下線部(A)～(C)を日本語に訳せ．

【解答】

(1) ア　(2) ア　(3) ウ　(4) イ　(5) エ　(6) He〔She〕thinks they are (in the silver peanut can) in his〔her〕father's coffin.
(7) (A) 彼女はひとりのウエイターが気になり始めた．彼は彼女と同じくらい内気そうだった．　(B) ふたをとると，中に一連の真珠が入っていた．　(C) 私はそれがどこにあるのか知っていると思うが，(私も)内気なので，とてもそれを聞くことはできない．

【解説】

(1) not to tellは不定詞の否定形．too ～ not to …「…しないには～すぎる」

(2) thank ～ for …「…のことで～に感謝する」

(3) except one「1つのことを除いては」

(4) そこまでの文全体の内容から類推する．

(5) lead to ～「～をもたらす」

(6) 最後の段落の内容から類推する．

(7) (A) 関係代名詞whoの非制限用法．who以下の内容がa waiterについての情報を付け加えている．　(B) inside「中に」が強調のために前に出たため，be動詞と主語が倒置されている．　(C) I think I know ～は「～を知っていると思う」という意味で，わざと断定を避けて，余韻を残す効果をねらっている．

‖**全訳**‖

　これは本当に私の母のラブストーリーである。みんなに話してくれるように頼んだが，内気すぎてだめなようだ。でもあまりにもすばらしいので，語らずにはいられない。兄〔弟〕と私がなぜ，自分たちが生まれたのはピーナッツのおかげであると言えるのか，それでわかる。

　母は高校を卒業したとき，たった1つのことを除いて，すべてうまくいっていた。かわいらしくて，頭がよくて，裕福な家の出だったが，非常に内気だった。特に男性のまわりでは。彼女がおとなしすぎたので，男の子たちはデートに誘いたがらなかった。卒業すると，母親の出た同じ大学へ入り，母親を喜ばせるために，大学の女子学生クラブ主催のパーティーに出席することに同意した。パーティーでは，部屋の端の見えないところで，すみのほうの，上に軽食ののったテーブルのそばに座った。彼女はたくさんのピーナッツを食べた。

　彼女はひとりのウエイターが気になり始めた。彼は彼女と同じくらい内気そうだった。彼はけっして何も言わなかったが，彼女の面倒をみていた。ずっと彼女のグラスをポンチで満たし，ピーナッツのボールをいっぱいにしていた。時々目があって，互いに微笑みあった。

　ダンスが始まってパーティーが騒がしくなると，彼女はキッチンに歩いていって，裏口から逃げ出した。通りを歩いていたとき，だれかが呼んでいるのが聞こえた。「待って，待って，待ってください」，それはあのウェイターだった。両手で紙袋をかかえて，彼女を追いかけて通りを走ってきた。彼らはただ微笑んで，黙って立っていた。それから彼は紙袋に手を入れて，ピーナッツの缶をまるごと取り出し，彼女に差し出して言った。「真珠じゃなくてごめんなさい」，彼は通りを女子学生クラブハウスまで駆け戻っていった。

　そして，とんとん拍子に事が運んだ。

　25年後，母とそのウエイターの銀婚式の記念日に，彼は彼女にpeanutsと文字の入った銀製のピーナッツ缶をあげた。彼女はそれが贈り物だと思い，本当に喜んだ。しかしもっとあった。ふたをとると，中に一連の真珠が入っていた。

　それまでにこれ以上彼女を喜ばせた贈り物はなかった。彼女は何年も

の間，たった1つの宝石としてその真珠を身につけた。父が交通事故で亡くなったとき，彼女はその銀製のピーナッツ缶を彼とともにひつぎに入れた。私はそれ以来，彼女がその真珠を身につけるのを見たことがない。私はそれがどこにあるのか知っていると思うが，(私も)内気なので，とてもそれを聞くことはできない。

例題 8

次の英文を読んで，各問いに答えよ。

Examining eye structure and sight is an important tool in classifying the various roots of *mammals. The eyes of early mammals, which originally were active at night, had worsened considerably when compared to the birds.

However, when mammals came to fill the *niche left by the *phorusrhacids ("terror birds"), the structure of their eyes *underwent numerous evolutionary changes.

Not too long ago, some very important *fossils ①discover. These fossils, dating about 55 million years old, once belonged to an animal called *Shoshonius. Fossils show that the eyes of the Shoshonius lined up side by side and faced forward.

Many mammals' eyes are on either side of the head. They cannot see objects in three dimensions. Because of the location of its eyes, the Shoshonius could see in 3D, enabling it to move more surely from tree to tree. ②The Shoshonius is our earliest, direct *primate ancestor.

Other interesting animals developed ③at this time, too, including the animal that would in time become the elephant, and small *Miacis, an ancestor to cats and dogs. And some mammals returned to the sea. It was at about this time that the ancestor to the whales and dolphins, the *amphibious *Pakicetus, appeared.

Later, as the Earth cooled further, the forests narrowed, and the *plains spread, primates' eyes improved. They developed better sight in order to live ④in these changed conditions. The ability to see different colors allowed them to choose the youngest tree leaves to eat. ⑤This brought about a huge improvement in their lives. Another important change was that the evolution of the eyes gave expression to the face, which allowed for better communication.

*mammals　哺乳動物　　niche　生態的地位

phorusrhacid　恐鳥類(古代生物)

underwent　undergo(経験する)の過去　　fossil　化石

Shoshonius　ショショニアス(古代生物)　　primate　霊長類

Miacis　ミアキス(古代生物)　　amphibious　水陸両生の

Pakicetus　パキケトゥス(古代生物)　　plain　草原

西海コエン『The History of the Earth』から

1　下線部①の英語を二語で適切な形に直せ。

2　下線部②の理由として，ショショニアスの目の構造と見え方の特徴についてそれぞれ日本語で答えよ。

3　下線部③が指す時期を日本語で答えよ。

4　下線部④を説明している部分を本文中から11語で抜き出せ。ただし，記号や符号は一語に含めない。

5　下線部⑤が指す内容を日本語で答えよ。

6　次の英文が本文の内容に合うように，英文の(①), (②)に当てはまる最も適当な英語一語を書け。

(1)　When you classify the roots of mammals, it is important to (①) eye structure and sight.

(2)　The evolution of the eyes enabled primates to (②) in a better way.

解答

1　were discovered　　2　目の構造…目が並んで(両目とも)前方を向いていること。　見え方の特徴…三次元で(立体的に)ものを見ることができること。　3　約5,500万年前　　4　the Earth cooled further, the forests narrowed, and the plains spread　　5　色の違いを見分ける能力により，最も若い木の葉を選んで食べることができるようになったこと。　6　(1)　examine　(2)　communicate

解 説

1 主語が「いくつかのとても重要な化石が」なので，受動態were discoveredとする。

2 目の構造は第3段落に，lined up side by side and faced forwardとあり，見え方の特徴は第4段落に，could see in 3Dとある。

3 下線部を含む文意は「(ショショニアスだけでなく)他の興味深い動物もこの時期に発達した」。この時期は，ショショニアスの時代と同期を指す。

4 変化した状況を具体的に前文から11語で抜き出す。

5 下線部を含む文意は「このことが彼らの生活を大いに向上させた」。「このこと」は前文に書かれている内容である。allow O to ～「Oに～することを許す」。

6 (1) 第1段落の1文目参照。「哺乳動物のルーツを分類する時，目の構造や見え方を調べることが大切だ」。 (2) 最後の段落の最後の文参照。「目の進化は霊長類がより上手な方法で意思疎通をすることを可能にした」。

例題 9

次の英文を読んで，あとの問いに答えよ。

　The Japanese are very fond of dramas and seem to be especially fond of ones about schoolteachers. This doesn't mean, of course, that the Japanese are particularly *obsessed with school. Such stories are popular with children everywhere.

　Growing up in Britain, I used to love reading the *boarding-school stories by Enid Blyton ①as did all my friends, and I longed to be sent to a boarding school. (When I got there at last, I discovered the sad truth that ②one must not believe everything one reads but that's another story altogether.) Many popular TV shows and movies are about school days, and the attraction of those international best sellers, the "Harry Potter" books lies largely in the fact that they are basically school stories.

(A)What I find interesting about the Japanese fondness for school stories on television, therefore, is not the popularity of the subject itself, but the fact that in all those TV shows, the teachers — not the students — are the central characters.

These stories follow more or less the following pattern : There's a class full of problem kids and troublemakers that no teacher can handle. A new teacher enters the scene. A bit of a troublemaker himself, ③this new arrival shows no respect for school rules, traditions or senior staff members, and is not even dressed properly. (B)This new teacher is put in charge of the problem class, impresses the students with his *jonetsu* (passion — this is the key word in all these shows) and finally succeeds in winning their love and affection.

I've just used ④the masculine pronoun here on purpose because most of these *nekketsu-kyoshi* (teachers of hot blood), as they are called, are men. The hero's *jonetsu* is mainly expressed in the form of anger. The climax comes when the hero is so angry that he gives the student a slap on the cheek. After a moment of shock, the student falls into the teacher's arms, and they both burst into tears.

⑤The hero's violence is excused on the grounds that it's a sign that he cares. Of course, this is just something on television, and any fool knows that you can't believe everything, or indeed anything, you see there.

At least that was what I thought until a couple of weeks ago, when I was having drinks with my Japanese colleagues. (C)We started talking about our school days, and someone mentioned, quite casually, being slapped on the face by his teacher an average of once a week. "Why, what *on earth had you done?" I exclaimed in horror, but my colleague said that he couldn't remember.

"What's the problem? It happened to all of us. Didn't your teachers in England slap you?" he asked me. "Of course they didn't. And anyway, I'm a girl," I answered expressing surprised anger, at which everyone looked puzzled, and said, "What's that got to do with it?" An excellent example of sexual equality, I thought feeling disappointed.

　(注)　be obsessed with ～：～にとりつかれている

　　　boarding-school：寄宿学校　　on earth：一体全体(強意)

(1)　下線部①の内容を説明している表現を，次のア～エから1つ選べ。

　　ア．in the way that I used to love all my friends,

　　イ．in the way that I longed to be sent to a boarding school like all my friends,

　　ウ．in the way that all my friends grew up in Britain,

　　エ．in the way that all my friends used to love reading the boarding-school stories by Enid Blyton,

(2)　下線部②に最も近い内容をもつ表現を，次のア～エから1つ選べ。

　　ア．what I experienced was quite different from what Enid Blyton wrote in her stories

　　イ．we must not believe anything that Enid Blyton wrote about her boarding-school days

　　ウ．what is read is never true

　　エ．I wrote that I wanted to attend a boarding school, but you cannot believe my story

(3)　下線部③が指している内容を本文中の語句で表せ。

(4)　下線部④が指している内容を本文中の一語で表せ。

(5)　下線部⑤に最も近い内容をもつ文を，次のア～エから1つ選べ。

　　ア．We can forgive the hero for his violence as far as he does something violent out of concern.

　　イ．We can forgive the hero for his violence now that he shows that he is worried about himself.

　　ウ．We can forgive the hero for his violence when he expresses his regret for it.

　　エ．We can forgive the hero for his violence because he exercises the violence to attract somebody's attention.

(6)　最後の段落("What's the problem?以降)の中で表されていない内容

をもつ文を，次のア〜エから1つ選べ。

ア．The writer was not satisfied with her colleagues' response to her reply.

イ．Her colleagues wanted to say that the fact that the writer had never been slapped by her teachers had nothing to do with her being a girl.

ウ．The writer, seeking sexual equality, is disappointed at her colleagues' reaction.

エ．The writer's colleagues had been slapped on the face by their teachers.

(7)　下線部(A)〜(C)を日本語に直せ。

解　答

(1)　エ　　(2)　ア　　(3)　A new teacher　　(4)　his　　(5)　ア

(6)　ウ　　(7)　(A)　そこで，日本人がテレビの学園ドラマが好きだということに関して私がおもしろいと思うことは，題材そのものの人気ではない。それらすべてのテレビドラマで，生徒ではなく教師が主役だという事実である。　　(B)　この新任教師が問題クラスの担任になり，彼の「情熱」(これはすべての学園物のキーワードである)で感銘を与え，ついに生徒たちの愛情を勝ち取るのである。　　(C)　私たちは学生時代の話を始めて，誰かがとても気軽に，平均して週に1回は教師に顔をたたかれていたと言った。

解　説

(1)　強調のために，as の後ろの did と all my friends が倒置されている。did は代動詞で，直前の used to … Blyton の部分を受ける。　　(2)　その文で最初に When I got there at last とあるので，筆者が実際に寄宿学校の生活を経験したことがわかる。その結果，ブライトンの小説とは違っていたということなので，アが適切。　　(3)　この arrival は「新しく来た人」という意味なので，前の文にある A new teacher と同じ。

(4)　masculine は「男性の」という意味。I've just used なので，近くをさがすと前の文に his が見つかる。　　(5)　ほぼ同じ意味を別の英語で言い換えていることに注意する。…is excused → We can forgive，on the grounds that …→as far as …，he cares→out of concern など。

(6)　筆者が男女平等を目指しているとは書かれていないので，ウが該当する。　(7)　(A)　what は関係代名詞で，television までが主語。

(B)　in charge of 〜「〜の担任」，impress 〜 with …「〜に…で感銘を与える」　(C)　being slapped は受動態の動名詞で「平手でたたかれたこと」という意味。

全訳

　日本人はドラマが，特に教師物が好きなようだ。だからといって，日本人が特に学校に執着しているというわけではない。そういう物語はどこでも子どもたちに人気がある。

　英国で育った私は，友人たち皆と同様に，かつてはエニッド・ブライトンの寄宿学校の話を読むのが大好きで，寄宿学校に入れてもらうことを心待ちにした(ついにそこに入ったとき，読んだものをすべて信じてしまってはいけない，現実とは全く別なんだという悲しい事実を知った)。人気のあるテレビドラマや映画の多くは学校生活についてで，世界的ベストセラーの「ハリー・ポッター」シリーズ本の魅力も，基本的に学園物であるという事実に負うところが大きい。

　そこで，日本人がテレビの学園ドラマが好きだということに関して私がおもしろいと思うことは，題材そのものの人気ではない。それらすべてのテレビドラマで，生徒ではなく教師が主役だという事実である。

　これらの話は多かれ少なかれ次のパターンになる。教師の手にあまる問題児や迷惑な生徒でいっぱいのクラスがある。新任教師が登場する。彼自身がいささかの問題教師で，この新任は学校の規則，伝統，先輩教師たちに全く敬意を払わず，服装さえまともではない。この新任教師が問題クラスの担任になり，彼の「情熱」(これはすべての学園物のキーワードである)で感銘を与え，ついに生徒たちの愛情を勝ち取るのである。

　私はわざと男性の代名詞を使ったが，これら教師のほとんどは「熱血教師」(情熱のある教師)と呼ばれ，男性なのだ。主人公の情熱は，主に怒りという形で表現される。クライマックスは，主人公が怒りのあまり，生徒の頬をたたくのである。一瞬のショックのあと，生徒は教師の腕に飛び込み，二人ともわっと涙する。

　主人公の暴力は彼に愛情がある印だからという理由で許される。もちろん，これはテレビの中でのことであり，そこで見ることすべてをあるいは何事も全く信じることができないのは誰でも知っている。

　少なくとも数週間前に日本人の同僚とお酒を飲むまでは，私もそう思っていた。私たちは学生時代の話を始めて，誰かがとても気軽に，平均して週に1回は教師に顔をたたかれていたと言った。「あら，一体何をしたの」と私はぞっとして叫んだが，同僚は思い出せないと言った。

　「何が問題なんだ？　ぼくらみんなそうだったよ。イギリスではきみらの教師はたたかなかったのかい」と彼は聞いた。「もちろんよ。それに私は女の子だもの」と憤慨して答えたが，みんなは当惑したようで，「それが何か関係があるの」と言った。男女平等のすばらしい例だと，私はがっかりしながら思った。

例題 10

次の英文を読んで，あとの問いに答えよ。

　On an everyday level, sleepy people make mathematics errors, break things and become angry with their families, friends and *colleagues. ①Less commonly, they make mistakes with tragic results. It is hard to prove how many *fatal car accidents are caused by the driver's falling asleep *at the wheel, but my belief is that the number is high. *Laboratory *experiments have shown that in fact the sleep-deprived mind easily falls into "②micro-sleeps"—momentary losses of *consciousness so brief that the *subject may not be aware of them.

　In one experiment in our laboratory at Stanford University, (A)a volunteer who had been allowed only four hours' sleep the night before had his eyelids taped open (uncomfortable, but it doesn't hurt). He was asked to press a button every time an irregular light flashed. For a few minutes he tapped the switch after the flash, on average every six seconds. Then a bright flash rushed into his eyes — but he did nothing.

　"Why didn't you press the switch ?" we asked.

"Because there was no flash," he replied.

Machines monitoring brain activity showed that at the very moment the light had flashed, the man had unknowingly fallen asleep (3)eyes wide open, for two seconds. (B)If he had been driving, those two seconds could have meant disaster.

Social pressures to work more and at odd hours have cut our sleep time over the past century by about 20 percent. Add to this our desire to have and do it all —work, family, sport —and there's little time left for rest.

(C)Generally, adults need to sleep one hour for every three hours' awake, which means that most need about eight hours of sleep a night. Of course some people need more and some less. Children and teenagers need an average of about ten hours.

The brain keeps an exact *account of how much sleep we owe to it. My colleagues and I made up the term (4)*sleep debt* because *accumulated lost sleep is like a debt of money ; it must be paid back. If you get an hour less than a full night's sleep, you carry an hour of sleep debt into the next day — and your tendency to fall asleep during the day becomes stronger.

During a five-day workweek, if you got six hours of sleep each night instead of the eight hours you needed, you should build up a sleep debt of ten hours (five days times two hours). Because sleep debt accumulates in an *additive way, (D)by day five your brain would tend towards sleep as strongly as if you had stayed up all night. From this viewpoint (E)sleeping until noon on Saturday is not enough to pay back the ten lost hours as well as meet your nightly requirement of eight ; you would have to sleep until about 5 p.m. to balance the sleep account. But for most people it is difficult to sleep that long because of the monitoring mechanism of the biological clock within us that controls sleeping and waking.

（注）　colleague：同僚　　fatal：命にかかわる　　at the wheel：（車

を）運転して　　　Laboratory：研究室　　experiments：実験
consciousness：意識　　subject：被験者　　account：計算
accumulate：蓄積する　　additive：加法の

(1) "Less commonly" in the underlined part ① means :

　ア．More often　　イ．Very rarely　　ウ．Less often

　エ．Very often

(2) In the underlined part ②, "micro-sleeps" means sleep :

　ア．into which you fall for so short a time that you may be unaware
　　of it.

　イ．into which you fall for some minutes.

　ウ．in which you are half awake.

　エ．in which the microwaves in the brain cause a loss of
　　consciousness.

(3) In the underlined part ③, the subject's eyes were wide open
because :

　ア．he was actually awake.

　イ．a bright light rushed into his eyes.

　ウ．it was impossible for him to close his eyes.

　エ．he tried very hard not to fall asleep.

(4) The term *sleep debt* in the underlined part ④ is "debt" because :

　ア．it is something you may build up and must pay back.

　イ．it is something you cannot go without.

　ウ．it is something you should never have.

　エ．it is something you may lend to the brain.

(5) ＝＝線部の and の用法に最も近いものを次のア〜エの中から選び，
記号で答えよ。

　ア．Come and see me tomorrow.

　イ．She finished it very quickly and there were no mistakes.

　ウ．The car broke down and I had to send it out to be repaired.

　エ．Stand over here and you will be able to see it better.

(6) 下線(A)〜(E)を日本語に訳せ。

徳島県の英語科

解 答

(1) ウ (2) ア (3) ウ (4) ア (5) エ (6) (A) 前の晩に4時間だけの睡眠を許されたボランティアは，目を開けておくためにまぶたにテープを貼られた。 (B) もし彼が車を運転していたら，その2秒間が惨事をもたらしたかもしれない。 (C) 一般に，大人は目覚めている3時間につき，1時間寝る必要がある。つまりたいていの人は一晩に約8時間の睡眠が必要である。 (D) 5日目までには脳は徹夜していたかのようにとても眠たくなるだろう。 (E) 土曜日に昼まで寝ても，夜に必要な8時間の睡眠に加えて，失われた10時間分を返済するには不十分である。

解 説

(1) common は「よく起こる」で，文中の commonly はその副詞形。副詞 often とほぼ同義なので less はそのままで often に置き換えたウが正解。「より頻度は少ないが」の意味。 (2) micro-sleep の意味を選択する問題。直後の文で「あまりにも短いため本人は気付かないかもしれないような瞬間的な意識の消失」と説明されており，「非常に短い間だけ陥るので眠ったことにも気付かないような眠り」とするアがあてはまる。as, too, so など意味を強める語で修飾される場合，a short time の語順が変わり，〈so 形容詞 a 名詞〉となることに注意。 (3) 被験者の眼が大きく開かれていた理由を選択する。第2段落に「(被験者は)まぶたにテープを貼られた」とあり，「彼には眼を閉じることが不可能だった」とするウがあてはまる。(4) sleep debt という用語で，"debt(負債)" とする理由を選択する。問題箇所の後に「蓄積された睡眠不足は借金と似ている。返済されなければならないものであるから」と説明されており，「自分が作り，返済しなければならないものであるから」とするアと対応。 (5) Add to this 以下は命令文になっており，〈命令文+and〜〉の構文(〜せよ，そうすれば)で，「ここに立ってごらん，もっと良く見えるから」のエがあてはまる。

(6) (A) had been allowed は過去完了受動態で「〜が許された」の意。had his eyelids taped open は〈使役動詞 have+O+過去分詞〉「O を〜される」。 (B) 仮定法過去完了の文。「もし(その時)〜だったなら，…だっただろう。」 (C) which は非制限用法の関係代名詞で，前文の

274

内容を受ける。　(D)　〈as if＋仮定法過去完了〉の文。「まるで〜であったかのように」。　(E)　as well as 〜「〜と同様，〜に加えて」の意。

┃全訳┃

　日常生活では，眠い人は計算間違いをしたり，物を壊したり，家族や友人や同僚に腹をたてたりする。まれに，悲劇的な結果をもたらすミスをすることもある。どのくらいの数の命にかかわる自動車事故が運転手の居眠り運転によってひき起こされるかを証明するのは難しいが，その数は多いはずである。研究室での実験によって，睡眠不足の頭は実際，容易にマイクロスリープ(被験者が気がつかないほどに短い瞬間的な意識の喪失)の状態に落ちることがわかっている。

　スタンフォード大学の我々の研究室での実験である。前の晩に4時間だけ睡眠を許されたボランティアは，目を開けておくためにまぶたにテープを貼られた(不快だが害にはならない)。不規則な光が点滅するたびにボタンを押すように言われた。数分間は平均6秒ごとに光が点滅した後，ボタンを押した。そして明るい点滅が彼の目に飛び込んだ。が，彼は何もしなかった。

　「なぜスイッチを押さなかったんですか」と私たちは聞いた。

　「点滅がなかったからです」と彼は答えた。

　脳の活動をモニターしていた機械は，点滅した瞬間に，男性が目を開けたまま2秒間，知らずに眠ってしまったことを示した。もし彼が車を運転していたら，その2秒間が惨事をもたらしたかもしれない。

　より多く，しかも変な時間に働かなければならないという社会的プレッシャーのため，過去1世紀で私たちの睡眠時間は約20％減った。これにさらに，仕事，家族，スポーツなどすべてをやりたいという私たちの欲求を加えれば，休息のために残された時間はほとんどない。

　一般に，大人は目覚めている3時間につき，1時間寝る必要がある。つまりたいていの人は一晩に約8時間の睡眠が必要である。もちろん，もっと必要な人やそれほど必要のない人もいる。子供や10代の人は平均約10時間必要である。

　脳は私たちがどのくらい睡眠を借りているか(不足しているか)を正確に記帳している。私と同僚はスリープデット(睡眠債務)という用語を作っ

た。蓄積された睡眠不足は借金のようなもので，返済されなくてはならない。もし十分な一晩の睡眠より1時間少なければ，1時間の睡眠債務が翌日に持ち越される。そして日中に寝込んでしまう傾向がより強まる。

　週5日労働で，毎晩必要な8時間ではなく6時間の睡眠をとったとすると，10時間(2時間×5日)の睡眠債務ができる。睡眠債務は加算されていくので，5日目には脳は徹夜していたかのようにとても眠たくなるだろう。こう考えると，土曜日に昼まで寝ても，夜に必要な8時間の睡眠に加えて，失われた10時間分を返済するには不十分である。睡眠の貸借勘定を精算するには午後5時くらいまで眠らなくてはならないだろう。しかし，睡眠と目覚めをコントロールする生物学的体内時計が監視しているため，たいていの人にとってそんなに長く眠ることは難しい。

例題 11

次の英文を読んで，あとの各問いに答えよ。

　Sleep is a normal condition of the body which occurs periodically and (1)is associated with a depression of bodily function. Sleep appears to be necessary for the repair of the processes of the living body. There is a depression of all the functions of the body to some degree but the depression of the central nervous system and the brain is especially marked, resulting (a) the unconsciousness which is called sleep.

　The amount of sleep required to maintain the body varies with (b). The new-born baby requires as (c) as 22 hours of sleep per day, the normal adult usually requires seven and one-half to nine hours, and the aged may require as (d) as five or six hours per day. (2)On the average males require more sleep than females. There is no evidence that sleep is more beneficial at any particular time of the night although the depth of sleep may vary considerably. (3)There is no doubt that sleep is deeper at night than sleep taken during the normal waking hours.

問1　文中の空所に入る適当な語を選べ。

a　ア．in　　　イ．of　　　ウ．to　　　エ．with
b　ア．age　　　イ．day　　　ウ．night　　エ．sex
c　ア．little　　イ．less　　ウ．much　　エ．more
d　ア．little　　イ．less　　ウ．much　　エ．more

問2　下線部(1)，(2)と同じになるように空所に適語を入れよ。

(1)　has something (　　　) (　　　) with a depression of bodily function

(2)　Females require (　　　) sleep (　　　) males.

問3　下線部(3)を和訳せよ。

解答

問1　a　ア　　b　ア　　c　ウ　　d　ア

問2　(1)　to, do　　(2)　less, than

問3　睡眠は通常起きている時間にとるよりも夜とる方がより深いということは確かだ。

解説

問1　a　result in ～「(結果として)～になる」
　　b　vary with ～「～によって変わる」　後に年齢によって睡眠時間がことなることが述べられているのでageを入れる。
　　c　「22時間もの睡眠」as much as 22 hours of sleep
　　d　「1日につき5，6時間しか」as little as five or six hours per day

問2　(1)　is associated with ～ = have something to do with ～「～と関係している」
　　(2)　比較の対象が入れ替っていることからmoreの反意語lessを入れればよい。sleepは不可算名詞なのでfewerは不可。

問3　There is no doubt that ～「～であることは確かだ」，sleep is deeper at night「睡眠は夜の方が深い」+ than sleep taken during the normal waking hours「通常起きている時間にとられる睡眠よりも」=「睡眠は通常起きている時間にとるよりも夜とる方がより深い」

全訳

　睡眠は定期的に起こる身体の通常の状態であり，身体機能の低下と関

係している。睡眠は生体プロセスにおけるを修復のために必要である。身体のすべての機能がある程度低下するが，中枢神経系や脳の機能低下が特に顕著であり，その結果睡眠と呼ばれる無意識状態になる。

　身体を維持するのに必要な睡眠の量は年齢によって変わる。新生児は1日に22時間もの睡眠が必要だし，正常な大人は7時間半から9時間必要だし，老人は1日に5，6時間しか必要としないかもしれない。平均して，男性は女性より多くの睡眠が必要だ。睡眠の深さはかなり変わるかもしれないが，睡眠は夜のある特定の時間にもっと有効だという証拠はない。睡眠は通常起きている時間にとるよりも夜とる方がより深いということは確かだ。

例題 12

次の英文を読んで，(1)～(3)の問いに答えよ。

　①For students of English as a second language, a good English dictionary is essential. It is a source of valuable information and if it is used correctly, the dictionary will serve as a useful tool toward your goal of English fluency.

　There are many types of dictionaries that a student may consider, including collegiate, learner's, unabridged, and bilingual dictionaries.

　For more advanced students, collegiate or college dictionaries are preferred. In addition to the standard word entries, collegiate dictionaries often contain sections with abbreviations, foreign expressions used in English, and biographical listings. Some also contain geographical listings.

　Learner's dictionaries are highly recommended. This type of dictionary is written specifically for students of English as a foreign language. Definitions are written in clear, easy to understand English. These dictionaries often anticipate learners' questions with special explanatory sections. They also use a standard phonetic alphabet to indicate pronunciation of entries.

　Unabridged dictionaries are the most comprehensive, but are not practical for second language learners because of their size and detail. These dictionaries are often found in the reference sections of libraries on special tables to accommodate their size and weight. An unabridged dictionary is an excellent source for determining the historical development of words, examples of sentences that demonstrate proper usage, antonyms, and synonyms.

A bilingual dictionary, which contains words both in your native language and in English, should be avoided. Often these dictionaries are incomplete and give only basic native language equivalent words. These words are frequently out of date or inappropriate for the context of the sentence in which you want to use the unknown words; thus entries in bilingual dictionaries can be misleading and can actually cause you to make mistakes. ②It is worthwhile for English language students to switch to a learner's dictionary as soon as possible, or to use it in conjunction with a bilingual dictionary. You will find that your vocabulary will increase faster by using an English language dictionary.

A dictionary gives you the information required to choose the best word for your needs. ③A typical dictionary entry contains the correct spelling of a word, followed by the word written in a phonetic alphabet, which shows how to pronounce it. The word is separated by syllables. These help you determine where to separate it at the end of a line when writing. Following the phonetic spelling of the word, its part of speech is indicated. The meanings of the word are given in a numerical order, sometimes followed by a sentence that shows the proper use of the word.

(1) 下線部①について, "a good English dictionary" として挙げられているものを全て, 本文より探し, 英語で記せ。

(2) 下線部②について, 筆者が述べている内容を日本語で説明せよ。また, 筆者がそのように述べている理由を本文の内容に即して, 日本語で説明せよ。

(3) 下線部③の内容を表している最も適当なものを，下のア～エより1
つ選び，その記号を記せ。

ア **max・i・mum** (măk'sə-məm) *n.*
pl. **-mums** or **-ma** (·-mə). *Abbr.* **max.**
A.a. The greatest possible quantity or
degree. **b.** The greatest quantity or
degree reached or recorded; the upper
limit of variation. **c.** The time or
period during which the highest point
or degree is attained. **B.** An upper
limit permitted by law or other
authority. **C.** *Astronomy.* **a.** The
moment when a variable star is most
brilliant. **b.** The magnitude of the star
at such a moment.

イ **max・i・mum** *n.* (măk'sə-məm)
pl. **-mums** or **-ma** (·-mə). *Abbr.* **max.**
1.a. The greatest possible quantity or
degree. **b.** The greatest quantity or
degree reached or recorded; the upper
limit of variation. **c.** The time or
period during which the highest point
or degree is attained. **2.** An upper
limit permitted by law or other
authority. **3.** *Astronomy.* **a.** The
moment when a variable star is most
brilliant. **b.** The magnitude of the star
at such a moment.

ウ **max・i・mum** (măk'sə-məm) *n.*
pl. **-mums** or **-ma** (·-mə). *Abbr.* **max.**
1.a. The greatest possible quantity or
degree. **b.** The greatest quantity or
degree reached or recorded; the upper
limit of variation. **c.** The time or
period during which the highest point
or degree is attained. **2.** An upper
limit permitted by law or other
authority. **3.** *Astronomy.* **a.** The
moment when a variable star is most
brilliant. **b.** The magnitude of the star
at such a moment.

エ **max・i・mum** *n.* (măk'sə-məm)
pl. **-mums** or **-ma** (·-mə). *Abbr.* **max.**
A.a. The greatest possible quantity or
degree. **b.** The greatest quantity or
degree reached or recorded; the upper
limit of variation. **c.** The time or
period during which the highest point
or degree is attained. **B.** An upper
limit permitted by law or other
authority. **C.** *Astronomy.* **a.** The
moment when a variable star is most
brilliant. **b.** The magnitude of the star
at such a moment.

解答

(1) ・collegiate or college dictionaries　　　・learner's dictionaries

(2) 学習者はできるだけ早く学習者用辞書に変更するか，バイリンガル
辞書と併せて使用する方がよいということである。多くの場合，バイリ
ンガル辞書は不完全で，基本的な母国語の対訳語しか載せていない。こ
れらの対訳語は，文脈に合うよう自分が知らない語を使うには，時代遅
れであったり，不適切であったりすることが頻繁に起こる。そのため，
バイリンガル辞書の見出し語は誤解を招き，実際に間違ってしまうこと
がある。一方，学習者用辞書は，外国語として英語を学ぶ者を念頭に書
かれており，定義が明確でわかりやすい英語で書かれている。この辞書
は特別な解説のセクションを設けており，学習者がもつ疑問に対応して
いる。また，見出し語の発音を示すために標準発音記号を使用している。
英語で書かれた辞書を使うことで，学習者は語彙をより速く増やすこと

ができるからである。　　　(3)　ウ

解説

(1)　本文の第2パラグラフにあるように，本文で紹介されている辞書は
大学生用辞典，学習者用辞典，(用語や定義を省略しないで掲載して
いる)大辞典，そしてバイリンガル辞典である。大学生用辞典と学習
者用辞典は，それぞれ第3パラグラフ1文目と第4パラグラフ1文目で
著者が推奨している。それに対し，大辞典とバイリンガル辞典は，そ
れぞれ第5パラグラフ1文目と第6パラグラフ1文目に，著者の批判的
な見解が示されている。

(2)　まず，下線が引かれた文を日本語訳すればよい。また，著者がこの
ように述べる理由としては，著者が学習者用辞典を好ましいと考える
理由と，バイリンガル辞典が好ましくないと考える理由を整理して書
けばよい。学習者用辞典が好ましい理由は第4パラグラフ2〜5文目と
第6パラグラフの5文目に，そしてバイリンガル辞典が好ましくない理
由は第6パラグラフの2文目と3文目に述べられている。これらの情報
を対比的にまとめればよいだろう。

(3)　下線が引かれた英文は，「典型的な辞書の見出し語は，語の正しい
綴りに続いて，その語の発音の仕方を示す発音記号が書かれている。
語の表記はシラブルで区切られており，書く時に行末でどのように区
切るべきかを決めるのに役立つ。発音記号の後には，その語の品詞が
書かれている。語の意味は番号順に並べられており，その語の正しい
使用方法を示す文が続くこともある」の意である。アは語の意味がア
ルファベット順に並べられており，イとエは品詞が発音記号の前にあ
るので誤りである。

長文読解　総合問題

例題 1

次の文章を読み，あとの問い(A・B)に答えよ。

My hometown was a sleepy place, safe and clean, but far from the bright lights of New York City, which shone two hundred miles to the south. It was, I suppose, a great place to grow up. As there was little traffic, kids could ride their bicycles anywhere. There were many gardens and parks full of trees and flowers. The air was fresh, and the nights were peaceful. But my hometown bored me and some of my friends. One day, however, a very special day, all of that changed.

My mother came home from shopping out of breath with excitement and announced that Mrs. Beakey had been bitten by a snake.

"What's so unusual about that?" I asked. In the woods surrounding the town there lived many snakes, and every once in a while some unfortunate person would put a hand where it should not have gone and would soon regret it.

"Well, it happened in Marci's Department Store, John," she replied.

"What? Are you serious?"

"I sure am," she said. "She put her hand into a rolled-up carpet and felt something grab her finger."

"Why would she want to do a thing like that?" I remarked.

"Well, Mrs. Beakey is always doing strange things."

Actually, it was pretty hard to say much about Mrs. Beakey, because she was frequently out of town. Beakey, you see, was a writer and spent a great deal of time on the road doing research for her books. She was hardly ever home.

"Where is she now, Mom?" I asked.

"Well, I suppose she's at Hope Hospital."

Hope was the town's only hospital, so there was really no place else for someone in Mrs. Beakey's condition to go. I immediately regretted asking the question. But before I could change the topic, the doorbell rang. It was my best friend, Roger.

Roger and I had known each other since elementary school. He had a very good imagination, and I often thought that he would become an artist or a writer or something. He didn't, but that's another story.

"What's up?" I asked.

"Did you hear about Mrs. Beakey?" he shouted.

"Yeah, she got bitten by a snake at Marci's Department Store."

"No way. She got bitten by a rare African spider at Merlin's Bakery," Roger insisted.

"Hey, something's wrong here, Roger. I heard it was a snake."

"Okay, let's call Hope Hospital and check," Roger said.

"They're not going to give out that kind of information. It's personal."

"Yeah, you're right. Maybe we should just ask to speak to her."

"Good idea," I replied.

We went over to the phone and made the call. The operator on the other end was polite, but she sounded slightly annoyed. "You want to know about Mrs. Beakey, too?" she said.

"Is she all right?"

"Well, it depends on whether you think she has been bitten by a snake, punched by a kangaroo, kicked in the head by a horse…," the operator answered.

"I don't understand," I said.

"Then I'll explain it. You see, I happen to know Mrs. Beakey very well. She's my next-door neighbor, and she is now in Chicago. Listen, young man, do you happen to know what day it is today?"

Being a kid, I didn't. I did not start to be concerned about such things as dates until I got my first job. "No," I replied.

"Well, it's April 1st, and you know what that means, don't you?"

At that point, the operator, my excited friend Roger, and I shouted, "April Fools' Day!"

All of us, even my usually wise mother, had been fooled. But we all learned a couple of things from all of that : stories that travel around in small towns often become wild and crazy, and facts should be checked before you believe anything.

A 次の問い1～5に対する答えとして最も適当なものを，それぞれ下の①～④のうちから1つずつ選べ。

問1 What made John's mother excited when she talked about Mrs. Beakey?

① She thought she could make fun of her son.

② She thought something unusual had happened to Mrs. Beakey.

③ Mrs. Beakey did not like her very much.

④ Mrs. Beakey had always done strange things.

問2 Why couldn't John talk a lot about Mrs. Beakey?

① She was a very strange person.

② She was not John's neighbor.

③ He had never read her books.

④ He did not know her well enough.

問3 Why did John want to "change the topic"?

① His best friend, Roger, was at the door.

② He thought he had asked a stupid question.

③ His mother did not want to discuss snakes.

④ He did not know enough about the town.

問4 Why was the operator annoyed?

① She thought John did not understand her explanation very well.

② She did not want Mrs. Beakey to go to Chicago.

③ She had received many calls from people asking about Mrs. Beakey.

④ She happened to live next to Mrs. Beakey.

問5　What did the experience teach John?

① You cannot accept everything you hear as true.

② Stay away from "unusual" people like Mrs. Beakey.

③ You should be careful where you put your hands.

④ It is good to grow up in a small town.

B　本文の内容と合っているものを，次の①～⑧のうちから3つ選べ。

① To get to New York City, John would have had to go east.

② There was usually not much excitement in John's town.

③ Mrs. Beakey was bitten by a snake in a department store.

④ Work often took Mrs. Beakey away from home.

⑤ Snakes were never a problem for people who lived in and around John's town.

⑥ Roger had such a good imagination that he made up many stories about Mrs. Beakey.

⑦ John and Roger visited Mrs. Beakey in the hospital on April 1st.

⑧ John and Roger learned that Mrs. Beakey was not at the hospital.

解答

A　問1　②　　問2　④　　問3　②　　問4　③　　問5　①

B　②・④・⑧

解説

A

問1　「ジョンの母親がビーキーさんのことについて話したとき興奮したのはなぜでしょう」

　　第2段落でビーキーさんがヘビに噛まれたと言って母親が興奮して帰宅したことが述べられているが，続いてジョン自身は「何がめずらしいの？」と言って，この町ではめずらしくないことがわかる。その後の文でそれがデパートで起きたことがわかる。それにはジョンも驚いている。つまり，デパートでヘビに噛まれるという考えられないような出来事に母親は興奮していると考えられる。②「彼女は異常なこ

とがビーキーさんに起こったと思った」が適切。

問2　「ジョンがビーキーさんについて多くを語らなかったのはなぜですか」

　　第9段落の内容から，ビーキーさんは作家で調査のため町を離れていることが多い。町で見かけない人はなじみがないと考えるのが普通。④「彼は彼女をあまりよく知らなかった」が適切。

問3　「ジョンは話題を変えたかったのはなぜですか」

　　"Where is she now, Mom?"から始まる箇所で，ヘビに噛まれた人が行くところと言えばひとつしかない病院に決まっているので「その質問をしたことをすぐに後悔した」。あまりにわかりきったことを聞いたことに気づいたからだ。②「彼は愚かな質問をしたと思った」が適切。

問4　「交換手が困ったのはなぜですか」

　　We went over to the phone…から始まる段落で，第3文目の交換手のセリフに「あなたも」とある。またビーキーさんに起きたこととして「ヘビに噛まれた」「カンガルーに殴られた」「馬に蹴られた」があるということはジョンが電話する前にすでに少なくとも3回同様の電話があったことがわかる。③「彼女はビーキーさんのことについて聞きたい人から何回も電話を受けていた」が適切。

問5　「その経験からジョンは何を学びましたか」

　　最終文で2つの教訓「小さな町ではうわさは大げさでとんでもないことになる」と「信じ込む前に事実を調べる」を学んだとある。①「聞いたことは何でも真実として受け入れるわけにはいかない」が適切。

B①　「ニューヨークへ行くには，ジョンは東に行かなければならなかっただろう」

　　冒頭の第1文に，which shone two hundred miles to the south.とある。このwhichはニューヨークを指す。「南へ200マイル行ったところで輝いていた」とある。東ではない。

②　「ジョンの町ではふだんあまり興奮するようなことは起こらなかった」

　　第1段落の第1文と第6文の内容と一致する。

③ 「ビーキーさんはデパートでヘビに噛まれた」

　最終段落第1文に「みんなだまされた」とあり，その直前の文で
エイプリル・フールだったことが明確になったので，ヘビに噛まれ
たというのはうそだったのである。

④ 「ビーキーさんは仕事でよく家を留守にした」

　Actually, it was…で始まる段落の内容と一致する。ビーキーさん
は作家で家をあけることが多かったのである。

⑤ 「ジョンの町やその周辺に暮らす人にとって，ヘビは一度も問題に
ならなかった」

　"What's so unusual…で始まる段落の第2文In the woods…以下
に「手を置くべきでないところに手を置いてしまう不運な人もいる」
と書いてあり，これはヘビがいる場所にうっかり手を置いてしまっ
たことを述べている。それがonce in a while「ときどき」あるのだ
から，選択肢のneverは誤り。

⑥ 「ロジャーはとても想像力が豊かだったので，ビーキーさんについ
てたくさんの作り話を作った」

　Roger and I had known…で始まる段落の第2文にロジャーが想
像力豊かなことは書かれているが，「それはまた別の話だ」と言って
いる。ビーキーさんの作り話を作ったことについての記述はない。

⑦ 「ジョンとロジャーは4月1日に病院へビーキーさんを見舞いに行っ
た」

　We went over ～で始まる段落の第1文に made the call「電話をか
けた」とある。病院には行っていない。

⑧ 「ジョンとロジャーはビーキーさんが病院にはいないことを知っ
た」

　交換手の3番目のセリフの第3文で「今シカゴにいる」と述べてい
る。ビーキーさんは病院にいないことがわかったので一致する。

┃全訳┃

　僕の故郷の町は眠くなるようなところで，安全で清潔だったが，200マ
イル南のニューヨークの光り輝く明るさとはかけ離れていた。僕の故郷
は子どもが大きくなるのにはすばらしい場所だったと思う。車もほとん

どなかったので，子どもたちはどこででも自転車に乗れた。木や花がいっぱいの庭園や公園がたくさんあった。空気は新鮮で，夜も平穏だった。でも，僕の故郷の町は僕や友達には退屈だった。ところが，ある日のこと，それは特別な日だったけれど，そういったすべてのことが変わった。

母が興奮して息を切らして買い物から帰って来ると，ビーキーさんがヘビに噛まれたと言った。

「それがどうしてそんなにめずらしいことなの？」と僕は尋ねた。町を取り囲む森にはヘビがたくさんいて，不運にもまずいところに手を置いて，すぐさま後悔するような人がときどきいたからだった。

「それがね，マーシ・デパートで起きたのよ，ジョン」と母は答えた。

「何だって？　うそでしょう？」

「本当よ」と母は言った。「巻いてあったカーペットに手を入れたら，何かが指をつかむ感じがしたんですって」

「何でそんなことをしようと思ったの？」と僕は言った。

「そうね，ビーキーさんはいつも変なことばかりしているのよ」

実は，ビーキーさんのことについて多くを語るのはかなりむずかしかった。彼女はしばしば町から出ていたからだ。何しろビーキーさんは作家で，執筆のための取材旅行に多くの時間を使っていたのだ。彼女が家にいることはほとんどなかった。

「母さん，今ビーキーさんはどこにいるの？」と僕は尋ねた。

「そうね，ホープ病院にいると思うわ」

ホープ病院は町で唯一の病院だったので，ビーキーさんのような状態の人が行くところは実際他にどこにもなかった。僕はその質問をしたことをすぐに後悔した。でも，僕が話題を変える前に呼び鈴が鳴った。親友のロジャーだった。

ロジャーと僕は小学校のときからの知り合いだ。彼はとても想像力豊かで，彼は芸術家とか作家とか何かそういったものになるだろうなと僕は思っていた。彼はそうならなかったけれども，それはまた別の話だ。

「何かあったの？」僕は尋ねた。

「ビーキーさんのこと，聞いた？」と彼は大声で言った。

「うん。マーシ・デパートでヘビに噛まれたんだって」

「そうじゃないよ。彼女はマーリン・ベーカリーでアフリカのめずらしいクモに噛まれたんだよ」とロジャーが言い張った。

「う～ん，何か変だな，ロジャー。僕が聞いたのはヘビだったよ」

「よーし。ホープ病院に電話して調べてみよう」とロジャーは言った。

「病院はそういう情報をもらしたりしないよ。個人的なことだもの」

「そうだな，君の言うとおりだ。ただビーキーさんと話したいとだけ頼んだほうがいいね」

「そりゃいい考えだ」と僕は答えた。

僕たちは電話のところに行ってかけた。電話口に出た交換手は親切だったが，少し困ったような口ぶりだった。「あなたもビーキーさんのことが知りたいの？」と彼女は言った。

「ビーキーさん，大丈夫でしょうか？」

「そうね，それはあなたがどう思っているかによるわね。ビーキーさんがヘビに噛まれたのか，カンガルーに殴られたのか，馬に頭を蹴られたのか…」と交換手は答えた。

「どういうことですか」と僕は言った。

「では説明するわ。ええとね，私はたまたまビーキーさんのことをとてもよく知っているの。お隣さんだから。彼女は今シカゴにいるのよ。いい，あなた，今日は何の日か知ってる？」

僕は子どもだったので知らなかった。日付などというものを気にし始めたのは最初の仕事に就いてからだ。「いいえ」と僕は答えた。

「あのね，今日は4月1日よ。これがどういうことかわかっているわよね」

その瞬間，交換手，興奮した友達のロジャー，そして僕が一斉に叫んだ。

「エイプリル・フール！」

僕たちみんな，いつもは賢い母までも，だまされたのだった。でも，僕たちはみんなこのことから2つのことを学んだ。すなわち，小さな町で広まるうわさは大げさでとんでもない話になることがよくあるということと，何かを信じ込む前に事実を調べるべきだということだ。

例題 2

次の英文を読んで，以下の(1)～(7)の各問いに答えよ。

Teaching and learning through a foreign or second language is not a novel ①phenomenon; on the contrary, it has occurred throughout the history of education. Interest in the matter has recently increased considerably, which may at least partly be explained by the current societal situation. [ア] Content and language integrated learning (CLIL) attracts educators and researchers, for it may be an ideal environment for achieving good proficiency in an L2.

CLIL programmes vary a great deal but nonetheless they share a number of key features. CLIL ②invariably involves dual focus in that the basic objective of any type of CLIL is to integrate the learning of a non-language subject matter with the acquisition of a language other than the learners' Ll. Further, all CLIL programmes explicitly focus on the development of learners' thinking skills (Räsäen, 1994; Sjöholm, 1999), entailing the development of the learning strategies and cognitive skills necessary for academic progress on all levels of education. In the light of the latter point, CLIL and *GEN education do not differ much in the Finnish context, as objectives of a similar kind are written down in the mainstream curriculum as well (Finnish National Board of Education, 2004).

As for learning results in CLIL, compared with mainstream classes, studies that have investigated the effects of CLIL on the learners' mother tongue skills (a severe concern for some parents and educators) have shown that CLIL does not have a negative impact on the development of Ll, some actually suggesting that the situation may be quite the opposite. [イ] As an example, Merisuo-Storm (2002) examined pupils' Ll skills in reading and writing in elementary instruction and found that CLIL learners generally ③outperformed their peers attending the monolingual stream. Another concern has been related to the acquisition of content knowledge. According to the results of Seikkula-Leino (2007), there were no ④marked differences between classes taught in their Ll Finnish and those taught in L2 English. (A), Xanthou(2011) found that both groups, CLIL (with English as the language of instruction) and mainstream (Cypriot Greek), gained equal amounts of content knowledge in science classes, in addition to which the CLIL pupils demonstrated a marked increase in L2 vocabulary.

Also research concentrating on the development of L2 skills in CLIL has produced encouraging results. [ウ] Jävinen (2005; see also 1999) tracked the syntactic development of relativisation, as measured by elicited imitation and grammaticality judgements, in CLIL and mainstream education during elementary school in Finland. Her results suggest that foreign language acquisition is substantially faster and more versatile in CLIL than in general classes in that the CLIL group could produce sentences significantly longer, more complex and more accurate than the control group, in the elicited imitation task. Valtanen (2001) investigated overall English proficiency at the end of lower secondary school and measured English skills in reading, listening, writing, speaking, and grammar. CLIL learners scored on average higher than their mainstream peers in each section of the test. The results imply that CLIL has a clear positive effect on the development of English competence as a whole. In fact, the CLIL learners were so advanced that a ceiling effect was found in most of the tasks, that is, the level of their proficiency could not actually be discovered with the national test battery aimed at the regular ninth-graders. [エ]

Karonen's (2003) study is one of the few aimed at investigating vocabulary learning in CLIL. She explored lexical organisation by conducting a word association test on both CLIL students and students following the mainstream curriculum. She hypothesised that CLIL learners' lexicons would be more organised in nature and that

291

they would give more paradigmatic responses typical of native speaker adults, whereas the learners in formal language instruction were expected to give more syntagmatic responses typical of native speaker children. However, no marked differences were found between the classes in this respect. That is to say, no developmental syntagmatic-paradigmatic shift was found in either of the groups. One reason might be that learners were simply too young (5th, 7th, and 9th graders) for the organisation dimension of their lexicons to have developed sufficiently. The case might be different with more advanced learners.

(Adapted from Päivi Pietilä, and Riika Merikivi, 'The Impact of Free-time Reading on Foreign Language Vocabulary Development' in *Journal of Language Teaching and Research, Vol. 5, No. 1, pp. 28-36*, January 2014)

(注)

* GEN education: general mainstream education

(1) 本文中の下線①〜④とほぼ同じ意味を表すものを，以下の1〜4からそれぞれ選び，記号で答えよ。

① 1 fact   2 author   3 remedy
   4 hope

② 1 rarely   2 mercifully   3 accidentally
   4 constantly

③ 1 failed   2 surpassed   3 matched
   4 coordinated

④ 1 affluent   2 objectionable   3 insubstantial
   4 conspicuous

(2) 次の文が入る最も適切な箇所を，本文の[ア]〜[エ]から選び，記号で答えよ。

The on-going European integration and internationalisation in general continuously lay more and more demanding objectives on learning and teaching additional languages.

(3) 本文中の（　A　）に入る最も適切なものを，次の1〜4から選び，記号で答えよ。

1　In comparison　　　2　In short　　　3　Nevertheless
4　Similarly

(4) 次の文章は，第2段落の内容の一部をまとめたものである。文章中の（　ア　）〜（　ウ　）に適切な日本語を入れよ。

> 　筆者は，CLILに共通している特徴として，次の二つを挙げている。
> ・言語以外の学習内容を学ぶことと（　ア　）を結び付けることを基本的な目標としている。
> ・学習者の（　イ　）を育成することに重点を置いている。それは，あらゆる教育段階における学力向上に必要な（　ウ　）と認知能力の育成を伴う。

(5) 以下のア，イの各英文について，本文の内容に合っている場合はT，合っていない場合はFと答えよ。

ア　According to some studies, the effects of CLIL on the learners'L1 skills have no minus factor compared with those of mainstream classes.

イ　In Karonen's word association test, CLIL learners gave more paradigmatic responses than the learners in formal language instruction.

(6) 本文の内容に関する次の質問に英語で答えよ。

What made Jävinen think that foreign language acquisition is substantially faster and more versatile in CLIL than in general classes?

(7) 次の英文は，第4段落の内容の一部をまとめたものである。英文中の（　ア　）〜（　エ　）に適切な英語を1語ずつ入れよ。

> Valtanen conducted (　ア　) on overall English proficiency at the end of lower secondary school, and he found that the average (　イ　) of CLIL learners in the English test was higher

than that of their mainstream peers. The results suggest that CLIL positively (ウ) the development of English competence as a whole. The CLIL learners were so advanced that the national test battery aimed at the regular peers was not (エ) enough to discover the level of the CLIL learners' proficiency.

解答

(1) ① 1　② 4　③ 2　④ 4　(2) ア　(3) 4

(4) ア　第一言語以外の言語の習得　イ　思考力　ウ　学習方略

(5) ア T　イ F　(6) The fact that the CLIL group could produce sentences significantly longer, more complex and more accurate than the control group in the elicited imitation task did.

(7) ア research　イ score　ウ affects　エ difficult

解説

CLIL(Content and Language Integrated Learning)とは「内容言語統合型学習」と呼ばれ、外国語を通して何かのテーマや教科科目を学ぶ学習形態のことを指す。CLILの主な特徴は、学習者の学習方略や思考力育成などを目標としていることである。本問では、従来型の教育を受けた生徒と比べて、CLILで学んだ生徒の第二言語の技能面が向上し、教科内容の知識面でも劣ることはなく、さらにCLILは母語習得にマイナスの影響は及ぼさなかったと報告されている。

(1)　①　phenomenon「現象・事象」。　②　invariably「常に、必ず」。　③　outperform「～より優れている」。surpass「(能力・性質・程度などで)～より優る」。　④　marked「顕著な、著しい」。

(2)　挿入する文が表す内容は「ヨーロッパの統合と国際化のために、外国語を学び、教えることへの需要が高まっている」である。アの直前で、外国語を介して学習し、教えることへの関心が高まり、これは社会的状況によって説明されるとある。この「社会的状況」を具体化した内容が「ヨーロッパの統合と国際化」と考える。さらにこれを受けて、アの後ではCLILが教育者や研究者の注目を集めていると述べられていることからもアが適切。

(3) 空欄Aの前では，母語であるフィンランド語で教えたクラスと第二言語の英語で教えたクラスとの間に教科内容の知識面では顕著な差がなかったと説明されている。空欄Aの後でも，Xanthou (2011)の研究において類似する結果が得られたと報告されている。よってSimilarly「同様に」が適切。

(4) 第2段落の2文目，3文目より適語を拾う。アはthe acquisition of a language other than the learners' L1，イはthinking skills，ウはlearning strategies。

(5) ア「いくつかの研究によると，学習者の母語のスキルへのCLILの影響には，従来の授業と比べてマイナスの要因がない」。第3段落の1文目より正しい。　イ「Karonenの語連想テスト(word association test)において，CLIL型学習者は従来の指導を受けた学習者より，並列反応(paradigmatic response)を示した」。最終段落の4文目より，語連想テスト(word association test)において，CLIL型学習者も従来の指導を受けた学習者も語彙習得において差が見られなかったので，誤り。

(6) 問いは「外国語習得は一般的な授業よりCLILの方がかなり速く，多面的なスキルが身につくとJävinenに思わせたものは何か？」。第4段落の3文目のin that以下に，CLIL型学習者の方が対照群(従来の指導を受けた学習者グループ)より長く複雑で正確な文を作ることができたという結果が報告されている。

(7) ア　第4段落の4文目よりValtanenが英語の文法と4技能を測るための「研究」を行ったことがわかるのでresearchを入れる。　イ　空欄は形容詞averageの後にあるので，名詞が入るとわかる。第4段落の5文目より，Valtanenが英語の4技能を測る試験で，CLIL型学習者の方が従来の授業を受けた生徒より「点数」が高かったことがわかるのでscoreを入れる。　ウ　第4段落の6文目より，CLILが英語の能力向上に「寄与している」ことがわかるので，affectを入れる。positively affect「～に良い影響を与える」。　エ　第4段落の最終文に，「CLIL型学習者の言語能力が高すぎて課題の大部分で天井効果が現れてしまい，従来型の授業を受けた生徒の言語能力を測るための試験では，彼らの能力を測ることができなかった」とある。つまり，この試験は

CLIL型学習者にとっては「難しくない」試験であったことを示しているので，空欄にはdifficultを入れるのが適切である。

次の英文を読んで，あとの問いに答えよ。

With the decrease in physical education and recess time over the past 30 years, several disturbing trends have emerged. One of them is the issue of obesity: it is reported that 1 in 3 children in the U.S. is overweight — double the figures from the 1980s. Diagnoses of children with attention-deficit hyperactivity disorder (ADHD) have also skyrocketed in recent years. There are 5.7 million children aged 6-17 who have been diagnosed with ADHD. If these statistics were related to an infectious disease, we would declare it a full-blown outbreak. Instead, we call it "education as usual."

Is it any wonder then, that children are bored, off-task, disruptive or otherwise disengaged when all they do is sit at desks and listen to lectures or work on assignments with little physical activity involved? From kindergarten through high school, students spend most of their academic lives at a desk. A classroom in which students quietly work at their desks might appear to be (①), but the amount of time we subject children to a seated position is almost (②).

Beyond the obvious health-related issues, research suggests that desk-bound education might be the reason that students' creativity and intelligence are hindered throughout their formative years. Until the age of 4, children are continually playing and learning in a state of constant motion. But when they enter school, the focus shifts to uniformity, control, following rules and sitting at a desk. We are dealing with our students unfairly when it comes to overall education and student achievement. So, what is it about movement and learning that is so important, anyway?

First, physical activity improves brain flexibility which allows children to learn more easily. Second, there is evidence that contact with the natural environment has a calming effect on children. And third, exercise releases *endorphins that make children feel more relaxed. Finally, the part of the brain that processes movement also processes learning. So when students are sitting still, the learning process is actually (③) rather than (④).

Several studies offer evidence that years of fine motor exercise allow brain reorganization and nerve growth. Physical movement such as standing, stretching, walking or marching can help the brain focus. If students feel sleepy, for instance, they should be allowed to stand at the back of the room for up to two minutes and stretch on their own.

Changes in body position help develop the *vestibular system, alter blood chemistry, and develop core muscles. And ⑤physical activity helps develop the executive function part of the brain where new learning is processed. Executive function includes cognition, organization, focus, emotional regulation, and the ability to multitask, therefore, helping students succeed academically.

When surveyed, teachers typically say that classroom management is the toughest part of teaching. They have all been trained in different methods to manage behavior. Many teachers say that relationships, expectations and consistency are key to behavior management. But behavior has less to do with teachers' actions than it does with the students themselves.

If a student is constantly rocking, swaying, or tapping a pencil or foot, it doesn't mean they don't care about rules and expectations; it means they are children who (⑥). As I mentioned above, the executive function area of the brain has characteristics that influence a student's ability to behave in class. If someone sees students droop over their desks, tapping a pencil or a water bottle, he/she might think that the teacher is not engaging or that the lesson is boring. Neither of them is true; students are lack the core strength to sit up and focus on the lessons.

Over the past three decades, we have seen tremendous increases in ADHD diagnoses and the number of overweight students. A physically active classroom could also turn ⑦these trends around.

What are the effects of adding more physical activity to the academic classroom? Research shows many benefits: there has been a decrease in ADHD medication among the students in classrooms with increased physical activities, and the *body mass index among overweight students in active classrooms showed significant decreases. Executive function and working memory also showed significant improvement, leading to improved academic achievement.

These results reinforce ⑧the idea that the traditional desk-centered classroom must be redesigned to better suit students' needs. It can even be as simple as giving students a "brain break" every 15 minutes to stand and stretch. To increase student focus, on-task behavior, achievement and general well-being, include physical activity in the classroom. It's time to get students out of their seats and learning on their feet!

(注)　endorphins　エンドルフィン(幸福感を生み出す神経伝達物質)
　　　vestibular system　(内耳の平衡感覚の)前庭系　　body mass
　　　index　肥満指数(BMI)

【Modified from "Why students shouldn't be forced to spend so much time sitting at desks in class" by Valerie Strauss, The Washington Post (February 7, 2019)】

1 (①), (②)に入る最も適切な組み合わせを，次のア～エから1つ選び，記号で答えよ。

　　ア　①　tough　　　　②　traditional
　　イ　①　educational　②　human
　　ウ　①　real　　　　　②　academic
　　エ　①　ideal　　　　②　inhumane

2 (③), (④)に入るのに最も適切なものを，あとのア～エから1

つずつ選んで，記号で答えよ。

ア controlled　　イ enhanced　　ウ hindered　　エ repeated

3　下線部⑤によりもたらされる教育的効果は何か，本文の内容に合うように10字程度の日本語で書け。(句読点含む)

4　(⑥)に入れるのに最も適当なものを，次のア～エから1つ選び，記号で答えよ。

ア　have lots of energy

イ　concentrate on lessons

ウ　are affected by teacher

エ　lack behavior management

5　下線部⑦が指す内容を日本語で書け。

6　下線部⑧が指す具体的な取組例として本文中に述べられている内容を日本語で書け。

7　本文の内容と一致するものを，次のア～オから2つ選び，記号で答えよ。

ア　The decrease in physical education and recess time has made educational systems unrecoverable.

イ　Teachers' actions play a more important role than the students' physical movement in academic classroom.

ウ　As movement affects learning, students' creativity and intelligence are inhibited by desk-bound education.

エ　The results of physical activity in class promote the redesign of classroom to meet the needs of students.

オ　Students are easy to calm down in traditional desk-bound education by following the rules of the school.

解答

1　エ　　2　③　ウ　　④　イ　　3　生徒の成績が上がること。(12字)

4　ア　　5　ADHD(注意欠陥多動障害)や肥満の生徒が急激に増えていること。　　6　15分毎に立って，ストレッチをすること。

7　ウ，エ

解説

1　空欄を含む文は「生徒が自身の机で静かに勉強している教室は

（　①　）であるように思うかもしれない，しかし，私たちが生徒たちを座らせている総時間はほとんど（　②　）である」という意味である。①は，教師にとって生徒が自身の机で静かに勉強しているという教室は「理想的」であると考えられる。一方，②では，前文の内容に対し「しかし」から文が始まっているため，マイナスな意味の「非人道的な・過酷な」が入ると考えられる。

2　空欄を含む文は「なので，生徒たちがじっと座っていると，実際，学習プロセスは（　④　）ではなく（　③　）」という意味である。第4段落では，体を動かすことの利点が述べられている。よって，じっと座っていると学習プロセスが「妨げられる」と考えられる。また，rather than「よりむしろ」以下には，それと反対の意味の語が入ると考えられるため，「促進される」が適切である。

3　下線部⑤は「体を動かすことは新しい学習が処理される脳の実行機能が発達するのに役立つ」の意味。第6段落3文目にexecutive function「実行機能」の役割が述べられているが，本問では教育的効果は何か，と問われているため，therefore以下をまとめるとよい。

4　空欄を含む文は「もし生徒が絶え間なく体をゆすったり，鉛筆や足をコツコツ叩いたりする場合，それは規則や期待に注意を払っていないことを意味しているのではない。それは生徒たちが（　⑥　）である子どもたちであるということを意味している」という意味である。本問は本文中に答えとなる根拠が明示的に書かれていないが，イの「授業に集中する」は第8段落最終行students are lack以下の文より誤り。また，ウの「教師に影響を受ける」とエの「行動管理が欠けている」はどちらも教師による働きかけであり，第7段落最終行But behavior以下の文に，「教師の行動とはあまり関係なく，生徒自身と関係がある」と書かれているため誤り。よって，アの「多くのエネルギーを持っている」が正しいと推測できる。

5　下線部⑦は「これらの傾向」という意味である。これは前文のtremendous increases以下を指しているので，この部分を訳せばよい。

6　下線部⑧は「伝統的な机中心の教室は生徒たちの必要性により合わせるために，再設計されるべきであるという考え」という意味である。

前段落の内容から，机に座っているだけでなく，体も動かした方がいいという考えであると推測できるため，次文のgiving students以下をまとめるとよい。

7　第3段落1文目より，ウの「行動が学習に影響を与えるため，生徒の創造性や知性は机にしばられるような教育によって抑制される」は正しい。また，最終段落1文目より，エの「授業中における体を動かすことに関する研究結果により，生徒たちの必要性に合わせた教室の再設計が促進された」は正しい。アは本文中でphysical education「体育」の話はされていないため誤り。イは第7段落最終文に教師の行動よりも生徒自身と関係があると述べられているため誤り。オは生徒たちが机にしばられるような教育において落ち着きやすいといったような記述は本文中にはないため誤り。

例題 4

次の文を読み，あとの各問いA〜Cに答えよ。

　When a baby is born, the parents often feel that they would like to give that baby a perfect life. It's a very natural feeling, but of course not a realistic (1)one, especially if "perfection" means a life that is always happy. Our children will sometimes hurt and suffer no matter what we do. They will have stomach pains and growing pains, feel jealousy, disappointment, and all the rest. Very early in our children's lives we will be forced to realize the "perfect" untroubled life we'd like for them is just a fantasy. In daily living, tears and fights and doing things we don't want to do are all part of our human ways of developing into adults.

　Nevertheless, the fantasy continues within the hearts of many loving parents : "Certainly there's something perfect I can give to my children. Even if it can't be the whole of life, maybe it can at least be one day each year." And many parents choose their child's birthday for that day, filling it with fancy presents and events. Unfortunately, days like that often bring tears and disappointments, with parents feeling that the child never appreciated any of their efforts. There's a disappointment that turns the "perfect" day into a most imperfect one. And yet the very next year, the very same thing happens. The wish always remains in parents' hearts to create something perfect for their child.

One thing we may not realize is that it can be hard for a child to receive too much of anything — gifts, food, attention — at one time. I can remember birthdays when I received so many things that I felt it was too much. I couldn't express it in words when I was little, but my feeling was, "How can I (イ) up for all this? How can I ever say thank you enough? How can I ever be good enough in return?" It was an unpleasant feeling, even with joy of the day. Parents, without knowing it, may also have negative feelings. Their investment of time, money, and comfort can lead them to expect their children to give them back an abundance of happy feelings. If their children don't respond with total joy, and if the day is spoiled by quarrels, they may feel, "We did all this for you, so why aren't you happy? Why can't you be good for once?"

Birthdays are more likely to be happy days if we are responsive to how our children need to feel rather than to what our children think they want. Children need, for instance, to feel important, and a birthday is a grand opportunity to let a child feel "in charge." One way we can do this is to let the birthday child choose something for the whole family to enjoy together. It can be helpful for you to offer some reasonable suggestions, like going out to a farm, making a picnic, going to a puppet show or a circus, or visiting any of the places in a town or city that have been set up for children's enjoyment. What matters is that it is the child's choice, that you can agree, and that the family can do it together.

Often, such events have to be postponed to the nearest weekend. If that's the case, the child's actual birthday could include a family breakfast, a chance for the child to decide on the supper menu, and a family reading of a favorite story before bed. These are the sorts of simple things that come to my mind, but family can work out ways of their own.

If the birthday weekend includes a children's party, many parents have found it wise to be careful about inviting too many people. We all know that large groups of five-year-olds can generate a lot of excitement, often ending in tears and frustration. If you feel uneasy about such large groups, you might ask your child to invite just a few special friends. "Would you like to ask Mandy, Eric, and Kate to come over for cake and ice cream? Is there anyone else you'd especially like to invite?" That way, you can keep the size of the party down to a number that is comfortable for both you and your child. I know parents who allow their daughter to invite just as many friends as the number of years she is old. When their daughter was three, she invited three friends. At four she invited four. That seemed to work well.

Birthdays are meant to be "You Are Special!" days that celebrate the arrival of a particular person into this world and express our continuing joy in having that person among us. Parties and presents, of course, have their role as a traditional part of birthdays. But when we let (2)them become what birthdays are all about, we have missed a once-in-a-year chance to give our child a strong sense of the importance of his or her (　ロ　) in our family.

A．文中の空所（　イ　）・（　ロ　）を補うのに最も適当な語を，それぞれ対応する次の1〜4から1つずつ選べ。

イ　1．give　　2．keep　　3．make　　4．sit
ロ　1．friends　2．memory　3．place　4．response

B．文中の下線部(1)，(2)の指す語句を本文中から抜き出し，それぞれ書け。

C. 次の1～5のそれぞれに続くものとして，本文の内容と最もよく合致するものを，各イ～ニから1つずつ選べ。

1. The main purpose of this article is to
   - イ．give advice.
   - ロ．criticize parents.
   - ハ．describe typical birthdays.
   - ニ．praise children.

2. According to the author, children may become uncomfortable on their birthdays because they
   - イ．feel unable to express their thanks.
   - ロ．aren't allowed to invite enough friends to their parties.
   - ハ．don't get the presents they really want.
   - ニ．are ignored by their family.

3. The author would agree that
   - イ．birthdays aren't so important in children's lives.
   - ロ．parents should give their children more presents.
   - ハ．children don't always know what is best for them.
   - ニ．some children aren't interested in birthdays.

4. In the third paragraph, the author states that parents may also have "negative feelings." This refers to their
   - イ．envy that their children had a wonderful birthday.
   - ロ．disappointment that their children don't show enough appreciation.
   - ハ．frustration that they can't give enough presents to their children.
   - ニ．sadness that the party is over.

5. The most appropriate title for this passage is
   - イ．Surprise Birthday Parties.
   - ロ．Parents' Birthdays.
   - ハ．Happy Birthdays Aren't Easy.
   - ニ．The Old-Fashioned Birthday Party.

解答

A. イ 3　ロ 3

B. (1)　feeling　　(2)　parties and presents

C. 1.　イ　　2.　イ　　3.　ハ　　4.　ロ　　5.　ハ

解説

A. イ　make up for ～「～の埋め合わせをする」

　　ロ　(a strong sense of the importance of his or her) place (in our family)「家族の中で自分が占める位置が重要であるという強い意識」

B. (1)　a very natural feeling, but of course not a realistic one(= feeling)　前出の名詞の反復を避けるための不定代名詞。

　　(2)　前文で「パーティーやプレゼント」について述べ，「それらを(= パーティーやプレゼントを)誕生日のすべてにしてしまうなら」となる。

C. 1.　第4段落以降から，本文が誕生日を本当に楽しく価値あるものにするための助言であることがわかる。

　　2.　「筆者によると，子供たちが誕生日に不快になることがあるのは」，イ.「感謝の気持ちを表せないと感じるためである」。第3段落第2～4文参照。

　　3.　「筆者が賛成するのは」，ハ.「子供たちは自分にとって何が一番よいことか必ずしもわかっていないということ」。第3段落第3文以下参照。

　　4.　「第3段落で，筆者は親も［否定的感情］を持つことがあると述べている。このことは」，ロ.「子供たちが十分な感謝を示さないという親の失望である」。第3段落第5文から最終文参照。

　　5.　「この文の最適な題は」，ハ.「幸せな誕生日は簡単でない」。ちなみにイ.は「不意打ちのパーティー」。

全訳

　赤ん坊が生まれると，よく両親はその子に完ぺきな人生を与えてやりたいと感じる。それは非常に自然な感情だが，特に「完ぺき」がいつでも幸せな人生を意味するならば，それはもちろん現実的な感情ではない。我々の子どもたちは，我々がどんなことをしても，ときには傷ついたり，

苦しんだりする。お腹が痛くなったり，成長期の痛みもあるし，やきもちを焼いたり，失望したり，その他すべてに悩む。我々は，子どもたちがごく小さなころに，我々が彼らに望む「完ぺきな」悩みのない人生など単なる幻想にすぎないことを悟らざるを得ない。毎日の生活では，涙とけんか，そして我々がしたくもないことをすることが，人間が大人へと成長する方法のすべてである。

　それにもかかわらず，その幻想が多くの子を愛する親の心の中に生き続けている。「確かに子どもたちに与えることができる完ぺきなものがあるはずだ。人生すべては無理でも，おそらく少なくとも毎年1日はできるだろう」。そして，多くの親たちが子どもの誕生日をその日に選び，すてきなプレゼントと催しでそれを満たす。不幸なことに，親たちはわが子が彼らの努力を何一つありがたがらないと感じて，そのような日はしばしば涙と失望をもたらす。その「完ぺきな」日を大変不完全な日にしてしまう失望があるのだ。それなのに，まさにその翌年も，まったく同じことが起こる。子どもたちのために何か完ぺきなものを作ろうという願いは，ずっと親の心の中に残るのだ。

　我々が気づいていないかもしれないことの1つに，子どもがどんなもの—贈り物，食べ物，注目—でも一度にあまり多くは受け入れられない，ということがある。私はあまりに多くのものを受け取ったので，多すぎると感じた誕生日のことを思い出すことができる。小さいころは，それを言葉で言い表せなかったが，私の気持ちは，「一体どうやったらこんなにたくさんのものの埋め合わせができるのだろうか。一体どうやったら十分なお礼を言えるだろうか。一体どうすればそのお返しに十分いい子でいられるだろうか」というものだった。それはその日が喜びであふれていたとしても不愉快な気分だった。それを知らずに，親たちも否定的な感情を抱いてしまうことがある。時間，お金，慰めとなるものに投資したのだから，子どもたちがあふれるほどの喜びの気持ちを返してくれることを期待することになる。子どもたちがまったく喜んで応えてくれないと，そしてその日がけんかで台なしになると，彼らはこう感じる。「おまえのためにこんなにたくさんしてあげたのに，どうして嬉しくないんだい？　どうして一度ぐらいいい子になれないんだい？」

　我々の子どもたちが何を欲しいと思っているかよりむしろ，子どもたちがどのように感じる必要があるかということに親が反応するなら，誕生日はもっと喜ばしい日になるだろう。たとえば，子どもたちには自分を大切な存在だと感じることが必要であり，誕生日は，子どもたちに「まかされている」と感じさせるいいチャンスである。我々がこれを実行できる1つの方法は，誕生日の子どもに家族全体が一緒に楽しめる何かを選ばせてあげることである。農場に出かけたり，ピクニックをしたり，人形芝居やサーカスに行くとか，子どもたちが楽しむために準備された町や市のどこかに行ったりといった何か無理のない提案をすると役立つこともある。重要なのはそれが子どもの選択であり，あなたが同意でき，家族が一緒にできるということである。

　しばしば，そういう催しは一番近い週末まで延期しなければならない。もしそうなら，その子の実際の誕生日には家族みんなで朝食を食べ，その子に夕食のメニューを決めさせるチャンスを与え，寝る前に大好きな物語を家族一緒に読むことにすることができるだろう。これらは私の心に浮かんだ簡単なことだが，それぞれの家族は独自のやり方を考え出せばよい。

　誕生日の週末に子どもたちのパーティーをするなら，多くの親は，あまり多くの人たちを招待しすぎないように気をつけることが賢明なやり方だと知っている。5歳児がたくさん集まると興奮のあまり，しばしば泣き出したり，欲求不満に終わることになるのを我々は皆知っている。もしそのような大人数に不安を感じるなら，数人の特別な友だちだけを招待するように子どもに頼むとよい。

　「マンディとエリックとケイトにケーキとアイスクリームを食べに来ないって聞いてみる？　だれかほかに特別に招待したい子はいるの？」このようにすると，パーティーの規模をあなたとお子さんの両方にとって快適な数まで減らすことができる。自分の娘の年の数だけの友だちを招待させる親を私は知っている。娘が3歳のときは3人の友だちを招待した。4歳のときには4人招待した。それはうまくいっているようだった。

　誕生日とは，ある人がこの世にやってきたことを祝い，そして我々の中にその人がいることを我々がずっと喜び続けていることを表す「あなた

は特別なの」という日だ。

　パーティーやプレゼントはもちろん誕生日の伝統的な一部としての役割がある。しかし，それを誕生日のすべてにしてしまうと，我々の子どもに家族の中で自分が占める場所の重要さを強く感じさせる，年に1度のチャンスを逃してしまうことになる。

例題 5

A. 次の英文の空所1〜15に入れるのに最も適当なものをそれぞれA〜Dから1つずつ選べ。

　Part of Henry Ford's philosophy as a manufacturer had long been that all workers ought to be able to buy what they produced ; but it was not until 1914 that he began to put this into practice. He let it be known that, from that year on, no worker in his factory would earn （　1　） than five dollars a day. Such pay for workmen was undreamed-of in any manufacturing plant in the world. And it was more than twice what Ford himself had been paying before.

　The shock of the news divided the American public into two parts : one part believed that he intended to give all his money away because he so loved the men that worked for him ; the other part now felt quite certain that he had gone mad.

　They were both wrong. The plan （　2　）. The workers increased their output, and they all bought Ford cars. And the profits went up and up.

　What the public did not understand was that all this was possible because of the savings that mass production had made possible. Every day, some kind of waste was cut down or cut out — waste of time, energy, motion, materials. Every day some process was shortened. Every year, some new secondary product was made out of something that before had been （　3　）.

　Henry now had so much money that he did not know （　4　） to do with it. He could not put it back into further manufacture of the

Model T* that had made his fortune, because sales had reached their limit. It was then that he had the idea of what (5) to be known as the Ford Empire.

(6), the Ford Company had been buying many materials and parts from other companies. Now Ford decided to produce or make everything himself. He bought coal mines and iron mines and made his own steel. He bought forests and produced his own wood. He bought rubber plantations and manufactured his own tires. He bought other plantations and grew his own cotton (7) he made his own cloth. He built a complete glass factory, and set up in it the first continuous plate-glass manufacturing process in the world.

None of these materials was ever stored. Once produced, they were forever on the move, over seas or lakes and along rivers, roads or railways, all timed to reach the factory just when they were (8), as if on a giant assembly line.

The next and last step came when the company built branch factories, mostly for the assembly of parts sent from Detroit, in more than twenty other countries around the world, from Ireland to Japan.

This was the Ford Empire. Most of it was built up in the 1930s. The Model T, however, died in 1927. Why did it die? Why did this thing, which had become the subject of countless jokes and stories and songs, which had become part of American life itself, come to an end? The chief reason was a change of taste, caused perhaps by a kind of growing up of the American people. Ford had been (9) in 1908, when he guessed that the "ordinary American" did not want a richman's plaything. But, by 1927, the ordinary American's children were laughing at Dad's "flivver," or "Tin Lizzy," as the Model T had come to be called. They were (10) it. What they wanted was something a little more powerful, better-looking.

It was General Motors, with their Chevrolet, that took the first step toward (11) that desire. Using Ford's methods, the company began producing something that fitted better into the new world, available at a price almost as low as his. So, when Ford car sales dropped to a dangerously low level, Henry was at last persuaded to consider a change of model.

It took one whole year to get the River Rouge plant ready (12) the new design, which was called Model A. Since the Model A, there have been almost yearly changes in design — but no reduction in price. The mechanics of mass production went on improving year after year, but mass production did not get any cheaper. As a result of increasing competition, the demand for new styles meant the original Ford plan of reducing the price every year was no longer possible.

Perhaps this was the reason why Henry Ford became more interested in other things. He took up the production of farm tractors and airplanes, the building of museums, and the collecting of historical objects. Yet, to the end, his chief joy was in the thought that it was he — and he alone — who had taken American industrial manufacture to its highest point, and who had proved that (13) makes possible both a progressive lowering of manufacturing costs and an increasing enjoyment of life by all people.

The mass-produced automobile has changed the map of America completely. It is often said that by 1880 there were no longer any frontiers left in America. It is a fact, however, that there were still large areas of land (14) which no use had yet been found, and it was chiefly the needs of car drivers that led to the development of such areas. Along the network of highways that the automobile caused to be built, many new towns sprang up, and many small towns expanded. The America that the railroad built is only part of what we now think of as America ; (15) are the pieces that the coming of the car has fitted into the jigsaw puzzle that is America.

And all this was the outcome of one man's dream, of a motor-car for every working American. That car was cheap-looking, noisy, smelly and, by the standards of today, most uncomfortable ; but, because Ford ended up by making one every ten seconds, fifteen million Americans were able to own one.

〔注〕 *Model T : early type of motor car manufactured by Ford Motor Co. between 1908 and 1927, which was extremely inexpensive

1 A. less   B. more   C. no less
   D. no more

2 A. carried out   B. worked   C. gave out
   D. made

3 A. picked out   B. picked up   C. thrown away
   D. thrown in

4 A. how   B. what   C. how much
   D. when

5 A. became   B. had   C. went
   D. came

6 A. However   B. Therefore   C. So far
   D. From then on

7 A. from which   B. that   C. when
   D. where

8 A. produced   B. carried   C. delivered
   D. needed

9 A. wrong   B. right   C. old
   D. young

10 A. proud of   B. curious about
   C. scornful of   D. glad at

11 A. meeting   B. seeing   C. having
   D. admitting

12 A. to   B. for   C. by
   D. with

13 A. money

  B. the American industrial manufacture

  C. the automobile

  D. mass production

14 A. for   B. to   C. in

    D. with

15 A. useless   B. meaningless C. wireless

    D. countless

B. 本文の内容に照らして最も適当なものをそれぞれA～Cから1つずつ選べ。

(1) Henry Ford believed that all workers should

  A. buy what they produced rather than what others did.

  B. work hard so that they could buy what they produced.

  C. be able to afford their own products.

(2) In order to put his long-held philosophy into practice, Henry Ford

  A. greatly raised his employees' wages.

  B. drastically reduced the price of cars.

  C. urged his workers to work efficiently.

(3) The expression "Ford Empire" implies that

  A. Ford founded his company single-handedly in a short period of time.

  B. Ford's company made everything needed for manufacturing cars.

  C. Ford ruthlessly dominated the automobile industry.

(4) The main reason the Model T came to an end was that

  A. a much cheaper Ford car became available.

  B. the railroad took away its market.

  C. what the American people wanted had changed.

(5) After the Model A, Ford's plan of reducing the price every year was impossible because

  A. the workers were always asking for pay increases.

  B. the mechanics of mass production continued to improve.

C. he had to keep producing new models nearly annually.

(6) Ford took up the production of farm tractors and airplanes, the building of museums, and so on, probably because he

  A. found these areas less profitable.

  B. couldn't keep reducing the price of cars.

  C. found the cost of materials rose sharply.

(7) One reason why the mass-produced automobile changed the map of America completely is that it

  A. brought a lot of towns into being.

  B. destroyed the environment of the country.

  C. caused the decline of the railroad.

解答

A. 1 A   2 B   3 C   4 B   5 D   6 C

    7 A   8 D   9 B   10 C   11 A   12 B

    13 D   14 A   15 D

B. (1) C   (2) A   (3) B   (4) C   (5) C   (6) B

    (7) A

解説

A. 1 　that節の主語はno worker in his factoryで，否定のnoが含まれていることがポイント。直後のthanとつなげて考えると，Cのno less than ～（～に劣らず，～もの），Dのno more than ～（～にすぎない，～しかない）は，文意がつながらない。Bのmoreでは，「1日5ドルよりも多くは稼がない」となり，あとの文脈と矛盾することになる。よって，Aのlessを入れる。「1日5ドルよりも少なくは稼がない→1日5ドル以上も稼ぐ」となり，文脈に合致する。

  2 　第3段落第3，4文には，フォードの計画が成功したことが述べられているので，肯定的な意味の自動詞が入ると考えられる。Aのcarry outは「実施する，果たす」の意味だが，他動詞で目的語を必要とするので不可。Bのworkは「うまくいく」という意味があり，自動詞なので，これが正解。Cのgive outは「力が尽きる，停止する」と否定的な意味なので不可。Dのmakeは自動詞として「急

313

いで進む，物まねをする」などの意味があるが，文脈にそぐわない
ので不可。

3　第4段落には，大量生産が可能にした生産効率の向上が書かれて
いる。直前にhad beenがあり，選択肢の動詞が過去分詞形である
ことから，過去完了受動態の節で，「以前は～されていた」の意味
だと判断できる。こうした文脈から考えると，Cのthrow away(投
げ捨てる，無駄にする)が正解。

4　直後のto do with it(= money)という不定詞と，選択肢が疑問詞
であることから，〈疑問詞＋不定詞〉の形を思い起こす。第5段落に
は，フォードが莫大な剰余金の使い道で悩んでいた様子が書かれて
いるので，Bのwhatを選んで，「そのお金で何をしたらよいか」と
する。

5　直後のto be known as the Ford Empireが直前の関係代名詞
whatにうまくつながるものを選ぶ。すると，Bのhave to ～(～し
なければならない)か，Dのcome to ～(～するようになる)のどち
らかだが，文意が通じるのは「フォード帝国として知られるように
なったもの」で，Dのcameのほうである。

6　過去完了進行形の文なので，過去の継続を表すと予想できる。よっ
て，該当するのはCのSo far(これまで)か，DのFrom then on(そ
の時以来)である。Dの「その時」が具体的にどの時を指すのかが前
後の文脈からは不明なので，不適切と判断する。

7　先行詞his own cottonを修飾する関係代名詞が入る。Cのwhen
とDのwhereは関係副詞なので不適。関係代名詞節のhe made his
own clothを吟味すると，前置詞が不足していることがわかるので，
Bのthatは却下。make A from B(BからAを作る)のfromが関係
代名詞whichの前に置かれた形のAが正解。「彼が彼自身の布を(そ
れから)作った彼自身の綿」となる。

8　第7段落は，自動車の部品や資材が生産ライン上を決められた期
日に向けて停止することなく動き続けている様子が述べられてい
る。直前のthey(= these materials) wereと，選択肢の動詞がすべ
て過去分詞形であることから，受動態で文意が通るものを選べばよ

い。よって，Dの「それらが必要とされるちょうどそのときに工場
に届く」が正解。

9　あとに続く文がBut で始まり，否定的な内容が記述されているの
で，ここには肯定的な意味の形容詞が入ると予想される。よって，
Bの right(正しい，都合のよい)が最適。

10　They は the ordinary American's children を，it は the Model
T を指している。前文の否定的な内容を受けて，好ましくない連
語が入ると想定できる。よって，Cの be scornful of ～(～を馬鹿
にする)が正解。

11　ゼネラルモーターズのシボレーが登場した経緯を述べた文。直
後の that desire は，第9段落最終文の「もう少し馬力があって，
もっと見栄えのいいもの」を待望する当時の空気を表している。
take the first step toward ～ing that desire で「その要望を～す
るべく第一歩を踏み出す」の意味なので，Aの meet(満たす，応じ
る)が最適。

12　〈get + O + C〉の形で「O を C(の状態)にする」の意味。C にく
る形容詞 ready と連語を作る前置詞を選べばよい。Bの for が
ready for ～(～の準備ができた)という連語を作るので正解。Dの
with も ready with ～(～の用意ができた)という連語を作るが，
「(人)が(物)の用意ができた」という場合に使われるので，本問で
は不適。

13　直後の make possible both A and B の本来の語順は，make
both A and B possible(A も B も両方とも可能にする)である。
SVOC の文型で，O が長すぎるために倒置が行われたと考えられ
る。ここでは S にくる語句を選ぶ問題なので，それぞれの語句を
挿入して文意がつながれば正解である。A「金銭」，B「アメリカ
の工業製品」，C「自動車」のどれも S としては不適。よって，D
の「大量生産」が正解。

14　直前の large areas of land は先行詞，直後に which の関係代名
詞節が続く。この節は，no use for large areas of land had yet
been found(広い面積の土地の使い道はまだ見つけられなかった)と

いう意味なので，前置詞の for を which の前に置く。

15 選択肢がどれも形容詞なので，この文でも倒置が行われている。本来は SVC の文型であるが，S が長すぎることと，C を強調するために，CVS の語順になっている。車社会アメリカの比喩としてジグソーパズルのピースが用いられているのがヒントになる。A「役に立たない」，B「意味のない」，C「無線の」，D「無数の」の中から，アメリカの車を象徴している形容詞は D である。

B. (1) 第1段落第1文に，「すべての労働者が自分の造ったものを買えるようにしなければならない」とある。よって，C が正解。「ヘンリー＝フォードは，すべての労働者が自分自身の製品を買うことができるようになるべきだと思った。」

A 「他人が造ったものより，むしろ自分が造ったものを買う」

B 「自分が造ったものを買えるように一生懸命に働く」

(2) 第1段落第2〜4文より，A が正解。「長年抱き続けた信条を実行に移すために，ヘンリー＝フォードは自分の従業員の給料を大きく引き上げた。」

B 「自動車の価格を大幅に値下げした」

C 「自分の労働者に効率よく働くように促した」

(3) フォード帝国の具体的な内容は，第6〜第8段落に書かれている。自動車製造に必要な資材や部品を自前で調達することなので，B が正解。「『フォード帝国』という言い回しは，自動車製造に必要とされるものすべてをフォードの会社が造ったということを意味する。」

A 「フォードは短期間で人の手を借りずに自分の会社を設立した」

C 「フォードは自動車産業を情け容赦なく支配した」

(4) 第9段落第6〜10文参照。特に第6文に，「主な理由は好みの変化だった」とあるので，C が正解。「モデル T が終わりを迎えた主な理由は，アメリカ国民が望んでいたものが変化してしまったということだった。」

A 「ずっと安価なフォード車が入手可能になった」

B 「鉄道がその市場を奪い去った」

(5) 第11段落第2文に，「モデル A 以降，ほとんど毎年デザインの変更

が行われている」とある。よって，Cが正解。「モデルA以降，毎年価格を引き下げるというフォード計画は，ほぼ毎年新モデルを製造し続けなければならなかったので，不可能になった。」

A 「労働者たちがいつも賃上げを求めていた」

B 「大量生産システムが進歩し続けた」

(6) 第11段落最終文と第12段落第1，2文参照。特に第11段落最終文に，「毎年価格を引き下げるという本来のフォード計画がもはや実行不可能であった」とあるので，Bが正解。「フォードはおそらく自動車の価格引き下げを維持できなくなったので，農業用トラクターや飛行機の製造，博物館の建設などに興味を持つようになった。」

A 「これらの分野はあまりもうからないことがわかった」

C 「材料費が急騰したことに気づいた」

(7) 第13段落第4文に，「高速道路網に沿って，新しい町がたくさん現れ，小さな町の多くが大きくなった」とある。よって，Aが正解。「大量生産の自動車が完全にアメリカの地図を変えた1つの理由は，それがたくさんの町を生み出したということである。」

B 「田舎の環境を破壊した」

C 「鉄道の衰退を引き起こした」

全訳

　ヘンリー＝フォードの製造者としての信条は，長きにわたって，すべての労働者が自分の造ったものを買えるようにしなければならないということだったが，これは1914年に初めて実行に移された。彼はその年以降，自分の工場労働者は全員日給5ドル以上稼げることを周知させた。工具に対するそれほどの賃金は，世界中のどんな製造工場でも全く予想外だった。しかもそれは，フォード自身がこれまで支払っていた2倍以上のものだった。

　そのニュースの衝撃はアメリカ世論を2つに分裂させた。すなわち一方は，彼は自分のために働いてくれる労働者を非常に大事にしているので全財産を分配するつもりなのだと信じ，他方は，彼は気が狂ってしまったのに違いないと，今や確信したのである。

　その2つとも間違っていた。計画はうまくいった。労働者たちは自ら

317

の生産性を高め，そして全員がフォードの自動車を購入した。その上，収益はますます増加したのである。

　世論が理解しなかったのは，大量生産が可能にした節約によってこれがすべて実行できたということである。日々，ある種の無駄—時間，エネルギー，動作，資材の無駄—が削減され，除去された。日々，ある工程が短縮された。毎年，ある新規の二次的製品が，以前は破棄されていたものから造り出された。

　ヘンリーは今や非常に多額の金銭を所有していたので，それをどうしたらよいのかわからなかった。彼は，需要が限界に達していたので，自らの富を築いたモデルTの追加生産を再開できなかった。彼がフォード帝国として知られるようになったものを思いついたのは，まさにその時だった。

　これまで，フォード自動車は多くの資材や部品を他の会社から購入してきた。ついに，フォードは自前ですべてのものを生産または製造することを決定したのである。彼は炭坑や鉄鉱山を買収して自前の鋼鉄を製造した。彼は森林を買収して自前の木材を生産した。彼はゴム園を買収して自前のタイヤを製造した。彼はほかの農園を買収し，自前の布を製造するために自前の綿を栽培した。彼はガラス工場一式を建設し，世界で最初の板ガラス連続製造工程をそこに設置した。

　これら資材のどれ1つとして備蓄されることはなかった。ひとたび製造されると，それらは永遠に動き続け，海や湖を越え，川，道路，鉄道沿いに，まるで巨大な組立ライン上に並んでいるかのように，すべてがちょうど必要なときに工場に届くよう日時が決められていた。

　次の最終ステップは，その企業(フォード自動車)が，主にデトロイトから送られてくる組立部品の関連子会社を，アイルランドから日本まで，世界中の20か国以上に設立したときにやって来た。

　これがフォード帝国だった。その大部分は1930年代に築き上げられた。しかしながら，モデルTは1927年に消滅した。なぜそれは消滅したのか？この，無数の冗談や物語，歌の題材になり，アメリカ生活そのものの一部になったものが，なぜ終わりを迎えたのか？　主な理由は好みの変化であり，おそらくはアメリカ人の一種の成長に起因していた。フォード

は1908年，「一般のアメリカ人」は富豪のおもちゃを欲しがらないと思っていたときは正しかった。しかし，1927年ごろにはもう，一般のアメリカ人の子供たちは，モデルTがそう呼ばれるようになっていたので，父親の「安物」とか「ポンコツ」を嘲笑っていたのである。彼らはそれを馬鹿にしていた。彼らが欲しかったのは，もう少し馬力があって，もっと見栄えのいいものだった。

シボレーをひっさげて，その要望を満たすべく第一歩を踏み出したのがゼネラルモーターズだった。フォード方式を利用しつつ，その企業(ゼネラルモーターズ)は新世界によりよく適合した，フォード車と同程度の安い価格で入手可能なものを製造し始めた。その結果，フォード車の売り上げが危険なほど低い水準まで落ち込むと，ヘンリーはついに説得されてモデルチェンジの検討に入った。

リバールージュ工場が，モデルAと呼ばれた，その新設計の準備を整えるのに丸1年かかった。モデルA以降，ほとんど毎年設計の変更が行われている——しかし，価格の引き下げは行われていない。大量生産システムは年々進歩し続けていたが，大量生産は少しも安くならなかった。ますます激化する競争の結果，新型車の需要は，毎年価格を引き下げるという本来のフォード計画がもはや実行不可能であることを意味した。

おそらくこのことは，ヘンリー＝フォードがほかのことにもっと興味を持つようになった理由だった。彼は農業用トラクターや飛行機の製造，博物館の建設，歴史的な遺物の収集を始めた。しかも，最後まで，彼の最も大きな喜びは，アメリカの工業製品を最高峰にまで導き，大量生産が製造原価を漸進的に低減することと，すべての国民による生活をさらに楽しくさせることの両方とも可能にするのを証明したのは自分——自分1人——だという考えの中にあった。

大量生産の自動車は完全にアメリカの地図を変えてしまった。1880年ごろにはもうアメリカに辺境地帯は残されていなかったとはしばしば言われることである。しかしながら，使い道がまだ見つからなかった広い面積の土地が依然としてあったのも事実なのだ。そうした地帯を開発するきっかけとなったのは，まず第一に自動車運転手のニーズであった。自動車が原因で建設された高速道路網に沿って，新しい町がたくさん現

れ，小さな町の多くが大きくなった。鉄道が築き上げたアメリカは，私たちが今アメリカだと思っていることのほんの一部にすぎない。すなわち，自動車の到来がアメリカというジグソーパズルにはめ込んだピースは無数にあるのである。

そして，このこと全部が，すべての働くアメリカ人に自動車をという，1人の男の夢の結果であった。その自動車は安っぽく，騒々しく，臭くて，現在の品質基準からして，極めて居心地が悪い。しかし，フォードは最後には10秒毎に1台造るまでになったので，1,500万人のアメリカ人が自動車を所有することができたのである。

例題 6

The following is an excerpt from a newspaper article about the environmental movement in Pakistan. It was released in October of 2018. Read it and answer the questions.

When Mohammed Riasat, a government forest service officer, peers up at the majestic ridges around him, he sees small miracles others might miss: a few dozen pine seedlings that have sprouted in rocky, near-vertical cliffs or a grove of healthy young eucalyptus trees, planted on a patch of terrain that had been eroding after years of illegal use.

"When I see a grown tree cut down, I feel like a close relative has died," said Riasat, who has spent three decades working with limited funds and staff to protect Pakistan's beleaguered forests here in the verdant hills of Khyber-Pakhtunkhwa province. "When I see a new one appear, I feel attached to it."

Two years ago, that struggling effort got a huge boost. Imran Khan, then a politician whose party governed the province, launched a program dubbed the ①"Billion Tree Tsunami." Eventually, hundreds of thousands of trees were planted across the region, timber rustling was virtually wiped out, and a cottage industry of backyard nurseries flourished.

Today, Khan is Pakistan's prime minister, and his new government is aiming to replicate that success nationwide, this time with a ②"10 Billion Tree Tsunami." Officials said they hope the initiative, launched last month, will foster environmental awareness in their impoverished, drought-plagued country, where both ③greed and necessity have left forests stripped; they now cover only 2 percent of all land, according to the World Bank.

The plan is one of dozens that Khan has proposed in his wide-ranging agenda to ⎡　A　⎤. Some have met this with skepticism, such as persuading wealthy overseas Pakistanis to finance the construction of dams and vowing to end entrenched official corruption.

But ④the idea of a green awakening seems to be taking root. The new program is expected to make enermies, especially powerful individuals and groups that have appropriated large tracts of government land for years. But the concept appeals to a new generation of better-educated Pakistanis, and it has sparked excitement on social media.

"This is one of the rare things in our society that is not divisive," said Malik Amin Aslam, the new federal minister for climate change, who headed the original campaign in Khyber-Pakhtunkhwa. On Sept. 2, when the government held 200 launch ceremonies across the country, enthusiastic citizens helped ⎡　B　⎤.

But experts said Pakistan will need more than a trillion new pines, cedars and eucalyptus trees to reverse decades of deforestation. It is even harder, they noted, to protect public forests from human predation, which is often hidden from view and hazardous to combat. Culprits include timber rustlers, villagers who let cattle forage freely and developers who raze acres of forested land.

When an observant citizen repeatedly reported illegal logging in an obscure area of the province, local officials did nothing. Finally, provincial leaders fired every employee of the forest service administration. "It was a signal of zero tolerance, and it sent shock waves across the government," Aslam said.

The bold move also encouraged a budding environmental movement. One small victory occurred recently in Swat, a once-bucolic region in Khyber-Pakhtunkhwa that has suffered from years of deforestation and a takeover by Taliban militants. When local officials began cutting down trees to widen a road, protesters blocked it. Then Khan's new government stepped in, and half of the trees were spared.

Several activists said the message was also beginning to change traditional habits that damage the environment. In one mountainous area, they said some residents are planning to relocate to towns in the winter rather than   C   .

"Everyone is waking up and starting to plant," said Hazrat Maaz, a lawyer and environmentalist in Swat. He said he was "especially happy" to see one elderly man preventing sheep from grazing in an area of newly planted trees.

"Before this campaign, people who wanted to build a house or graze their cattle went into the woods. Now that has been stopped," Riasat said. Even some former timber rustlers, he said, have started growing and selling trees. "We used to go after them, but now they come to us for advice," he said.

Aslam said he has no illusions that planting and protecting billions of trees across Pakistan will happen cheaply or quickly. One obstacle will be forcing powerful people off public land they have long occupied; another is that two of Pakistan's four provinces are dominated by political parties that are rivals of Khan's Movement for Justice and less likely to cooperate.

"The challenge is going to be much bigger this time," Aslam said, "About 40 percent of fertile public land has been encroached by land-grabbers, including some lawmakers. There will be a lot of blowback, but we have strong political commitment. We will ⬚ D ⬚."

Twenty miles farther on, several residents of Boddla village said they had benefited when the government planted acres of eucalyptus trees there in 2016. Some earned cash as laborers; others raised saplings for a small profit. They are forbidden to let their livestock roam among the new trees, so they now tie the animals in their yards.

"When things are green, it is a benefit for everyone," said Khanan, a villager in his late 50s. Outside his mud-walled farmhouse, a cow and two goats were tethered under a thatch. "God will have mercy on this work," he said.

Questions

(1) What are ①"Billion Tree Tsunami" and ②"10 Billion Tree Tsunami" ? Explain the campaigns in English, including by whom it was started and for what purpose.

(2) Fill in the blanks from ⬚ A ⬚ to ⬚ D ⬚ with the most appropriate phrase from the box below. You can use each phrase only once.

> ア enforce the law
> イ chop down trees to heat their hillside homes
> ウ plant 2.5 million saplings in one day
> エ fashion a "new" Pakistan

(3) As to the phrase underlined part ③, give <u>three</u> specific examples from the article.

(4) As to the underlined statement ④, give <u>two</u> specific examples from the article.

(5) Choose three statements that are true for the article.

a. Mohammed Riasat has made steady effort for about 30 years to protect Pakistan's forests.

b. Repeated natural disasters have led to the today's deforestation in Pakistan.

c. The government has been getting more and more supporters for this campaign. Even Khan's political rivals are enthusiastic about it.

d. The government resorted to radical measures to fulfill the aim of planting trees nationwide.

e. The forests cover 40% of all land in Pakistan.

f. One of the problems in promoting this campaign is that powerful people, including lawmakers, won't change their attitude.

g. One of the reasons the government can't promote this movement is that villagers can't benefit from planting trees.

解 答

(1) ① "Billion Tree Tsunami" was started to plant and protect trees in Khyber-Pakhtunkhwa province in Pakistan. Imran Khan, who is now a prime minister of Pakistan, launched it when he was a politician for the province. ② "10 Billion Tree Tsunami" is the nationwide campaign to plant trees following the success of "Billion Tree Tsunami," which was started by Khan and his new government.

(2) A エ   B ウ   C イ   D ア

(3) timber rustlers, villagers who let cattle forage freely, and developers who raze acres of forested land

(4) ・one elderly man preventing sheep from grazing in an area of newly planted trees   ・some former timber rustlers who have started growing and selling trees

(5) a, d, f

解 説

(1) 両プログラムの内容について，5W1Hを意識しそれぞれを説明する。

① 「ビリオン・ツリー・ツナミ」はパキスタンのカイバル・パクトゥンクワ州で木を植え，守るために始められた。パキスタンの現首相であるイムラン・カーンがその州の政治家であった時にそれを推進した。

② 「テン・ビリオン・ツリー・ツナミ」はビリオン・ツリー・ツナミ

の成功に続く国家的な植樹キャンペーンで，カーンと彼の新政府に
よって始められた。

(2)　A　カーンが掲げる広範囲にわたる検討課題が入る。よって，エ「『新
しい』パキスタンを創る」。

B　政府が国中で推進セレモニーを行った時に熱狂的な市民が手
伝った内容が入る。ウ「一日で250万本の苗木を植える」。

C　環境を破壊する伝統的な習慣が変わりつつある例として，山間
部では，イ「中腹の家を暖めるために木を切り倒す」より何人かの
住人は冬には町に移住する計画をしているという内容。

D　キャンペーン推進に否定的な反応も多いが，私たちには政治的
責任があるので，ア「法律を施行する」つもりだ。

(3)　森林を丸裸にしてきた③「欲と必要性」の具体例を3つ挙げる。解答
例としては，第8段落最終文より「材木泥棒，自由に家畜に飼料を与
える村民，木に覆われた何エーカーもの土地を破壊する開拓者」。

(4)　④の文意は「緑を自覚する考えが根付いてきているように思われる」。
解答例としては，第12段落より「新しく植えられた木のエリアで，羊
に草を食べさせないようにする老人」と第13段落より「木々を育て売
り始めた元材木泥棒」。

(5)　a　「ムハンマド・リアサットはパキスタンの森林を守るために約30
年絶え間なく尽力してきた」は第2段落より正しい。

d　「政府は全国に植樹する目的を果たすために抜本的な手段に訴え
てきた」。第6段落参照。このコンセプトは，よりよい教育を受け
た新しい世代の若者に訴えかけ，ソーシャル・メディア上で盛り
上がったとある。

f　「このキャンペーンを推進するにあたり問題の1つは，立法者を含
め権力のある人々が態度を変えようとしないことである」。第15
段落参照。立法者を含め土地横領者が否定的反応をするだろうと
ある。

第4章

学習指導要領

学習指導要領　中学校

ポイント

●改訂のポイント

　今回の改訂より，小学校第3学年及び第4学年において「外国語活動」を，小学校第5学年及び第6学年において「外国語」を指導し，コミュニケーション能力の基礎となる資質・能力を育成することになった。これを受け，中学校では簡単な情報や考えなどを外国語で理解したり表現したり伝え合ったりすることができる資質・能力を養っていく。

　語彙については改訂前では1200語程度指導することとしていたが，小学校で学習した語に1600〜1800語程度の新語を加えて増加となった。なお小学校で学習する語は，中学年で外国語活動を履修する際に取り扱った語を含む600〜700語程度とされている。

　また内容については，〔知識及び技能〕，〔思考力，判断力，表現力等〕に大別され，前者には音声や単語など，英語の特徴やきまりに関する事項が示されている。後者には情報や考えなどを表現し伝え合うことに関する事項や，「聞くこと」，「読むこと」，「話すこと［やり取り］」，「話すこと［発表］」，「書くこと」の5つの領域についての指導事項が示されている。今回の改訂より，「話すこと」については［やり取り］と［発表］の2領域に分けて示されることになった。これは，欧州協議会が2001年に発表した，外国語の熟練度についての国際的な基準であるCEFR (Common European Framework of Reference for Languages: Learning, teaching, assessment　外国語の学習・教授・評価のためのヨーロッパ共通参照枠)において，5つの領域に分けて言語能力が示されていることを踏まえた改訂である。

●指導上の留意点

　英語科において最も配慮すべき事項は，異校種との接続を念頭に置かなくてはならない点である。小学校における外国語との接続のみならず，高等学校との接続にも留意する必要が，今回の改訂に伴い「指導計画の

作成と内容の取扱い」に明記された。

　また，今回の改訂では，目標に示される資質・能力の育成に向けて，主体的・対話的で深い学びの実現を図ることに重点をおいている。中央教育審議会答申(平成28年12月21日)にて示されたそれぞれの学びの視点は，次の通りである。

「主体的な学び」の視点

・外国語を学ぶことに興味や関心を持ち，どのように社会や世界と関わり，学んだことを生涯にわたって生かそうとするかについて，見通しを持って粘り強く取り組むとともに，自分の意見や考えを発信したり評価したりするために，自らの学習のまとめを振り返り，次の学習につなげること

・コミュニケーションを行う目的・場面・状況等を明確に設定し，学習の見通しを立てたり振り返ったりする場面を設けるとともに，発達の段階に応じて，身の回りのことから社会や世界との関わりを重視した題材を設定すること

「対話的な学び」の視点

・他者を尊重した対話的な学びの中で，社会や世界との関わりを通じて情報や考えなどを伝え合う言語活動の改善・充実を図ること

・言語の果たす役割として他者とのコミュニケーション(対話や議論等)の基盤を形成する観点を資質・能力全体を貫く軸として重視しつつ，コミュニケーションを行う目的・場面・状況に応じて，他者を尊重しながら対話が図られるような言語活動を行う学習場面を計画的に設けること

「深い学び」の視点

・言語の働きや役割に関する理解，外国語の音声，語彙・表現，文法の知識や，それらの知識を五つの領域において実際のコミュニケーションで運用する力を習得し，実際に活用して，情報や自分の考えなどを話したり書いたりする中で，外国語教育における「見方・考え方」を働かせて思考・判断・表現し，学習内容を深く理解し，学習への動機付け等がされる「深い学び」につながり，資質・能力の3つの柱に示す力が総合的に活用・発揮されるようにすること

・授業において，コミュニケーションを行う目的・場面・状況等に応じた言語活動を効果的に設計すること

　これらの視点を意識し，ただ機械的な反復学習ではない，コミュニケーションを行う目的・場面・状況等に応じた言語活動を設定し指導していくことが求められる。

●外国語科の目標

　外国語科では，次のように目標を設定した。

▼外国語科の目標

1　目標

　外国語科では，次のように目標を設定した。

> 　外国語によるコミュニケーションにおける見方・考え方を働かせ，外国語による聞くこと，読むこと，話すこと，書くことの言語活動を通して，簡単な情報や考えなどを理解したり表現したり伝え合ったりするコミュニケーションを図る資質・能力を次のとおり育成することを目指す。
>
> (1)　外国語の音声や語彙，表現，文法，言語の働きなどを理解するとともに，これらの知識を，聞くこと，読むこと，話すこと，書くことによる実際のコミュニケーションにおいて活用できる技能を身に付けるようにする。
>
> (2)　コミュニケーションを行う目的や場面，状況などに応じて，日常的な話題や社会的な話題について，外国語で簡単な情報や考えなどを理解したり，これらを活用して表現したり伝え合ったりすることができる力を養う。
>
> (3)　外国語の背景にある文化に対する理解を深め，聞き手，読み手，話し手，書き手に配慮しながら，主体的に外国語を用いてコミュニケーションを図ろうとする態度を養う。

　今回の改訂で目標の示し方が変更され，(1)〜(3)の項目に分けて示された。これは中学校学習指導要領第1章総則第1の3(1)〜(3)に示された，指導を通じて育成したい資質・能力に関する3つの事項と対応している。

すなわち(1)が〔知識及び技能〕，(2)が〔思考力，判断力，表現力等〕，(3)が〔学びに向かう力，人間性等〕の内容をそれぞれ反映している。

　また，「外国語によるコミュニケーションにおける見方・考え方」については，中央教育審議会答申(平成28年12月21日)には，「外国語で表現し伝え合うため，外国語やその背景にある文化を，社会や世界，他者との関わりに着目して捉え，コミュニケーションを行う目的・場面・状況等に応じて，情報や自分の考えなどを形成，整理，再構築すること」と整理されている。

▼英語の目標

1　目標

　英語では，前述の外国語科の目標を踏まえ，次のように具体的な目標を設定している。

　英語学習の特質を踏まえ，以下に示す，聞くこと，読むこと，話すこと［やり取り］，話すこと［発表］，書くことの五つの領域別に設定する目標の実現を目指した指導を通して，第1の(1)及び(2)に示す資質・能力を一体的に育成するとともに，その過程を通して，第1の(3)に示す資質・能力を育成する。

(1)　聞くこと

　　ア　はっきりと話されれば，日常的な話題について，必要な情報を聞き取ることができるようにする。

　　イ　はっきりと話されれば，日常的な話題について，話の概要を捉えることができるようにする。

　　ウ　はっきりと話されれば，社会的な話題について，短い説明の要点を捉えることができるようにする。

(2)　読むこと

　　ア　日常的な話題について，簡単な語句や文で書かれたものから必要な情報を読み取ることができるようにする。

　　イ　日常的な話題について，簡単な語句や文で書かれた短い文章の概要を捉えることができるようにする。

ウ　社会的な話題について，簡単な語句や文で書かれた短い
　　文章の要点を捉えることができるようにする。

(3)　話すこと［やり取り］

ア　関心のある事柄について，簡単な語句や文を用いて即興
　　で伝え合うことができるようにする。

イ　日常的な話題について，事実や自分の考え，気持ちなど
　　を整理し，簡単な語句や文を用いて伝えたり，相手からの
　　質問に答えたりすることができるようにする。

ウ　社会的な話題に関して聞いたり読んだりしたことについ
　　て，考えたことや感じたこと，その理由などを，簡単な語
　　句や文を用いて述べ合うことができるようにする。

(4)　話すこと［発表］

ア　関心のある事柄について，簡単な語句や文を用いて即興
　　で話すことができるようにする。

イ　日常的な話題について，事実や自分の考え，気持ちなど
　　を整理し，簡単な語句や文を用いてまとまりのある内容を
　　話すことができるようにする。

ウ　社会的な話題に関して聞いたり読んだりしたことについ
　　て，考えたことや感じたこと，その理由などを，簡単な語
　　句や文を用いて話すことができるようにする。

(5)　書くこと

ア　関心のある事柄について，簡単な語句や文を用いて正確
　　に書くことができるようにする。

イ　日常的な話題について，事実や自分の考え，気持ちなど
　　を整理し，簡単な語句や文を用いてまとまりのある文章を
　　書くことができるようにする。

ウ　社会的な話題に関して聞いたり読んだりしたことについ
　　て，考えたことや感じたこと，その理由などを，簡単な語
　　句や文を用いて書くことができるようにする。

2　目標の解説

　上記のように，英語では4技能について5つの領域に分け，それぞれ3つずつ目標を示している。ただしこれらは個別に育成するのではなく，これらの複数を組み合わせて効果的に活用する統合的な言語活動を通して育まれることを重視すべきであることに留意する。また，改訂前と同様に学年ごとの目標は立てず，3学年間を通じて目指すべき目標を示している。ただし，「指導計画の作成と内容の取扱い」(1)イに「学年ごとの目標を適切に定め，3学年間を通じて外国語科の目標の実現を図るようにすること。」とあるのに留意する必要がある。

●外国語の内容

　改訂前の学習指導要領では，言語活動と言語材料に大別していた。今回の改訂では〔知識及び技能〕(1)英語の特徴やきまりに関する事項，〔思考力，判断力，表現力等〕(2)情報を整理しながら考えなどを形成し，英語で表現したり，伝え合ったりすることに関する事項，(3)言語活動及び言語の働きに関する事項，の2領域3事項に分類して示されている。(1)は従前の言語材料を，(3)は言語活動を踏襲する内容で，(2)は新設の内容となる。

(1)　英語の特徴やきまり

　主な改訂点としては，以下の点が挙げられる。
- ・アルファベットや終止符などの基本的な符号を小学校に移動
- ・語彙数が1200語から1600〜1800語(＋小学校で学習した語)に増加
- ・文について感嘆文の指導を新たに明記
- ・文構造について[主語＋be動詞＋補語]を小学校に移動
- ・時制について現在完了進行形の指導を新たに明記
- ・仮定法のうち基本的なものについての指導を新たに明記など

　基本的な内容についてのいくつかの項目が小学校に移動になり，現在完了進行形や仮定法など一部の内容について新設した形である。特に中学校第1学年の指導に当たっては小学校との接続が重要視されるので，小学校学習指導要領，中学校学習指導要領の両者を熟読することが求められる。

(2) 情報や考えなどを表現し伝え合うこと

　中央教育審議会答申(平成28年12月21日)では，学習過程について，「設定されたコミュニケーションの目的・場面・状況等を理解する」「目的に応じて情報や意見などを発信するまでの方向性を決定し，コミュニケーションの見通しを立てる」「対話的な学びとなる目的達成のため，具体的なコミュニケーションを行う」「言語面・内容面で自ら学習のまとめと振り返りを行う」というプロセスを経ることで，学んだことの意味付けを行ったり，既得の知識や経験と，新たに得られた知識を言語活動へつなげることの重要性を指摘している。このプロセスをまとめる形で新設された指導事項と考えられる。

(3) 言語活動及び言語の働き

①言語活動

　改訂前の学習指導要領では各学年ごとの言語活動について配慮すべき事項を示していたが，これは削除された。5つの領域それぞれに3〜4個の指導事項が設定されており，その内容は言語の使用場面や話題の内容などについて，かなり具体的に示している。例えば「読むこと」の(イ)では「日常的な話題について，簡単な表現が用いられている広告やパンフレット，予定表，手紙，電子メール，短い文章などから，自分が必要とする情報を読み取る活動。」などというように，文章の掲載されている媒体にいたるまで細かく例示されている。これによって，従来の学習指導要領より「外国語を使って何ができるようになるか」が明確化されていると言える。

②言語の働き

　改訂前の学習指導要領における〔言語の使用場面の例〕〔言語の働きの例〕を踏襲しつつ，「手紙や電子メールのやりとり」など，一部例が追加されている。なお，言語の使用場面の例として示されていた「あいさつ」は小学校に移動した。

例題 1

次の文は，中学校学習指導要領解説　外国語編(平成29年7月　文部科学省)「第1章　総説　2　外国語科改訂の趣旨と要点　(2)　改訂の要点」の一部である。文中の各空欄に適する語句を答えよ。

学習指導の改善・充実

　外国語科の英語における指導計画の作成と内容の取扱いについては，次のような改善を図った。

○小・中学校の接続を重視するとともに，学びの(　①　)を意識した指導をするために，指導計画の作成に当たっては，語彙，表現などを異なる場面の中で(　②　)活用することによって，生徒が自分の考えなどを(　③　)する力を高めることなどを明記した。

○言語材料については，発達の段階に応じて，生徒が受容するものと(　④　)するものとがあることに留意して指導することを明記した。

○授業は(　⑤　)で行うことを基本とすることを新たに規定した。

○教科書の改善に向けて，教材の中で五つの領域別の目標と言語材料や言語活動との関係を(　⑥　)ごとに示すよう明記した。

解答
① 　連続性　　②　繰り返し　　③　表現　　④　発信　　⑤　英語
⑥ 　単元

解説

　平成20年改訂の学習指導要領は，小・中・高等学校で一貫した外国語教育を実施することにより，外国語を通じて，言語や文化に対する理解を深め，積極的に外国語を用いてコミュニケーションを図ろうとする態度や，情報や考えなどを的確に理解したり適切に伝えたりする力を身に付けさせることを目標として掲げ，「聞くこと」，「話すこと」，「読むこと」，「書くこと」などを総合的に育成することをねらいとして改訂され，様々な取組を通じて指導の充実が図られてきたが，今回の改訂において，小学校における外国語活動の成果として，英語で積極的にコミュニケーションを図ろうとする態度が育成され，「聞くこと」及び「話すこと」の活動を行うことに慣れているといった変容が生徒に見られること等も踏まえ，授業における教師の英語使用や生徒の英語による言語活動の

割合などが改善されてきている。

例題 2

次の文は，平成29年3月に告示された中学校学習指導要領「外国語」の教科目標である。文中の各空欄に適する語句を答えよ。

　外国語によるコミュニケーションにおける見方・考え方を働かせ，外国語による聞くこと，読むこと，話すこと，書くことの(①)を通して，簡単な情報や考えなどを理解したり表現したり伝え合ったりするコミュニケーションを図る資質・能力を次のとおり育成することを目指す。

(1)　外国語の音声や語彙，表現，文法，言語の(②)などを理解するとともに，これらの知識を，聞くこと，読むこと，話すこと，書くことによる実際のコミュニケーションにおいて(③)できる技能を身に付けるようにする。

(2)　コミュニケーションを行う目的や場面，状況などに応じて，日常的な話題や社会的な話題について，外国語で簡単な(④)や考えなどを理解したり，これらを活用して表現したり伝え合ったりすることができる力を養う。

(3)　外国語の背景にある文化に対する理解を深め，聞き手，読み手，話し手，書き手に配慮しながら，(⑤)に外国語を用いてコミュニケーションを図ろうとする態度を養う。

解答

①　言語活動　　②　働き　　③　活用　　④　情報　　⑤　主体的

解説

　「知識及び技能」，「思考力，判断力，表現力等」，「学びに向かう力，人間性等」の3つの資質・能力を明確にした上で，①各学校段階の学びを接続させるとともに，②「外国語を使って何ができるようになるか」を明確にするという観点から改善・充実を図っている。今回の改訂では，小学校中学年に新たに外国語活動を導入し，3つの資質・能力の下で，英語の目標として「聞くこと」，「話すこと[やり取り]」，「話すこと[発表]」の3つの領域を設定し，音声面を中心とした外国語を用いたコミュニケーションを図る素地を育成した上で，高学年において「読むこと」，

「書くこと」を加えた教科として外国語を導入し，5つの領域の言語活動を通して，コミュニケーションを図る基礎となる資質・能力を育成することとしている。中学校段階では，こうした小学校での学びを踏まえ，5つの領域の言語活動を通してコミュニケーションを図る資質・能力を育成することとしている。

※学習指導要領及び学習指導要領解説は，文部科学省の HP から閲覧できます。

学習指導要領
（平成 29 年告示）

学習指導要領解説
（平成 29 年 7 月）

学習指導要領 高等学校

ポイント

●改訂のポイント

▼「主体的・対話的で深い学び」及び「見方・考え方」について

　今回の学習指導要領改訂は，中央教育審議会答申(平成28年12月21日)の内容を受けて行われている。答申で示された「外国語科における主体的・対話的で深い学びの視点」及び「外国語によるコミュニケーションにおける見方・考え方」については，本章の「中学校」の節で述べている。中学校との接続を重視する方針で改訂されているので，そちらを参照されたい。

▼科目構成の見直しについて

　中教審答申を受けて外国語科の科目構成を見直し，外国語科に属する英語に関する科目及びその標準単位数は下表の通りになった。

科目	標準単位数
英語コミュニケーションⅠ(☆)	3(2単位まで削減可)
英語コミュニケーションⅡ	4
英語コミュニケーションⅢ	4
論理・表現Ⅰ	2
論理・表現Ⅱ	2
論理・表現Ⅲ	2

※(☆)…共通必履修科目

〈英語コミュニケーション〉

・「英語コミュニケーションⅠ・Ⅱ・Ⅲ」は「聞くこと」「読むこと」「話すこと[やり取り]」・「話すこと[発表]」・「書くこと」の5領域を総合的に扱う科目である。「外国語を通じて，情報や考えなどを的確に理解したり適切に伝えたりすることができる力」(必履修科目でCEFR(Common European Framework of Reference for Languages: Learning, teaching, assessment　外国語の学習・教授・評価のためのヨーロッ

パ共通参照枠)のA2レベル相当，選択科目で同B1レベル相当を想定)
を育成することを目標とする。

・「英語コミュニケーションⅠ」の内容には中学校段階での学習の確実な
定着が含まれる。これは中学校で学んだことを実際のコミュニケーショ
ンにおいて運用する力を十分に身に付けていないといった課題のある
生徒も含めた高校生の多様性を踏まえて設置するものであり，小学校
及び中学校で学習した事項の定着について明示されている。

〈論理・表現〉

・「論理・表現Ⅰ・Ⅱ・Ⅲ」は「話すこと[やり取り]」・「話すこと[発表]」・
「書くこと」の3領域を学習する科目である。外国語科の授業において
言語活動の比重が低い現状を踏まえ，発信能力の育成を更に強化する
ことを目標とし新設された。

▼**語彙数について**

・中学校卒業段階での累計語数は2200〜2500語で，これは現行の1200
語より大幅に増加している。

・高等学校段階での累計語数は1800〜2500語で，これは現行の1800語
より大幅に増加している。各科目ごとに扱う新語数の内訳は下記の通
りである。

> ・英語コミュニケーションⅠ…400〜600語程度
> ・英語コミュニケーションⅡ…700〜950語程度
> ・英語コミュニケーションⅢ…700〜950語程度

・小学校・中学校・高等学校の累計語数は4000〜5000語で，現行の
3000語より1000〜2000語多くなった。

▼**言語の働きに関する事項**

従前「第3款　英語に関する各科目に共通する内容等」でまとめられて
いた内容は，「英語コミュニケーションⅠ　2内容　(3)言語活動及び言語
の働きに関する事項　②言語の働きに関する事項」に移動した。各科目
は「「英語コミュニケーションⅠ」の2の(3)の②と同様に取り扱うもの」
として参照する形でまとめられた。

▼英語に関する各科目にわたる指導計画の作成と内容の取扱い

主に下記の事項などを新設した。

〈各教科共通〉

・1(1)　主体的・対話的で深い学びの実現について

・1(9)　障害のある生徒への配慮について

〈英語科のみ〉

・1　　　小学校・中学校における指導との接続について

・1(4)　多様な生徒の実態に応じて目標の実現を図ることについて

・1(7)　国語科との連携について

・1(8)　言語活動で扱う題材について

・2(1)　意味のある文脈でのコミュニケーションについての留意事項

・2(5)　話すこと・書くことの指導について

・2(8)　英語による情報発信と情報機器等について

・2(9)　生徒の学習の見通しについて

・3(1)　目標と内容の関係をまとまりごとに示すことについて

・3(2)(エ)　教材の選択基準(人間，社会，自然などについての考え方を深めるのに役立つこと。)

●教科の目標

▼教科の目標

教科の目標は，小学校・中学校と同様に，「知識及び技能」「思考力，判断力，表現力等」「学びに向かう力，人間性等」の3つの柱を反映させた3項目から成り立つ構成に改められた。

外国語によるコミュニケーションにおける見方・考え方を働かせ，外国語による聞くこと，読むこと，話すこと，書くことの言語活動及びこれらを結び付けた統合的な言語活動を通して，情報や考えなどを的確に理解したり適切に表現したり伝え合ったりするコミュニケーションを図る資質・能力を次のとおり育成することを目指す。

(1)　外国語の音声や語彙，表現，文法，言語の働きなどの理解を深めるとともに，これらの知識を，聞くこと，読むこと，話すこと，

書くことによる実際のコミュニケーションにおいて，目的や場面，状況などに応じて適切に活用できる技能を身に付けるようにする。

(2) コミュニケーションを行う目的や場面，状況などに応じて，日常的な話題や社会的な話題について，外国語で情報や考えなどの概要や要点，詳細，話し手や書き手の意図などを的確に理解したり，これらを活用して適切に表現したり伝え合ったりすることができる力を養う。

(3) 外国語の背景にある文化に対する理解を深め，聞き手，読み手，話し手，書き手に配慮しながら，主体的，自律的に外国語を用いてコミュニケーションを図ろうとする態度を養う。

▼各科目の目標

各科目の目標は，それぞれ5つ(3つ)の領域ごとに，「日常的な話題に関すること」と「社会的な話題に関すること」の2つずつ目標を設定している。

〈英語コミュニケーションⅠの目標〉

英語学習の特質を踏まえ，以下に示す，聞くこと，読むこと，話すこと［やり取り］，話すこと［発表］，書くことの五つの領域（以下この節において「五つの領域」という。）別に設定する目標の実現を目指した指導を通して，第1款の(1)及び(2)に示す資質・能力を一体的に育成するとともに，その過程を通して，第1款の(3)に示す資質・能力を育成する。

(1) 聞くこと

ア 日常的な話題について，話される速さや，使用される語句や文，情報量などにおいて，多くの支援を活用すれば，必要な情報を聞き取り，話し手の意図を把握することができるようにする。

イ 社会的な話題について，話される速さや，使用される語句や文，情報量などにおいて，多くの支援を活用すれば，必要な情報を聞き取り，概要や要点を目的に応じて捉えることができるようにする。

(2) 読むこと

　ア　日常的な話題について，使用される語句や文，情報量などに
おいて，多くの支援を活用すれば，必要な情報を読み取り，書
き手の意図を把握することができるようにする。

　イ　社会的な話題について，使用される語句や文，情報量などに
おいて，多くの支援を活用すれば，必要な情報を読み取り，概
要や要点を目的に応じて捉えることができるようにする。

(3) 話すこと［やり取り］

　ア　日常的な話題について，使用する語句や文，対話の展開など
において，多くの支援を活用すれば，基本的な語句や文を用い
て，情報や考え，気持ちなどを話して伝え合うやり取りを続け
ることができるようにする。

　イ　社会的な話題について，使用する語句や文，対話の展開など
において，多くの支援を活用すれば，聞いたり読んだりしたこ
とを基に，基本的な語句や文を用いて，情報や考え，気持ちな
どを論理性に注意して話して伝え合うことができるようにする。

(4) 話すこと［発表］

　ア　日常的な話題について，使用する語句や文，事前の準備など
において，多くの支援を活用すれば，基本的な語句や文を用い
て，情報や考え，気持ちなどを論理性に注意して話して伝える
ことができるようにする。

　イ　社会的な話題について，使用する語句や文，事前の準備など
において，多くの支援を活用すれば，聞いたり読んだりしたこ
とを基に，基本的な語句や文を用いて，情報や考え，気持ちな
どを論理性に注意して話して伝えることができるようにする。

(5) 書くこと

　ア　日常的な話題について，使用する語句や文，事前の準備など
において，多くの支援を活用すれば，基本的な語句や文を用い
て，情報や考え，気持ちなどを論理性に注意して文章を書いて
伝えることができるようにする。

　　イ　社会的な話題について，使用する語句や文，事前の準備など
　　　において，多くの支援を活用すれば，聞いたり読んだりしたこ
　　　とを基に，基本的な語句や文を用いて，情報や考え，気持ちな
　　　どを論理性に注意して文章を書いて伝えることができるように
　　　する。

▼論理・表現Ⅰの目標

(1)　話すこと［やり取り］
　　ア　日常的な話題について，使用する語句や文，対話の展開など
　　　において，多くの支援を活用すれば，基本的な語句や文を用い
　　　て，情報や考え，気持ちなどを話して伝え合ったり，やり取り
　　　を通して必要な情報を得たりすることができるようにする。
　　イ　日常的な話題や社会的な話題について，使用する語句や文，
　　　対話の展開などにおいて，多くの支援を活用すれば，ディベー
　　　トやディスカッションなどの活動を通して，聞いたり読んだり
　　　したことを活用しながら，基本的な語句や文を用いて，意見や
　　　主張などを論理の構成や展開を工夫して話して伝え合うことが
　　　できるようにする。

(2)　話すこと［発表］
　　ア　日常的な話題について，使用する語句や文，事前の準備など
　　　において，多くの支援を活用すれば，基本的な語句や文を用い
　　　て，情報や考え，気持ちなどを論理の構成や展開を工夫して話
　　　して伝えることができるようにする。
　　イ　日常的な話題や社会的な話題について，使用する語句や文，
　　　事前の準備などにおいて，多くの支援を活用すれば，スピーチ
　　　やプレゼンテーションなどの活動を通して，聞いたり読んだり
　　　したことを活用しながら，基本的な語句や文を用いて，意見や
　　　主張などを論理の構成や展開を工夫して話して伝えることがで
　　　きるようにする。

(3)　書くこと

> ア　日常的な話題について，使用する語句や文，事前の準備など
> において，多くの支援を活用すれば，基本的な語句や文を用い
> て，情報や考え，気持ちなどを論理の構成や展開を工夫して文
> 章を書いて伝えることができるようにする。
> イ　日常的な話題や社会的な話題について，使用する語句や文，
> 事前の準備などにおいて，多くの支援を活用すれば，聞いたり
> 読んだりしたことを活用しながら，基本的な語句や文を用いて，
> 意見や主張などを論理の構成や展開を工夫して文章を書いて伝
> えることができるようにする。

例題1

次の文は，高等学校学習指導要領(平成30年3月告示)で示された外国語
科の目標である。文中の(　ア　)～(　オ　)に当てはまる語句を答えよ。
ただし同じ記号には同じ語句が入るものとする。

　外国語による(　ア　)における見方・考え方を働かせ，外国語による
聞くこと，読むこと，話すこと，書くことの言語活動及びこれらを結び
付けた(　イ　)な言語活動を通して，情報や考えなどを的確に理解した
り適切に表現したり伝え合ったりする(　ア　)を図る資質・能力を次の
とおり育成することを目指す。

(1)　外国語の音声や語彙，表現，文法，言語の働きなどの理解を深める
　　とともに，これらの知識を，聞くこと，読むこと，話すこと，書くこ
　　とによる実際の(　ア　)において，目的や(　ウ　)，状況などに応じ
　　て適切に活用できる技能を身に付けるようにする。

(2)　(　ア　)を行う目的や(　ウ　)，状況などに応じて，日常的な話題
　　や(　エ　)な話題について，外国語で情報や考えなどの概要や要点，
　　詳細，話し手や書き手の意図などを的確に理解したり，これらを活用
　　して適切に表現したり伝え合ったりすることができる力を養う。

(3)　外国語の背景にある(　オ　)に対する理解を深め，聞き手，読み手，
　　話し手，書き手に配慮しながら，主体的，自律的に外国語を用いて
　　(　ア　)を図ろうとする態度を養う。

344

解答

ア　コミュニケーション　　イ　統合的　　ウ　場面　　エ　社会的
オ　文化

解説

　平成30年度の改訂より，(1)が「知識及び技能」，(2)が「思考力，判断力，表現力等」，(3)が「学びに向かう力，人間性等」を反映した内容となるよう整理された。外国語科全体の目標は頻出事項なので正確に暗記しておきたい。また誤字に気をつけなければならない問題でもある。

例題2

高等学校学習指導要領(平成30年3月告示)外国語科の「第3款　英語に関する各科目にわたる指導計画の作成と内容の取扱い」の記述としてふさわしいものを，次のア～オから1つ選べ。

ア　年次ごと及び科目ごとの目標を適切に定め，年次ごとの指導計画を
　　通して十分に段階を踏みながら，外国語科の目標の実現を図るように
　　すること。
イ　実際に英語を使用して自分自身の考えを伝え合うなどの言語活動を
　　行う際は，先だって日本語で語彙や表現，論理の展開などの違いや共
　　通点を整理させる。
ウ　話すことや書くことの指導に当たっては，目的や場面，状況などに
　　応じたやり取りや発表，文章などの具体例を示した上で，生徒がそれ
　　らを参考にしながら自分で表現できるよう留意する。
エ　音声指導に当たっては，発音表記を用いて指導することを中心とする。
オ　文法事項の指導に当たっては，文法はコミュニケーションを支える
　　ものであることを踏まえ，文法的な正しさや用語や用法の区別などの
　　指導が中心となるよう配慮する。

解答

ウ

解説

　ア　1の(4)より，「年次ごとの指導計画」ではなく「学校が定める卒業までの指導計画」が正しい。　イ　1の(5)では，実際に英語を使用して

考えを伝える等の言語活動を行う際は，既習の文法事項や語句を繰り返し指導することについて述べている。先だって日本語で指導をすることなどは記述されていない。　エ　2の(2)より，音声指導においては発音表記は補助的に用いるため誤り。　オ　2の(3)より，文法的な正しさのみを強調したり，用語や用法の区別などの指導が中心とならないように配慮すべきだから誤り。

例題3

次の文は，高等学校学習指導要領(平成30年3月告示)の外国語科の各科目の目標である。文中の(ア)〜(コ)に当てはまる語句を答えよ。ただし同じ記号には同じ語句が入るものとする。

〔英語コミュニケーションⅠ〕

(1)　聞くこと

・日常的な話題について，話される速さや，使用される語句や文，(ア)などにおいて，多くの(イ)を活用すれば，必要な情報を聞き取り，(ウ)の意図を把握することができるようにする。

・社会的な話題について，話される速さや，使用される語句や文，(ア)などにおいて，多くの(イ)を活用すれば，必要な情報を聞き取り，(エ)や要点を目的に応じて捉えることができるようにする。

〔論理・表現Ⅱ〕

(1)　話すこと［やり取り］

・日常的な話題について，使用する語句や文，対話の(オ)などにおいて，一定の(イ)を活用すれば，多様な語句や文を用いて，情報や考え，気持ちなどを詳しく話して伝え合ったり，(カ)や状況が異なる相手と交渉したりすることができるようにする。

・日常的な話題や社会的な話題について，使用する語句や文，対話の(オ)などにおいて，一定の(イ)を活用すれば，(キ)やディスカッションなどの活動を通して，聞いたり読んだりしたことを活用しながら，多様な語句や文を用いて，意見や主張，課題の(ク)などを論理の構成や(オ)を工夫して詳しく話して伝え合うことができるようにする。

(2) 話すこと［発表］

・日常的な話題について，使用する語句や文，事前の(ケ)などにおいて，一定の(イ)を活用すれば，多様な語句や文を用いて，情報や考え，気持ちなどを論理の構成や(オ)を工夫して詳しく話して伝えることができるようにする。

・日常的な話題や社会的な話題について，使用する語句や文，事前の(ケ)などにおいて，一定の支援を活用すれば，スピーチや(コ)などの活動を通して，聞いたり読んだりしたことを活用しながら，多様な語句や文を用いて，意見や主張などを論理の構成や(オ)を工夫して詳しく話して伝えることができるようにする。

解答

ア 情報量　　イ 支援　　ウ 話し手　　エ 概要　　オ 展開
カ 立場　　キ ディベート　　ク 解決策　　ケ 準備
コ プレゼンテーション

解説

　「英語コミュニケーションⅠ・Ⅱ・Ⅲ」は「聞くこと」「読むこと」「話すこと［やりとり］」「話すこと［発表］」「書くこと」の5領域，「論理・表現Ⅰ・Ⅱ・Ⅲ」は「話すこと［やりとり］」「話すこと［発表］」「書くこと」の3領域で構成され，領域別に内容が示されている。特に注目したいのがイ「支援」である。それぞれ英語コミュニケーション，論理・表現のⅠでは「多くの支援を活用すれば」，Ⅱでは「一定の支援を活用すれば」，Ⅲでは「支援をほとんど活用しなくても」という文言がそれぞれ用いられている。こういった科目ごとの文言の違いに着目して学習したい。

例題4

次の文は，高等学校学習指導要領(平成30年3月告示)の英語コミュニケーションⅠの内容より，言語の働きに関する事項を抜粋したものである。文中の(①)～(⑤)に当てはまる語句を答えよ。

ア 言語の使用場面の例
　(ア) 生徒の暮らしに関わる場面
　　・家庭での生活・学校での学習や活動

　　　　・[　①　]など
　（イ）　多様な手段を通して情報などを得る場面
　　　　・本，新聞，雑誌などを読むこと
　　　　・テレビや映画，動画，ラジオなどを観たり，聞いたりすること
　　　　・[　②　]など
　（ウ）　特有の表現がよく使われる場面
　　　　・買物・食事
　　　　・[　③　]
　　　　・手紙や電子メールのやり取りなど
　イ　言語の働きの例
　（ア）　コミュニケーションを円滑にする
　（イ）　[　④　]を伝える
　（ウ）　事実・情報を伝える
　（エ）　考えや意図を伝える
　（オ）　[　⑤　]を促す

解答
①　地域での活動・職場での活動　　②　情報通信ネットワークを活用すること　　③　旅行・電話での対応　　④　気持ち　　⑤　相手の行動

解説
　言語の働きに関する事項については，「英語コミュニケーションⅠ・Ⅱ・Ⅲ」及び「論理・表現Ⅰ・Ⅱ・Ⅲの各科目で共通である。言語活動を行うに当たり，出題で例示されたような言語の使用場面や言語の働きの中から，5つの領域別の目標を達成するためにふさわしいものを取り上げ，有機的に組み合わせて活用するようにする。なおこの内容は，平成21年3月告示の学習指導要領「第3款　英語に関する各科目に共通する内容等」を引き継いでいる。「イ言語の働きの例」で例示されている言葉など一部改善が見られるので，よく確認しておこう。

※学習指導要領及び学習指導要領解説は，文部科学省のHPから閲覧できます。

学習指導要領
（平成30年告示）　　　学習指導要領解説
（平成30年7月）　

●書籍内容の訂正等について

　弊社では教員採用試験対策シリーズ（参考書，過去問，全国まるごと過去問題集），公務員試験対策シリーズ，公立幼稚園・保育士試験対策シリーズ，会社別就職試験対策シリーズについて，正誤表をホームページ（https://www.kyodo-s.jp）に掲載いたします。内容に訂正等，疑問点がございましたら，まずホームページをご確認ください。もし，正誤表に掲載されていない訂正等，疑問点がございましたら，下記項目をご記入の上，以下の送付先までお送りいただくようお願いいたします。

① **書籍名，都道府県（学校）名，年度** 　（例：教員採用試験過去問シリーズ　小学校教諭 過去問　2026 年度版） ② **ページ数**（書籍に記載されているページ数をご記入ください。） ③ **訂正等，疑問点**（内容は具体的にご記入ください。） 　（例：問題文では"ア〜オの中から選べ"とあるが，選択肢はエまでしかない）

〔ご注意〕

○ 電話での質問や相談等につきましては，受付けておりません。ご注意ください。

○ 正誤表の更新は適宜行います。

○ いただいた疑問点につきましては，当社編集制作部で検討の上，正誤表への反映を決定させていただきます（個別回答は，原則行いませんのであしからずご了承ください）。

●情報提供のお願い

　協同教育研究会では，これから教員採用試験を受験される方々に，より正確な問題を，より多くご提供できるよう情報の収集を行っております。つきましては，教員採用試験に関する次の項目の情報を，以下の送付先までお送りいただけますと幸いでございます。お送りいただきました方には謝礼を差し上げます。

（情報量があまりに少ない場合は，謝礼をご用意できかねる場合があります）。

◆あなたの受験された面接試験，論作文試験の実施方法や質問内容

◆教員採用試験の受験体験記

- -

送付先	○電子メール：edit@kyodo-s.jp ○FAX：03-3233-1233（協同出版株式会社　編集制作部 行） ○郵送：〒101-0054　東京都千代田区神田錦町2-5 　　　　　協同出版株式会社　編集制作部 行 ○HP：https://kyodo-s.jp/provision（右記のQRコードからもアクセスできます）

※謝礼をお送りする関係から，いずれの方法でお送りいただく際にも，「お名前」「ご住所」は，必ず明記いただきますよう，よろしくお願い申し上げます。

教員採用試験「参考書」シリーズ

徳島県の
英語科 参考書

編　集　Ⓒ 協同教育研究会

発　行　令和 6 年 7 月 25 日

発行者　小貫　輝雄

発行所　協同出版株式会社
　　　　〒 101 − 0054
　　　　東京都千代田区神田錦町 2 − 5
　　　　　　電話　03 − 3295 − 1341
　　　　　　振替　東京00190 − 4 − 94061

印刷所　協同出版・POD 工場

落丁・乱丁はお取り替えいたします
